法界出

人菩薩行的歷史足履

釋昭慧

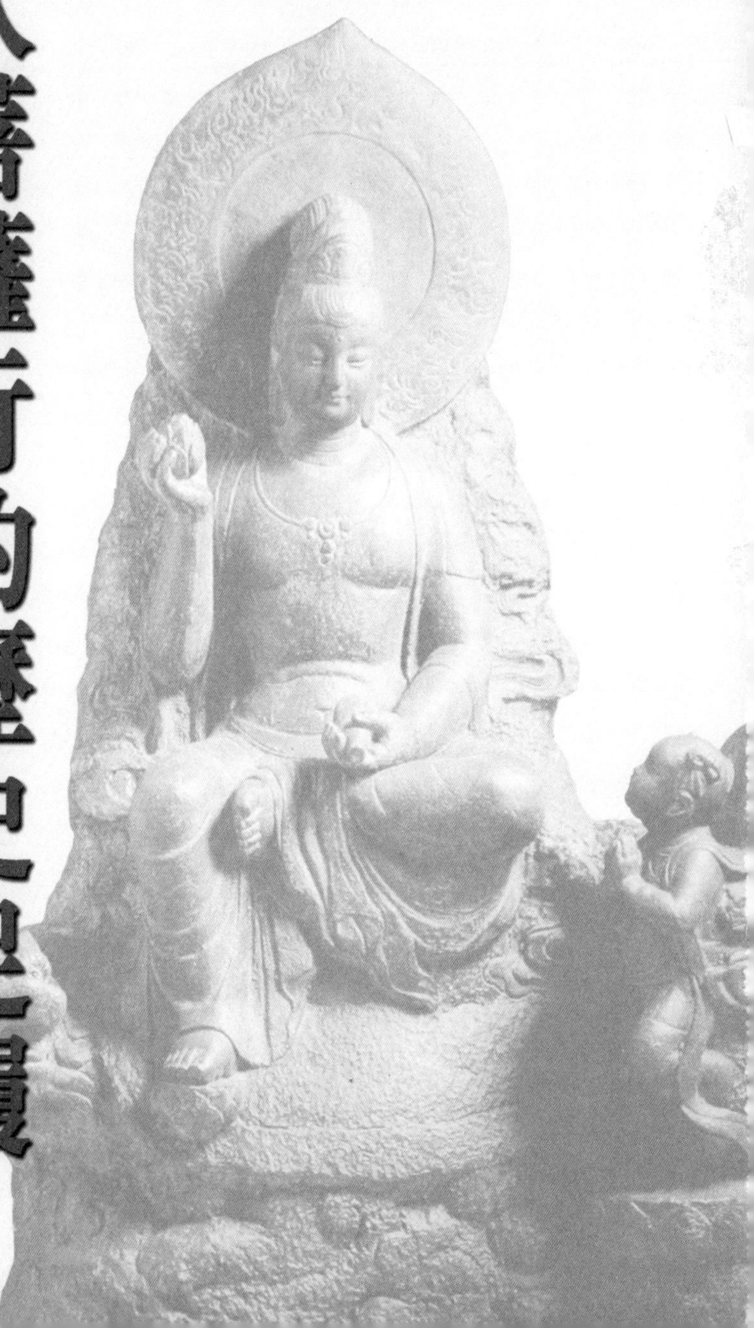

自序

自太虛大師提倡「人生佛教」之後，印順導師在「人生佛教」的基礎之上，提出了「人間佛教」的主張。在台灣，佛光、法鼓與慈濟等三大教團，各自定義並闡述「人間佛教」，而且發爲具體行動，弘法利生而卓然有成，深受社會的肯定與敬重；許多印順導師的弟子門生與私淑艾者，也從戒律、修行、義理或社會關懷的各種層面，爲「人間佛教」建構理論，闡述義蘊，並且實踐篤行。在海峽彼岸，中國佛教協會故會長趙樸初老居士，同樣是大力推展「人間佛教」，並且貫徹而爲中國佛教發展的既定方針。「人間佛教」顯然已成海峽兩岸的佛教顯學。

也有許多宗派徒裔或是獨善隱修人士，強烈反對「人間佛教」的主張。民國九十一年，筆者發表了一部題爲《世紀新聲》的新書，彙總駁斥了此諸言論。

同年十一月二十四日，應現代禪教團創始人李元松老師之邀，在現代禪中觀書院演講，講題是李老師所建議的「印順導師思想真義」。其後筆者將此講記題爲〈一部遊心法海的「對話史」〉，但只發表了兩期（不到全文的一半），就因《弘誓雙月刊》稿擠，以及自己事忙無暇潤稿，而將連載中斷。

＊＊　＊＊　＊＊　＊＊　＊＊　＊＊　＊＊　＊＊

翌（九十二）年十月十八日，筆者應中國人民大學宣方教授之邀，以〈當代台灣佛教的榮景與隱憂〉爲題，用較爲宏觀的視角，評述佛教（特別是「人間佛教」）在台灣的發展情況。該文後經整理發表，由於篇幅太大，因此依演講與答問的內容而分作上、下兩篇。復於九十四年九月，應中國社會科學院世界宗教研究所張新鷹副所長之邀，於承德所舉行的「人間佛教的思想與實踐」研討會上，發表了〈當代台灣「人間佛教」發展之回顧與前瞻〉，該文可說是延續人大演講內容，對台灣佛教（特別是台灣的「人間佛教」）所作的進一步評議。

在此期間，筆者又曾撰爲兩篇專論：〈當代台灣佛教現象的兩個悖論〉、〈千山競秀、萬壑爭幽——人間佛教的菩薩身手〉，這主要是針對「人間佛教欠缺神聖性」的質疑，所提出的回應。此中的重要觀點，後來大都被納入於〈當代台灣「人間佛教」發展之回顧與前瞻〉一文之中。

以上諸文，可說是繼《世紀新聲》出版之後，針對質疑與反對「人間佛教」的觀點，作了更爲全面、深刻與細膩的回應。因此筆者將它們類集而爲本書上編「台灣佛教與人間佛教」，當作是《世紀新聲》的續集。

＊＊　＊＊　＊＊　＊＊　＊＊　＊＊　＊＊　＊＊

本書中編是「活水源頭」，可說是拙著專書《活水源頭》（民國九十二年出版）的續集，收錄與印順導師其人、其事、其學相關的幾篇講記、序文與論辯文字。在導師圓寂周年將它們彙總發表，聊表對導師的無盡追思與深摯感恩！

「人間佛教」最能激發人心的，莫過於在平凡中呈現其偉大的菩薩典範。太虛大師與印順導師，都重視「依人乘正行而趣向佛乘」的「人菩薩行」。在《世紀新聲》自序中，筆者曾經點出：大乘佛弟子之間的「入世與出世之爭」，最常卡在「凡夫有沒有資格行菩薩道」的焦點上。爲了證明「人菩薩行」之可行性，筆者曾在該篇序文之中，直接就著與自己有緣的幾位師友，勾勒出一些「具煩惱身，行菩薩道」的菩薩圖像。

延續這樣的信念，本書題爲《人菩薩行的歷史足履》，並將下編題爲「菩薩典範」，擬將近數年來，談述幾位當代高僧大德之菩薩典範的拙著諸文，全部收錄進來。詎料本書美編明一法師於排版之時，發現頁數過多，書本可能太厚，因此臨時決定抽掉這一單元中，論議慈濟與證嚴法師之數篇拙著，俟諸其他文集出版之時，再行編入。

** ** ** ** ** ** ** **

「人間佛教」在海峽兩岸，確已被許多不良人士，當作一塊「腐化庸俗的遮羞布」，爲識者之所深憂。然而吾人不妨逆向思考：即使沒有「人間佛教」，這些人依然會取用遮羞布。而「佛教」，就是比「人間佛教」更大的一塊遮羞布！

因此筆者認爲，「掛羊頭賣狗肉」的人間佛教，可以予以道德譴責，但不宜因噎廢食而排斥人間佛教。畢竟「人間佛教」與「人菩薩行」，還是振興佛法與利濟眾生的重要法門。

本書偶而會一如往昔，出現對批印（批判印順導師）人士極盡嘻笑怒罵之能事的反駁，但那必然是因爲，論敵批判導師時，出現了極不禮貌的態度與言詞，激發了筆者的「劣根性」！細心讀者會發現，本書在行文之間，已多了一些溫厚的同情，感情的召喚。原因是，漸近「知天命」之年，筆者終於發現，人性有許多時候，不是「理」字就搞得懂的。在意見相左之時，人們往往需要更多的體貼與尊重，而未必是滔滔雄辯。

在一個異宗教之間都能友善對話的時代，佛弟子沒有理由不能求同存異，相互尊重。因此本書總體而言，是以較諸過往之拙著更爲宏觀的角度，來看待「人間佛教」內外的種種言諍，並且明確地主張：即使異論者對佛教只有「感情的認同」，這依然是一種對佛教的善意表現；在票票等值的時代，這也是佛教總體社會力的展現！並且當事人可能會由此而良性發展成「正見增上」的善根。「人間佛教」理應容有「千山競秀，萬壑爭鳴」的雅量，這才符合佛陀、龍樹到印順導師一脈相承的「緣起性空」義，也才是菩薩行者「人無我」且「法無我」的智慧體現！

是為序。

九十五年五月一日　于尊悔樓

人菩薩行的歷史足履

目次

【上篇 台灣佛教與人間佛教】

【中篇　活水源頭】

【下篇　菩薩典範】

◎大德居士

上編　台灣佛教與人間佛教

當代臺灣佛教的榮景與隱憂（上）

——演講篇

維融、德發、德風整理
印悅　潤稿／陳平修訂

前言

本文原係筆者應宣方教授之邀，於二〇〇三年十月十八日在中國人民大學佛教與宗教學理論研究所，向人大宗教系所師生爲主（爲數約五十人）的聽眾所作的專題演講，題爲〈當代臺灣佛教的榮景與隱憂〉，後經維融法師與德發、慧昭居士依錄音帶逐字整理，印悅法師初潤，筆者乃根據此初潤稿，再加刪訂增補而成，謹向是諸大德致謝！由於事忙拖沓，文債又多，遲至農曆新春，方才竣稿，爲此，對久候本講稿之完成的人民大學宣方教授與諸位同學，亦致以深歉！

整個演講過程，約三萬二千字的本文是第一部分（也是主講部分），至於第二部分是宣方教授的回應，第三部分是聽眾與筆者之間的問答，這些都將另文處理。

本文既然源自演講，在演講中，筆者身為「見證台灣佛教史」的佛教成員，自亦不免談到自己的切身經驗，而且回顧之時，發現篇幅不少。這並不代表筆者的所思所行，在當代台灣佛教中，起著多大程度的影響力，而只能說是因為體驗深切，心得豐富，而且算是台灣本土佛教與傳統佛教之間有鮮明差異的特色，所以將這種非主流的「另類經驗」，作了較多的陳述，以饗讀者。

一、台灣人民的佛教認同

談台灣本土佛教的現狀，不能片面講述當前（二十一世紀初）台灣佛教的情況。一般都粗略地知道，台灣佛教有著前所未有的強盛氣象。台灣的人口約兩千三百萬，[1]而據官方統計，臺灣宗教人口，一九八一年為二七二萬，一九九一年已達一〇三四萬，成長三倍以上。一九九七年則超過一一〇〇萬，已逾總人口數之半。還有大量新興宗教和民間神信仰者未被統計。二〇〇〇年五月十九日，陳水扁總統於接見包括筆者在內的佛教界代表五十人時說：當今台灣有百分之九十以上的宗教人口，其中佛教徒就佔百分之四十以上。相形之下，基督宗教（包

1 根據內政部戶政司二〇〇一年統計，台灣人口已有22,405,568萬人。（詳見〈臺閩地區現住人口數年齡分配表〉，內政部統計資訊網，http://www.moi.gov.tw/W3/stat/year/y02-01.xls）

括基督新教和天主教）大約是百分之三點五，此消彼長之勢非常明顯。

九年前，台灣佛教徒就號稱有八百萬，但一貫道由於早年未獲合法化，部分道親亦常以「佛教」報其信仰項目，所以實際「歸依三寶」的人數應是較少。然而無論如何，從這些數據，就可約略知道佛教在台灣是何等興盛了。其他一些民俗信仰，台灣人類學者名之爲「普化宗教」，這與基督宗教或佛教的「制度性宗教」不太一樣。他們定期祭祀祖先，逢年過節燒香拜拜，這些普化宗教的善男信女，人數無從估算。真正討厭宗教、完全疏離宗教的人，少之又少。

台灣人民的佛教認同與觀音信仰有密切關係。漢民族慎終追遠，逢到年節或祖先的忌日，總會拿香拜拜。台灣人民既然有祖宗牌位，難免就有守護神的信仰，他們心目中的守護神，就是觀音菩薩。一貫道也稱觀音菩薩爲「南海古佛」，納爲其重要神祇之一。從這裡，我們就可知道佛教深入民心的程度。這些普化宗教與一貫道的民眾，雖非正信佛教徒，但他們內心裡對佛陀與菩薩還是有認同感的，這可說是佛教信仰被台灣社會普遍接受的隱性基礎。

二、移民社會的舊慣信仰

台灣雖是多元種族的地區，但以漢民族爲主要種族，漢民族歷朝移民，跨越台灣海峽來到此間。台灣社會民風驃悍，有閩、客之爭，有漢、原之爭，在福佬人為主的族群之中，又有漳、泉之爭。他們大多務農，形成一個個的聚落，產生強固的聚落意識，為了生存競爭，他們往往與其他聚落、其他族群的人民展開械鬥，而且極其慘烈。

這些漢地移民，大多屬於在大陸社會底層生活的人，一般較沒有華夏文化的薰陶，較有草根性的生命力，粗獷而熱情，內聚力強，相對地排他意識亦強。械鬥出現的時候，一來需要民兵的裝備，二來也需要信仰的力量，因為有太多的變數、有太多來自自然環境與其他族群的挑戰，使得他們需要信仰的安慰。在這種情況下，他們「篳路藍縷以啓山林」，同步移植的就是觀音信仰。也就是說，他們雖非純粹的佛教徒，但是內心裡對觀音菩薩，有一種類似對母親般的親切感情，因此台灣的宗教圈，形成一個很特殊的生態。日據時代，日本官方稱這種民間佛教為「舊慣信仰」，而不視為純正之「佛教」。

一般民眾在聚落裡有「祭祀圈」，祭祀圈供奉的經常是地方性的神祇，如媽祖或王爺。由於台灣是個海島，島民經常要到海上討生活，或飄洋過海回到原鄉，或從原鄉渡海來台，茫茫大海上，一切都未可知，特別令人感到人的渺小與無力，因此他們特別期望海上守護神保佑他們。這也就是為什麼湄州媽祖的香火沒那麼旺盛，來到台灣卻反而變成主神，且香火鼎盛的原因。

祭祀圈的寺廟經常是由地方民眾集資興建，因而形成一種地方廟的形態，由地方人士共同組成管理委員會以經營之。此外，在數個聚落或鄉鎮組合起來的較大範圍內，也會形成「信仰圈」。[2]小範圍的祭祀圈往往兼拜多神，更小的地方如村里中，則有土地公之奉祀。所謂信仰圈，則是以某一神明或（和）其分身之信仰為中心，超越地方社區範圍之信徒所形成的志願性宗教組織。

信仰圈常供奉觀音菩薩以為「主神」，雖然佛教是無神論，可是在民間的認知裡，卻把觀音菩薩當作是救苦救難的守護神。大乘佛教的精神，原是希望每個人當菩薩以幫助眾生，可是在廣大人民的心目中，熱衷的是「求菩薩」而不是「做菩薩」。菩薩就像是守護神，被迎請來幫助自己解決苦難。大乘佛教透過觀音菩薩無遠弗屆的慈悲力量，撫慰著台灣移民的心靈。觀音信仰，使得佛教在台灣的本土發展，呈現了非常草根而普化的現象。

普羅大眾家家觀世音——因祖宗的奉祀，而在祖宗牌位之旁供奉觀音菩薩。供奉觀音，也就對佛教產生了很大的親切感與認同感。信仰圈內的觀音廟宇，由於民眾各自農忙，無暇顧及廟宇，既然觀音是佛教的菩薩，他們也就自然會尋求佛教僧侶來管理廟宇。到後來，許

2 「祭祀圈」或「信仰圈」的定義與內涵，詳見中央研究院民族所研究員林美容教授〈由祭祀圈到信仰圈——臺灣民間社會的地域構成與發展〉（http://twstudy.iis.sinica.edu.tw/han/Paper/mazu/ JiSiToXinYang.htm）。

多這樣的信仰圈，慢慢轉變成爲佛教盛地。此中有失敗也有成功的例子。台灣有四大佛教勝地——基隆月眉山、台北觀音山、苗栗法雲寺、高雄大崗山，這四大名山都是台灣古老的佛教勝地。此中高雄佛教勝地大崗山超峰寺，正是信仰圈的典型，主神奉祀觀音菩薩，強調的是觀音菩薩的種種靈驗，後來請了佛教僧侶住持，法師們代代相傳，慢慢散佈佛法的種子，而在當地造就了一個正信佛教的勝地。

超峰寺的周圍建造了很多寺院與茅蓬，在這信仰圈內，迄今還是有一些民俗宗教行爲，例如：逢進香、割香之時，大隊民眾上山舞龍舞獅，燃放鞭炮，喧鑼打鼓，神童跳乩，這種種喧嚷嘈雜的宗教行爲，當然是與佛教寧靜莊嚴的氣氛極不相應的。但是一般而言，佛教對此還是相當寬容，也就因此而相安無事。進香的日子熱鬧幾個時辰，節慶時人山人海，信徒與香客如潮水般地湧來；平時倒也還安安靜靜，是僧尼用功辦道的好地方。

大崗山超峰寺住持法智長老告訴筆者，四月初八的佛誕，他們以請帖邀請四方大眾上山浴佛，雖然也有眾多信徒上山，但是遠不及二月十九、六月十九與九月十九觀音誕的人潮；而且觀音誕不用發請帖，就會人潮洶湧。何以如此？原來是大崗山下的乩童，告知信徒一定要於此諸聖日，上來朝拜觀音。

由此可知，過去台灣正信佛弟子常憂心於「神佛不分」，認爲這有讓佛教「巫術化」的傾向。但是事情有弊就有利，無形中，廣大的社會民眾對佛教，還是產生了一份難以割捨的微妙感情。

三、日據時代與國府遷台

這股力量在日據時代持續進展。在日本社會，佛教是神道教之外的最大宗教，雖然日本僧侶想移植本山的宗派信仰（如：曹洞宗、臨濟宗、淨土真宗、真言宗等）到台灣來，但是基於語言與文化隔閡等因素，台灣殖民時期的佛教主流還是漢傳佛教，而不是日本佛教。漢人也比較接受僧侶獨身，戒禁酒肉，而不太能接受娶妻生子、飲酒食肉的日式僧侶。

一九一五年，臺南縣的齋教徒余清芳，發起對抗日本的「西來庵事件」。事件失敗後，日本統治者開始監督、控管台灣宗教的發展。由日本人主導而成立的南瀛佛教會，致力於台灣佛教的日本（佛教）化。而西來庵事件後，很多本土寺院與齋堂畏懼遭到牽連，乃紛紛加入日本各宗派的體系、陣營之中。此外，曾經在臺灣或日本接受日本佛教教育的本地傳教者，也逐漸在教義認同、信仰行爲、修行方法等方面爲日本佛教所同化。因此，如果不是日本戰敗退出台灣，台灣佛教是很有可能逐漸日化的。

在台灣的齋教，如同過去中國內地的一些道門，以在家佛教的形式經營之。齋堂常由獨身茹素的齋姑們主持，她們之中，許多是仕紳的女兒，終身不嫁或是早寡，家人從家產中出資興建齋堂，好讓她們專心修道，而這些齋姑，戰後竟亦成爲佛教復興的一股力量。

國民政府遷台以後，佛教有了一些轉變，這些轉變，首要來自佛教內部的力量。大陸僧侶大量遷台，有建樹，也有弊端。建樹是：這些僧侶大都受過佛學院的正規教育，來到台灣以後，致力宏法，並推廣傳戒，讓僧侶的素質維持較的水平。其次，他們攝受了許多齋姑，齋姑聽聞佛法之後，許多對比丘尼的戒德莊嚴有所嚮往，於是剃度爲比丘尼。許多齋堂後來也轉變成爲佛教道場，齋姑住持往往爲了培養下一代接棒人，讓她們就讀佛學院，這些人也有許多剃度成爲比丘尼了。此外，大陸來台僧侶廣爲宣傳教化，辦雜誌、辦教育，爲未來佛教的文化與教育水準，打下了良好的基礎。

但大陸僧侶同時也帶來了一些弊端，就是大陸佛教的經懺模式。台灣過往佛教，雖亦有經懺僧，但較爲純樸，著重在對信徒老病死苦的幫助。雖有一些齋教人士從事商業化的經懺行爲，如龍華派，但在本質上，那都還是在家佛教。出家人在寺院裡，大都過著刻苦清修的生活。一些老尼師告訴筆者，她們青年時代的歲月，都在搬柴、運水、犁田、種菜之中度過。所以寺院並非完全依靠經懺來維持道場經濟的，但是，大陸來台的僧侶，卻帶來了極爲商業化的經懺，垢弊叢生。社會對佛教的藐視，經常是來自經懺議價的俗不可耐，以及對應赴僧的壞印象——真假僧侶雜遝，戒德威儀欠佳。

四、政權控管與教會系統

其次，延續日據時代的高控制，由南瀛佛教會改制爲「中國佛教會」，政府透過佛教會的白手套以控管宗教。殖民政府懷疑殖民地人民的忠誠度，所以需要控管宗教，這點還可以理解；但國民黨政府遷台以後，在政教關係上，還是採取中國文化中「政治掛帥」的常規，以政治力來管理宗教。

這種心態，隨著台灣政局的動盪，而益形嚴峻。戒嚴時期，凡是全國性教會，各宗教都被限定只有一個，政府對宗教，就是透過全國性教會系統作爲白手套，來加以控管的。這種控管方式很隱微也很技巧，表面上很和善，但必要的時候，執政黨會介入教會領袖的選舉。權、利之所在，經常就是腐敗之所在，高僧大德不會有興趣玩弄權柄，他們對此敬謝不敏。那麼熱衷於權、利遊戲，想要擠上金字塔尖端，成爲教會領袖的，會是哪一種人？他們與政治人物之間的關係又是什麼？吾人可想而知。因此吾人也不難明白，爲何教會系統的領袖們，大多數是國民黨員。

這種人除非有強烈的愛教情操，否則就容易喪失佛教的主體性意識。在佛教與政治立場沒有衝突的時候，他們當然樂意維持這種和諧關係；一旦佛教與政治的立場有所衝突，一些教會領袖就可能將「黨意」凌駕於「教運」之上，這對佛教正常而長遠的發展是不利的。但是因為「只此一家，別無分號」，只有中國佛教會可以成為全國性的宗教社團法人，而且它的分支會，是每一個寺院都必須加入成為會員的；如果沒有加入，寺院就不能依法登記，在諸如土地、建築、財產等等的處理上，就會出現諸多麻煩。

顯然，佛教會雖是一個「由下而上」形成的鬆散組織，雖然沒有公權力，但是卻可以透過教會領袖對政治人物的影響力來控管佛教。在這個情況下，難免會出現一些權謀迫害。舉例而言，「人間佛教」的提倡者印順導師，德學具尊，是舉世崇敬的高僧，他就曾經受到過政治迫害。他初從香港來台之時，李子寬居士禮請他主持善導寺，這時其他大陸來台且已掌握教會或大寺院之權柄的法師們，出現了很微妙的心結，乃扣印順導師一頂「紅帽子」，一方面對教內散播「印順法師反對大乘佛教」的謠言，好激起教內大眾對他的反感；另一方面，則對政府密告他「散播共產主義」。

原來印順導師在《佛法概論》中，有一段寫到北拘盧洲，認為被稱為樂土的北拘盧洲，應是位於現今喜瑪拉雅山的北方。於是這些告密者說，喜瑪拉雅山的北方，豈不就是西藏高原——中國大陸的領土？印順法師既然認為中國大陸就是佛教中所說的無憂無慮的北拘盧洲，可見他是在散播共產主義天堂的紅色思想。這就讓政府開始介入、調查了！在那聞警總而喪膽的白色恐怖時代，這樣的打擊，對印順導師來說，是無比沈重的，好在請他來台的佛教長者李子寬先生是國民黨元老，而且畢竟印順導師本身在佛教內也還有極高的聲望，所以政權並沒有立刻將他逮捕入獄，可也還是要求他寫下了違心之論的自白書。後來他對此一讓步，深以為恥。這樣的情形，對台灣佛教思想的自由發展，隱約造成了傷害。

今日無遠弗屆的國際佛光會與佛光山領袖星雲大師，當時熱誠弘法，許多傑出女眾非常敬愛他，在他座下剃度出家，成為今日佛光弘法事業的股肱大臣。以他當時如此年輕有為而又極具活力，當然不能忍受佛教界的沉悶氣象，而意圖有所改革；但要改革，就必須進入到教會體系之中。而佛教會的領導人，卻是對他極為排斥，唯恐他具有壯大的力量，會影響權力的佈局。所以佛教會中別的共識未必具足，唯獨有一個重大共識，就是排擠佛光山，絕不讓星雲大師進入到佛教會的權力核心。尙幸他遠離了北部政治中心的是非圈，將事業重心移到南部，建立了舉世聞名的佛教勝地——佛光山，並發揮了強大的教化力量。

國民黨政府來到台灣後，並未全面施行憲法，而用戒嚴法控管台灣。戒嚴法對於民主政治、言論、出版與集會結社自由等等，造成了很大的傷害，特別是打壓和控管政治上的異議份子，極為酷烈。所以民主運動者極力要求廢除戒嚴法（簡稱「解嚴」），回歸憲法。直到一九八七年，台灣才正式「解嚴」。解嚴以後，開放人民團體自由登記，這給了佛教很大的發展空間。原來在解嚴以前，中國佛教會既然「只此一家，別無分號」，雖方便於政權之管控，卻極不利於佛教之多元發展。解嚴以前，佛光山一度想成立全國性的佛教青年會，但是中國佛教會立刻向政府當局表達抗議之聲，認爲這會「分裂僧團」。這頂帽子一扣，政府當局自是樂意將指揮系統單純化，以便於控管佛教，於是「成立佛青會」一事，就這樣不了了之。

五、大專青年學佛運動

但這並不表示，解嚴以前的台灣佛教，是沒有任何進展的。此時佛教已經有了一些緩慢復興的跡象，這應該是醞釀於一九五〇年代，並在八〇年代以後，逐漸看到了輝煌的成果。

佛法相當民主與理性，重視平等的精神，它沒有「天啓」的絕對權威、不強調唯一真理與絕對服從，這應是相當符應知識份子與讀書人的需求。五〇年代以後，許多法師與居士已意會到：佛教要能受到社會的肯定，一定要讓知識份子先接受佛教，於是他們做了耕耘鋪路的工作——大專青年學佛運動。

台灣大專青年學佛運動的肇始，應遠溯至一九五一年春，南亭法師與周宣德老居士繼慈航法師之後，發起「佛學廣播」，函請當代緇素大德撰寫針對大、中學生程度的講稿，揭開空中宏法的序幕。在那個戒嚴時代，嚴禁僧侶進入校園，基督宗教等西方宗教則蔚為風尚，校園團契頗有進展。在此艱鉅處境之下，周宣德老居士不但首創大專青年「空中宏法」，而且由於他的支持、鼓勵，一九六〇年，台灣第一所大專院校佛學社團——台大晨曦佛學社，終於在一波三折下獲准創立；之後，師大、興大、工專等校亦紛紛組織佛學社團。

周老居士主導之下的慧炬社，還以廣設大專獎學金的方式，鼓勵大學生撰寫佛學研究論文。那個時代，生活普遍貧苦，獎學金對大學生而言非常重要，許多年輕人因此而開始閱讀佛書，撰寫佛學論文。原先他們的目的，也許是為了獲取獎學金，但是一旦有緣接觸美好且博大精深的佛法，自然也就產生了敬信之心，很多大專青年，就是在這樣的情況下進入三寶之門的。

其後，各寺院也開始為大專學生設共修會，或是逢寒暑假時，舉辦大專佛學夏（冬）令營。許多大專學生，在參與這類營隊的時候，接觸到了佛法，歡喜踴躍而學佛，甚至進一步選擇了出家。

以筆者自身的學佛歷程為例，一九七八年，筆者參加佛光山所舉辦的大專佛學夏令營，那時候，筆者根本不是佛弟子，也與一般人一樣，想像出家人就是逃塵避世的一群社會邊緣人，他們不是失戀，就是失意，必然是因為事業受挫折、婚姻不如意，或受到種種打擊，所以才會出家的。這是在中國文化傳統下薰陶出來，不自覺對僧侶所產生的傲慢與偏見。

一位高雄醫學院佛學社團的學長廖敏洋居士，於救國團國學夏令營中與筆者相識，鼓勵筆者參加此一佛學夏令營。筆者當時只是想：佛光山聽說是很美麗、幽靜的地方，不妨去「旅遊」一下，過過山居生活。還有那諸如「因過竹院逢僧話，又得浮生半日閒」的從容想像，促成了筆者此行。去了以後，得聞佛法，內心踴躍歡喜；見到山上僧尼的素質高，有教養、有熱誠，又活潑健談，頗爲顛覆自己內心對僧尼的成見。又因素食將近十日，下山後一聞到肉味，就忍不住作嘔。於是回來後就開始認真地研讀佛書，皈依三寶，發心素食，隔年也就決志出家了。

像筆者這樣的「樣版」，在當時並不算少。許多大學生都是在類似的因緣下，對佛門產生嚮往之情的。此諸人中，有些在畢業之後進入社會，如今已是各行各業的卓越領袖或是中堅幹部，有些則選擇出家，分別在修行、學術、辦事方面展現了他們的長才，而且廣受社會的尊敬。所以當年諸法師居士在大專佛學社團、營隊與大專佛學論文獎學金等方面所付出的苦心，可謂是「功不唐捐」。雖然這些學佛青年所組成的社團，不若校園基督教團契或一貫道道親，來得如此熱絡而緊密結合，但是大專宏法舖下來的種子，對此後台灣佛教的發展，有極大的幫助。

六、微妙的打壓與迂曲的特權

當時的政治氛圍對佛教並不太友善，國民黨政府領導人蔣介石先生，原有佛教家庭的成長背景，但他的夫人蔣宋美齡女士，父親是衛理公會牧師，宋門權貴全都是基督徒。再加上清末中國被洋槍大炮之所屈服，從仇外而媚外，自卑自貶；而基督宗教在中國也廣設教會大學，故中國早已形成一種氣氛：上層人士以信仰基督宗教為榮。

政治人物透過一些隱微的力量來牽制佛教，例如：不准出家人進入大學校園，不准出家人上電視露臉。記得當時有個著名的基督教電視佈道節目，叫做「時兆之聲」，播放數年，從未聽說過有什麼麻煩；但到了一九八〇年代，佛光山在中視製作了「信心門」的佛教電視節目，開播的第一集，本來規劃在節目將結束前，由星雲大師講幾句話，可是卻沒想到，電視台臨時奉命：出家人不准在電視螢幕上露臉，於是他們只好臨時請一位主播牛海萍小姐，代打上陣，結束了這段錄影。所以，表面上說是宗教自由，但政治力量常不免在暗中打壓佛教。

四十多年前，天主教的于斌樞機主教建議「聖誕節應予放假」，因為這是耶穌誕生日，而且教會一般在晚上會有「報佳音」的活動，報到很晚，早上也爬不起來。於是基督徒就透過政治力量，運作「聖誕節放假」。但是這種事情有違憲法之宗教平等原則，不能明目張膽地做，所以他們「腦筋急轉彎」，宣佈十二月二十五日叫做「行憲紀念日」（指該日中華民國正式施行憲法），因此當日放假一天。佛教界領袖當然不服，也爭取過「佛誕放假」，但是政府說，涉及宗教平等之考量，怕其他宗教會講話，所以一律不准放假。於是，「行憲紀念日」就一直「掛羊頭，賣狗肉」了四十餘年，迄筆者於一九九九年發起「佛誕放假運動」，方才爭取到佛誕成為第一個宗教性質的「國定紀念日」，二〇〇一年台灣全面實施周休二日，行憲紀念日（亦即耶誕日）方才取消了放假的特權。

有了放假的便利，商人就可製造無限商機。於是，年年十二月二十四日晚間，舉國狂歡地開耶誕晚會，到處都是亮晶晶的聖誕樹，並有隨俗的「聖誕大餐」。但是佛誕沒有放假，於是佛誕逐漸蕭條！過去在日據時代，日本將所有農曆節日一概改成陽曆，所以農曆四月初八佛誕日，也就改在陽曆的四月初八舉行慶祝會，稱為「花祭」，人民參與浴佛活動也極其踴躍。但是曾幾何時，在國民政府統治以後，佛誕的熱鬧氣氛就沉寂下去了，農曆佛誕由各寺院自辦法會，而各地方佛教會的浴佛法會則延襲「陽曆四月初八」的慣例以舉行之。偏是這些日子都罕見假日，既然佛誕不放假，那麼，誰會來慶祝佛誕？當然就只有那些不用上班的家庭主婦、小朋友和老太太了。

直到解嚴以後，人民團體法修法，允許成立兩個以上同性質的全國性法人，於是，佛光會、慈濟功德會、法鼓山等等，一個一個成立了全國性的社團法人。當政治上的強權控制解體後，即使中國佛教會發出了「不能再保持獨佔」的怨言，但政治人物都已自顧不暇了，哪有時間、氣力與能力，管到宗教內部的人事？政治大環境改變了，這對台灣佛教的蓬勃生機與多元發展，無疑是一股新的助力。

七、西方宗教的宣教瓶頸

佛教在台灣，是如何渡過那些危機年代的？佛教復興的轉機來自哪裡？原來，第一股力量來自前述廣義佛教徒，他們之中，有些人雖非正統佛教徒，但心理上還是對觀音菩薩深感親切。縱使許多民眾一時為了麵粉、奶粉與衣物的救濟，而不得不改變信仰，但是這種信仰，畢竟紮根不深。而台灣到了六〇年代以後，就開始有了加工區，七〇、八〇年代後，經濟起飛，等到經濟一好轉，這時候基督宗教的救援物資，就顯得沒有那麼鉅大的影響力了。基督教的醫療事業，原亦是傳教助力，可是等到慈濟醫院建立，佛教的醫療事業也跟進了，而且做得有聲有色；再者，醫療普及化了以後，教會醫院在人民心目中的重要性，也就相形削弱了。

由於基督徒的愛德殊勝，很多人民因受神職人員（特別是神父修女）的愛德感化，而信奉了基督宗教，例如，台灣的原住民，幾已全數成為基督徒。但是漢民族卻依然捍衛著他們普化宗教的信仰，他們捍衛的，是他們對菩薩、諸神與祖宗的崇拜。

基督教堅決反對祖宗崇拜。天主教先看到了這個問題倘不解決，將對福音傳播造成不利的影響，所以態度較爲緩和，認爲可以敬天祭祖，但是這已無法挽回福傳頹勢。基督新教一般均強烈反對祭祖，對漢民族來說，這是不可承受之重。過去在中國，也有一些基督徒，只要一信奉基督宗教，族人就將他從族譜之中除名，因爲族人認爲，他心目中已再也沒有祖先了。

基督宗教在宣教上強悍且反文化傳統的作風，影響到他們在台灣社會的教勢。到現在爲止，客家宣教無法開展，一直是他們的心頭之痛，因爲客家人的原鄉觀念較強，又更重視祖先崇拜，完全無法接受不敬拜祖先的宗教。閩南人對此雖然沒有那麼強烈，但是由於祭祀圈與信仰圈已穩固存在，情感上還是比較認同觀音信仰。就利害而言，地方上的祭祀圈，已經形成了一股派系力量，爲了在地方上獲得利益，或進一步在縣市、省或中央獲得政治地位，這些派系儼然把宗教的祭祀圈或信仰圈當做樁腳，以此做爲掌握資源、拉攏群眾的根據地，所以外來宗教想要打入這樣有頑強內聚力量的圈子，是很不容易的。

例如，祭祀圈內每年慶典時要「做醮」，家家戶戶都要出錢，廟方則給每家每戶掛上紅色燈籠，用表保祐平安。如果有哪一家哪一戶不出「做醮」功德金，顯然表示他是疏離於這個聚落的。在聚落意識如此強烈的情況之下，一個人如果信仰基督宗教，不但是割斷他與宗族之間的臍帶，同時也割斷了他與這個鄉里之間的臍帶。以漢民族「重視人際的和諧關係大過重視真理」的特性來說，一般人當然寧願選擇祭祀圈內的宗教認同，以維持與鄉親之間的和諧關係。

在這部份，佛教稍好一些，沒有那麼強烈的排他性。所以僧侶主導下的寺院，經常與祭祀圈內的民俗信仰相安無事。佛教的這種特性，說好聽一點是包容廣大，說不好聽一點，像是變形蟲，可以隨時就著環境而變化。所以到了民間佛教的層次，把觀音菩薩放在中間也可以，放在旁邊也可以，供素食可以，供葷食也可以，沒有必然的主體性立場可言。在這個情況下，雖然喪失了某些純正性，造成了神佛不分的現象，而引起佛門中有識之士的憂心，但是更宏觀而言，佛教與民間宗教有某種程度的相互尊重，民俗信仰者對佛教有某種程度的情感認同，這使得佛教在廣大群眾中，有著其他宗教所不具備的厚實基礎。

相對而言，為什麼基督宗教在改革開放之後的中國大陸，其發展勢如破竹，所到之處如入無人之境，甚至是整村、整鄉地信仰基督宗教？這種現象為何不在同屬漢傳佛教化區的台灣出現？筆者以為，一來中國大陸內地村落不比沿海城鎮，直至目前還處於貧苦狀態，就像四、五〇年代的台灣一般，所以受到物質救濟的影響，容易投桃報李以改變信仰，二來中國大陸歷經各種政改與文革浩劫，祖宗崇拜與民間信仰受到重創，很難像台灣佛教一樣，厚植隱性教徒或廣義教徒之實力，而且再也無法形成抗拒西方宗教的力量了。

爲何今日台灣的佛教徒人口（百分之四十）與基督教人口（百分之三點五），會形成如此巨大的懸殊？原來，第一、蔣家勢力逐漸衰微，基督宗教失去了上層政治的保護力量；第二、民主政治替代了強人政治，強權控制解體，政治控管佛教的力量也就相形削弱；第三、民主時代，人民的「票票等值」，政治人物認清事實，於是各級民代或首長候選人，爲了當選，也開始討好佛教徒。許多候選人原是基督徒，過去縱使藐視佛教，現在也只能隱藏其宗教身份，到處拜票，本來基督徒不可以拿香拜拜，現在也只能逢廟就拜。前總統李登輝先生在位之時，雖是基督教長老教會的信徒，但迫於總統選舉，他也不得不拿香作揖，這樣做，雖然被一些基督教刊物嚴加批判，但他還是不得不然，何以故？原來，在政治人物的心目中，政權當然比宗教重要，政治上的地位當然比宗教上的神祇更加具體，爲了鞏固政權，基督徒李登輝也只好隨俗拿香了。

從中、低層社會民眾而言，台灣的經濟力已經復甦，台灣人民大部份都已是中產階級，這時，透過物資的支援來攝受群眾成爲教徒的力量削弱，而「本土化運動」又在兩岸對峙的情況之下，受到廣大民眾的認同。在這個情況下，被一般視作本土宗教的佛教，受到了廣大民眾的認同，基督宗教的信徒則不但未見增加，反而逐年遞減，到如今只剩下人口總數的百分之三點五左右。

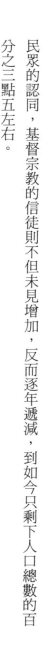

前些時筆者閱讀天主教徒郭抱朴先生大作〈吊詭的歷史〉，他提到：「一九四九年以後，神父在臺灣鄉下傳教，與當地領導階層來往頻繁，關係極爲良好，也因此教會頗受當地領導階層的尊重，從中、小學校長、警察局主管至其他各機關的領導人員皆然，其中還有不少人信了天主教。舉凡教會舉辦的活動，如聖誕節、聖體遊行，都能得到地方充分的配合；教廷駐華大使視察教務時，更是盛況空前、萬人空巷。」

「但再經數年，情況卻全然改觀。沒有多久，本堂、分堂大片的牧場幾乎全部空出。社會上層的皈依不僅沒有帶動全鄉的皈依，他們自己也都離開當地，調遷他處。關鍵點在於當年被列爲傳教主要對象的領導階層，沒有一個是當地人，而且都是從大陸初遷臺灣的人士。他們有的遷往都會地區，有的因職務的調動而離開。」

「真正是當地基礎的社會組織：聚落、村落、宗族……，教會只有蜻蜓點水般輕觸了一下，基本上毫髮未動。村長這級的地方領導人與鄉級的『長官』相較，顯得非常的『地方』，而且與教會的『氣質』似乎不太相符。因此日後興起的公廟組織、佛教團體，乃至於像一貫道這樣的民間宗教，便成了他們和大部分村民的歸依之所。這些團體由他們經營起來，成爲臺灣的宗教奇蹟。」[3]

為什麼在地方上，連村長都沒辦法使他成為基督徒？這在筆者看來，答案非常簡單！村長身為地方龍頭，為什麼要為了宗教信仰而切斷他與宗族、鄉里間的臍帶呢？失去了與群眾聯結的臍帶，又有誰會拱他當村長呢？

八、典範人物的耕耘與收穫

在這樣一個「民間對佛教較有好感」的基礎上，加以大專院校佛學社團與營隊之耕耘，知識份子研究佛學者日益增多。而更重要的是，佛教出了幾位典範型的人物。

台灣佛教雖然有良莠不齊而龍蛇雜處的現象，但是佛教依然受到社會的尊重，這不但是因為僧尼與信眾素質的提高，有目共睹，而且還因為出了幾位典範人物。

最重要的當屬提倡「人間佛教」的印順導師。他今（二〇〇二）年已高齡九十八歲，畢生悠遊法海，著作等身，思想卓絕，學界高推他為「玄奘以來第一人」，至今猶影響著海峽兩岸與海外的漢傳佛教。筆者忝為他的門生，寫過許多與他的思想有關的論文，茲不重贅。

---

3 以上三段，摘引自郭抱朴：〈吊詭的歷史〉，《見證月刊》，二〇〇二年七月號（http://www.catholic.org.tw/witness/ html/07/content.html#a4）。

他座下的弟子中，最著名的是慈濟功德會的證嚴法師。慈濟功德會崛起於民國五十年代，原本在台灣東部默默行善，知者鮮少。直到民國六十年代，蔣經國先生推崇以後，才逐漸成爲全國知名團體，自此迅速成長，會員人數至今已有四百萬。哪個角落有苦難眾生的呻吟，那個地方就會出現慈濟人的身影，這給台灣社會很大的感動。《天下雜誌》曾透過民意調查，訪問台灣人民心目中最信賴的人，結果是證嚴法師的人氣指數居高不下。台灣人民心目中最信賴的人，竟然是一位比丘尼，這對於佛教而言，具有深遠的意義，因爲這已顛覆了傳統社會對出家人極其負面的刻板印象。

此外，佛光山星雲大師善於組織管理，重視教育、文化，特別重視人才的培養。國際佛光會普及全球，其力量無遠弗屆。由於星雲大師的平等心，重視男女平等與僧俗平等，讓女性得以發揮她們各方面的長才，也讓居士可以施展他們的抱負，這樣一種前瞻性眼光，打破了佛教傳統男尊女卑、僧尊俗卑的封建保守階級意識，深入民間，造就了許多傑出的人才。

慈濟功德會的慈善醫療與佛光山的教育文化，可謂台灣佛教之雙璧。還有後起之秀的法鼓山，也在日本立正大學博士聖嚴長老的感召下，加入了許多社會各界的菁英。這些宗教領袖，不只是在教內被信眾高度崇敬，而且具足了社會上的高知名度，成爲台灣社會的意見領袖。

有典範足資楷模，廣大群眾又於感情上傾向佛教，因此，如果有人要做慈善事業，大都會優先選擇成爲慈濟會員，因爲他信賴證嚴法師，相信證嚴法師領導下的慈濟，會把每一文錢都用於慈善救濟；而若他想要信仰佛教，也常會優先考慮加入佛光會或法鼓山。

過往政界高層或上層社會多爲基督徒，佛教徒好像見不得人似的，可是如今，佛教卻在上、中、下層社會牢牢紮根。無論是黨政要員還是企業領袖，都以在名片上掛個「慈濟功德會榮董」或「佛光會督導」的頭銜爲榮，人們往往會因此而認定他是有道德而可以被信賴的人，這又何嘗不是企業形象的最好包裝呢?原來佛教被當作愚昧下民的信仰，如今卻被當做是像獅子會、扶輪社、青商會般企業領袖或中產階級的信仰標籤了。慈濟人、佛光人與法鼓人，許多在政界、企業界、教育崗位與文化單位原即是知名人士，他們不但參與社會關懷的慈善文化活動，而且到處現身說法，把自己學佛生活或參與慈濟的種種體驗廣爲分享。台灣佛教在典範人物的引領下，顯得愈發生氣蓬勃了。

一九七八年，筆者初出家時，許多人一看到筆者就說：「唉！很可惜，怎麼那麼想不開，要出家呢？」可是二十年後，社會上各行各業的人見到筆者都說：「師父，你們好偉大，你們想得比較透澈，我真的不如你們，你們做了好多的救世度人的偉大事業。」出家人在社會人群心目中的形象，已有了巨大的轉變。筆者忝爲時代佛教的一員，親眼見證了佛教的「由衰而盛」。

九、另類經驗之一：八〇年代的護教運動

「顯正」之外，還須「破邪」的積極性，也算是台灣佛教的特色。以下略述筆者依佛法之理念，在台灣佛教社會中，發起的幾項對內或對外「破邪」或是「顯正」的社會運動。那些，或可稱之為台灣佛教的「另類經驗」吧！因為它與台灣主流團體的人力、財力不成正比，算起來並非台灣佛教的主流勢力，但是它在思想面的後續影響力，卻是不宜輕估的。

筆者出家一段年日後，受到印順導師的提攜，到福嚴佛學院教書。當時他希望筆者未來能在佛教學術上多所措心，甚至要求學院讓我得免行政事務的煩擾，專事研教。那時筆者算是山居的一介學問僧，寫出來的佛學文章，已謬承佛教界的賞識，也自期能以學術成就來報答恩師。但是因緣際會，卻使筆者離開山林與學術的象牙塔，展開了為期十五年護教與護生的生涯。

一九八七年間，有一次偶從山門向外眺望，看到《國文天地》「修理」佛教，辱慢僧尼，內心非常生氣。其實自明、清以來，低落的僧品與輕慢僧尼的風氣互為惡性循環，僧尼往往被貼上「情色」與「暴力」的標籤，而成為戲曲小說中的負面角色。礙於「忍辱」之教，僧

尼往往靜默承受而不反抗。這樣一來，讓人覺得辱慢僧尼不須付出代價，「軟土深掘」而肆無忌憚。

可能因爲筆者本身受過大學教育，有民主理念與正義理想，總認爲出家人也應受到平等尊重，不應因其出家身份而橫遭羞辱，所以遇到這種情形，理所當然要「不平則鳴」。

早先只是以文章回應這些偏頗言論，但發現到媒體編輯一般總是保護原作者或社方記者，不肯刊登我方回應，對此筆者束手無策，於是與當時旁聽筆者佛學課程的性廣法師商議。性廣法師當時住在汐止慈航堂，按期到山下宏揚佛法，有一群在家學生，大都是上班族。她很有前衛意識，立刻把《國文天地》羞辱佛教的文章，影印給聞法大眾閱讀，群情憤慨，共商每人每天打一通電話到雜誌社，要求社方必須刊登筆者的文章，以爲平衡報導。

起先雜誌社還是很老大，想要不予理睬，但經過大家不斷地打電話，他們還是會煩、會怕，終於有了一些妥協。幾度類似的事件交涉下來，我們發現到，這些媒體很「老大」，個人與他交涉，他根本就不會理睬，於是我們決議，乾脆成立一個組織來與他們交涉。

一九八八年間，筆者邀請性廣法師一同找中國佛教會秘書長了中長老（現任世界佛教僧伽會會長），兩個「小毛孩子」，竟然想要在中佛會組織下，成立一個護教組織。後來幾經籌備，「中國佛教會青年委員會護教組」終於掛牌運作了起來，筆者被公推爲「組長」。

　　那時的傳播媒體、藝文界人士，時不時就醜化僧侶，大都說僧尼是因爲失戀、失意、遭受挫折與打擊才出家的，我們不希望社會對僧尼有此刻板印象，所以想用組織交涉的方式，防止無聊文人與記者，肆無忌憚以調侃或辱慢僧尼。

　　一九八八年六月成立護教組，這是奠基在台灣社會「解嚴」的基礎上的。解嚴以後，社會上已有許多人民自發性「自力救濟」與抗議警憲的民主運動，早先筆者對這些運動也並無好感，認爲這些人「沒事鬧事」，可是等到自己有了切身之痛，在三寶受辱時，「呼天天不應，叫地地不靈」，這時觀念就有所改變了，策略也常相同。例如，當媒體刊登一些污辱三寶或對佛教的報導有所不公、不實的言論時，我們就會撰寫投書傳真出去，並打電話請他平衡報導，如果他不答應，我們就寄存證信函，鄭重告知：如果不依法刊登我方報導，我們將不排除發動全體佛教徒拒訂貴報。這麼一來，策略往往奏效，因爲訂戶對他們而言，是經濟命脈，不但影響報份，而且也會影響廣告收入。畢竟佛教徒的人口衆多，只要有一小半人拒訂，就夠他們受的了。

　　在護教組成立之後，我們就著個案一一交涉，得到了良好的效果。例如，曾有一篇中央日報的報導說，高雄市佛教的出家人口（他文章中用「尼姑」的稱呼），只有一百三十多個人。事實上高雄市佛教比丘尼絕對不止此數。此外，報導還說這些人都是因爲失戀、離婚，生活不如意才出家的。看了這篇報導之後，筆者當然很生氣，立刻打電話過去！記得當時在筆者身旁有一位學生還極力勸阻道：「師父，您還是不要打吧！」筆者說：「不打，人家就瞧得起我們嗎？搞不好走到街上還被人當作『棄婦』呢！」

打電話過去交涉，地方版編輯回應說：「高僧是不會介意這種事情的。」筆者乃回應道：「我可沒告訴你我是高僧，高僧做不出來的事，低僧做得出來。所以你一定要更正報導，否則我們一定會展開抵制行動。」當然，交涉不能光是口頭交涉，後面一定要有「武器」作爲後盾。佛教是非暴力主義，絕對不可能像伊斯蘭教那樣引爆「九一一」，那我們依憑什麼武器呢？武器就是「拒訂」，如此一來，他們的態度就改變了，不得不對該項報導給予更正。

再舉一個筆者親聞的例子。當時性廣法師住在慈航堂，有一次，聯合報刊出一篇題爲「春風不度佛門地」的新聞，說是一個精神病患脫光衣服闖入該寺大殿，「眾尼姑掩面驚叫奔逃」，報導寫得煞有其事。當天正好性廣法師在場，實際情形是：一個精神病患來到，亂敲大磬，寺中人看到之後，勸阻無效，對方反而脫下了上衣撒賴，這時寺方只好打電話給山下的派出所，於是警察上山把他抓走。

攤開台灣的媒體，報導的大都是凶殺案，我們不要以爲台灣已經「天下大亂」！這些記者要如何知道台灣社會發生什麼事情？原來他們常跑到警察局等候新聞，或是與警察建立良好的關係，這些警察會源源不絕地提供有關凶殺案的訊息，所以他們報導的大都是負面訊息。前述情況，一定是派出所的警察多事，告訴了媒體記者，記者一聽，靈感來了，於是配合武俠小說中出家人卑微粗俗的印象，加以自己的豐富想像，而寫就了一篇「眾尼姑掩面驚叫奔逃」的新聞稿。

後來性廣法師立刻向聯合報抗議，並要求予以更正。報社當然也老大不理，性廣法師遂表示道：如果不肯刊登，我們會要求所有信徒拒訂。在這情況之下，聯合報只好作了平衡報導云：那位精神病患該日到來，並沒有脫光衣服，比丘尼們也都沉著應變，並未奔逃。此外，慈航堂還辦有孤兒院，廣做慈善事業。後面這些話技巧性地恭維慈航堂，明眼人一看就知：這是聊作補償用的。故知：權益得來不易，它不會是「天上掉下來的」。試想，如果凡事忍讓，不極力爭取，對方有可能作任何改變嗎？

當時我們就「兩個毛孩子」，加上性廣法師的一群在家學生以爲「一群小嘍囉」，竟然就著一疊存證信函、幾個信封、郵票，再加上一支電話與一台傳真機，與諸龐大勢力的媒體，展開了煞有介事的交涉。

特別是一九八八年底至八九年初的「思凡事件」，因抗議國立藝術學院舞蹈系畢業公演「思凡」，一時轟傳武林，驚動萬教。國立藝術學院是教育部的管轄範圍，於是筆者就鎖定它作爲

「端正視聽，給人民再教育」的一個好目標。首先，護教組寄發存證信函，請系方取消演出這齣戲碼，並請佛教界廣為聯署，讓校方與教育部深感壓力。其次，透露消息給傳播媒體，好讓此事廣為社會之所周知。當時系主任平珩女士覺得相當為難，乃與我們展開談判。這一來，媒體與藝文界當然展開全面的「反撲」，責筆者以「迫害藝術」，筆者也毫不畏戰，一一辯駁。「思凡事件」於是造成了台灣社會的大震撼，顛峰時期，幾乎天天都成為聯合晚報第三、四版的頭條新聞，報導無日無之。

社會人士對於出家人竟敢站出來侃侃而談，既是側目，又是好奇，筆者也因此變成箭靶，受到了來自四面八方的圍剿。就連許多法師、佛教媒體與佛教藝文人士，也都不屑地將筆者視為六根不淨的「好戰份子」，為顯清高而與筆者劃清界限，甚至寫文章冷嘲熱諷。但是記者直接與筆者接觸，聽筆者道明原委，就能體會到僧尼在中國歷史中所承受的委屈，所以對筆者非常友善，報導出來的也就較為正面。

那時華視有一個熱門的談話節目，名為「華視新聞廣場」，主持人李濤先生請筆者上節目，直接面對社會大眾，與平珩等藝文界人士當場辯論。節目現場播出，立刻引起了很大的轟動，許多觀眾對出家人的印象全盤改觀。他們覺得很震驚，因為出家人在他們的既定印象是很卑微的，而且是打不還手、罵不還口，走路目光要離地三尺的迂腐之輩，怎麼忽然間出家人竟與人侃侃而談，而且理直氣壯起來了？他們對此很不習慣，但聽到了筆者所談內容以後，他們顯然極感興趣，也轉而同情我方，於是整個局勢明顯扭轉。

我們的策略是，若不取消「思凡」崑劇之演出，我們打算發動佛教徒，包圍演出地點基隆文化中心以靜坐抗議。當其時，佛教大德之中，星雲大師是非常有智慧的，他並不知筆者曾是佛光山大專佛學夏令營的學員，與佛光山有過殊勝法緣，但是，在與筆者「素昧平生」的情況下，他竟然主動打電話過來打氣：「昭慧法師，我全力支持你！看你要多少群眾，我就給你帶去多少群眾。」

比較有群眾基礎的法師，對此議題往往避之唯恐不及，有的甚至向媒體記者表示：「這些都不重要，我們出家人自己做好就好了，不必去理會別人怎麼想。」另外也有一些法師，其態度是「堅壁清野」，認爲事情雖然很有意義，但是決不讓信徒參與。星雲大師的支持，給了筆者一顆定心丸，當時筆者之所以能夠那麼強硬地與對方談判，就是因爲背後有佛光山支持力量的存在。否則若老是「唱空城計」，放個「後面有滔滔洶湧的群眾」之類的風聲，久了也是會穿幫的。

最後教育部社教司長楊國賜教授只好出面，找兩造來會談，要求雙方各讓一步：國立藝術學院將不再把「思凡」女主角定位爲尼師，我們也不再於他們公演的基隆文化中心場外展開抗議行動。教育部其實也很爲難，因爲我們說對方迫害宗教自由，對方說我們迫害藝術自由，他幫哪邊說話都不好。連達成協議之後，教育部也立刻被譴責以「干涉藝術自由」。

護教組的衝鋒陷陣，還得到了一個很大的效果，從那以後，一般媒體不敢輕易調侃出家人，不敢動不動就給出家人扣上情色與暴力的帽子。例如：在發生「思凡事件」的那段時間裡，台視要上演劇情與「火燒紅蓮寺」相關的連續劇「紅姑」，筆者立刻透過媒體記者放話說：我們要向台視嚴重抗議。當晚聯合晚報立刻用大標題刊登此一消息，台視非常震驚，因爲他們知道我們對國立藝術學院的強硬態度，於是立即透過媒體表示：他們一定會改變劇情，以免傷害佛教。有的電視劇演到出家人，竟然還知會我們，請我們先看過劇本，表達我們的意見，以免演出時招惹麻煩。總之，經過了這些努力，終於讓台灣媒體改變了對佛教動輒戲謔的態度。

可以這麼說，佛教經常受謔的局勢改觀了，僧尼在台灣的正面形象也逐漸大過負面的刻板印象了。除了上述政治、經濟、社會各方面的外圍因素，以及佛教界出現典範人物，藉由大專佛學社團的引導，知識份子與大學生大量學佛出家等等正面因素之外，上述「護教組」在媒體群中「破邪」的力量，其影響也不容小覷。佛教中人一改「溫良恭儉讓」的形象，與謗三寶人硬碰硬，把負面抹黑、中傷、調侃、鄙夷三寶的聲音給壓了下去。這不是透過政治力量去周旋的，而是透過草根性的群眾力量，面對謗三寶事時給予強烈回應，而硬掰回來的。

思凡事件過後，有一次中國時報副刊爲此議題舉行座談會，在座的台大外文系王文興教授說：這其實是表示，佛教已由弱轉強。美國的黑人運動也是發生在黑人由弱轉強的時代。假如佛教太弱，它將沒有力量抗爭；但假如它已強盛，也就不需要抗爭了。就在它由弱轉強的時刻，它才會發出不平之鳴。筆者覺得他的這段話是公允之論。這並不是筆者有什麼了不得的力量，而是佛教在社會上的整個大趨勢，正處於由弱轉強的階段，而筆者只是因緣際會，所以脫穎而出。

還有，筆者至今「一以貫之」的就是「爭取稱謂的尊嚴」，只要有人叫比丘尼爲「尼姑」，無論是在任何媒體或刊物上，筆者會立刻致電或去函抗議，請他們予以更正，改稱「比丘尼」或「尼師」。連一九九九年佛教界發生「妙文事件」的性醜聞，舉國譁然，但在召開記者會時，筆者依然正色告訴記者：性醜聞的部份你們可以報導，但請不要把出家女眾稱爲「尼姑」，請你們改稱「比丘尼」或「尼師」。即使原住民犯罪，也不能因此而就辱名其爲「番仔」。有此「三令五申」，雖不能全盤更正對尼眾稱以「尼姑」之陋習，但顯然已較諸過往改變了很多。

平心而論，很多民眾見到筆者，都會先問：「我要怎麼稱呼你？」他們似有某種語意上的領會，所以不敢輕易開口叫人「尼姑」。即使不慎如此稱呼，只要請他們更正，他們也都會表達因不知情而誤喚名稱的歉意。台灣人民大都對正派的比丘尼不敢叫「尼姑」，但若看到比較沒水準的出家人，或是作負面的報導，就「尼姑」長「尼姑」短起來了。證嚴法師、昭慧法師，他們會稱為「法師」，沒沒無名的比丘尼，他們可能就會直呼「尼姑」，可見得他們心中自有一把在稱謂的語意中透出尊卑意義的「尺」。而筆者努力的目標，就是讓他們將那把「尺」拿開，一律平等地尊重所有的僧尼。

思凡事件之後，無論是一九九四年間的「觀音像事件」，還是一九九九年間的「佛誕放假運動」，都可說是佛教為了爭取平等對待，而與異教或政治力量之間的重大角力。透過社會運動的方式，我們都幫佛教「掰回了一城」，讓佛教免於受到重大的委屈。觀音像事件（包括時、地、人、事），詳述於筆者著作《悲情觀音》之中，「佛誕放假運動」則因筆者近年都寫作專書，所以相關文件與著作尚待整理成文集以公諸世。但最少在當期《弘誓雙月刊》以及佛教弘誓學院《另類師生，另類經驗》紀念特刊的年表與歷史圖像之中，都有豐富資料，茲不贅述。

十、另類經驗之二：九〇年代以後的社會運動

台灣在民主化過程中，很多苦難的發生，並非慈善救濟就能解決的，因為許多苦難源自於政策或是法律的不周全乃至錯誤，這時必須要有社會運動團體，成立NGO（非政府組織），

用NGO的力量來監督議會問政與官僚施政，看他們是否會因「金權掛勾」而圖利特定財團或個人，並且要求他們變更不當的法律與政策。

在這方面，由於佛教徒當慣了「順民」，一聽到「政治」就害怕，唯恐惹禍上身，於是上焉者忙不迭地標榜「中立」與「超然」，下焉者則是攀附權貴，引以爲榮。這種行徑，怎能換得台灣社會的尊敬呢？有些佛教慈善團體，雖然不願碰觸與政治相關的任何議題，但他們救渡苦難眾生的正面建樹績效卓著，而且每一個團體還是難免有其局限，我們也就不忍多作苛求了。

可是廣大社會對佛教的要求不祇如此，台灣的生態環境遭到嚴重的破壞，台灣的弱勢群眾與苦難動物，劇苦方殷，如果這些苦難源自於錯誤的法律與政策，或即使苦難不源自於此，卻因錯誤的法律與政策而致令苦難無法疏解或甚至加劇加深，那麼，以佛教的慈悲精神，難道不應在法律與政策面對它施以關切？台灣依然有些淪喪人權、動物權與環境權的陰暗角落，當社會良心人士抱持著悲天憫人的態度，組成各種NGO團體，挺身挑戰陰暗，爲苦難眾生帶來一線光明希望之時，如果佛教對這些老是「碰都不敢碰」，那麼，佛教將永遠被定格爲一群「既得利益者」，甚至被邊緣化爲政治上「沒有聲音的人」。於是佛教徒即使人數再多，政治人物訂定法律與政策時，都根本不必考慮佛教徒的感覺，因爲，反正「不吭聲的人」，在民主社會中，就像空氣一樣，宛若「不存在的實體」。

台灣人民難免有人譴責佛教，認爲他們都是「在他人種植的樹蔭下乘涼」的人。他們質疑：當你們標榜「建設人間淨土」的此刻，如果連眼前的淨土都因惡劣的政策而變爲穢土了，你們還連吭都不敢吭一聲，試問如何「建設」？

筆者個人是從事社會運動的，筆者從不認爲，社會運動可以取代慈善救濟，這是兩股不同的力量，也是兩種不同的思考方向。慈善工作是救濟苦難的，社會運動卻經常是因爲理解苦難來自於罪惡，故進而要求將罪惡消弭於無形的。當罪惡能消弭於無形，許多苦難就會因此而削減。我們總不能等到苦難發生時再施行救濟，或是等到遭逢苦難者往生之時，再給他唸阿彌陀佛送上西方吧！爲什麼不釜底抽薪，讓苦難在源頭上就減除它發生的機率呢？但這難免就牽涉到佛教團體對「政教關係」的不同看法了。

在筆者個人社運經驗的摸索過程中，筆者從未改變自己的主張——「政教分離」。宗教可以基於教義的反省，而關懷弱勢群體與苦難眾生，進而要求改善不良的政策與法律，但這純屬政策面與法律面的訴求，而不介入「權力分贓」的遊戲。因此，筆者並不贊同佛教徒另組政黨，也不贊同佛教團體拉抬特定政黨。政黨是一種奪權的工具，佛教不應一面倒地介入權力分配的遊戲。但是話說回來，佛教也不宜完全將自己置身於公民社會之外，拒絕所有法定的民主運作。就佛教徒之爲公民一員而言，這是權利，也是義務。然則如何「離此二邊而行中道」？關鍵在於讓佛教徒的選票流向，有益於促進那些「仁慨眾生」的法案，並能有效抵制金權結構下容易產生的惡法與惡政。

基督宗教早就這麼做了，在西方長期政教關係的抗衡中，教會早已摸索出一套與政治勢力的對應之道，而把基督宗教中「公義」與「愛」的理念，巧妙地推展到世俗法律的層面，或是形成政策。可是佛教在這方面卻沒有歷史的傳承，而且早已受到「政治掛帥」文化的馴化，聽到政治就害怕，看到官員就比看到高僧還得意洋洋，凡是慶典場合，一定請政治人物先行致辭，「請坐請上坐，泡茶泡好茶」，許多長老法師，不但私人「入黨」，擔任高級黨工，而且「黨意高於教旨」，「忠黨高過愛教」，這種政教優位本末倒置的現象，顯然透出了「沒有佛教主體性意識」的隱憂。

在台灣，筆者個人的立場是非常鮮明的。筆者絕對介入某一些筆者所關切的政策與法律，但筆者不以「救世主」自居，所以無法關切所有的法律與政策。在台灣，有很多 NGO 團體與社會精英，從各個層面關心各個不同的訴求，如勞工的訴求、人權的訴求、幼兒的訴求、婦女的訴求、原住民的訴求等等，他們都各自組成了不同屬性的 NGO。在這些訴求中，筆者發現，必須加倍關心那一群沒有選票的動物，因爲在民主社會裡，他們不能透過「發聲」乃至集會結社等法定行爲，來讓社會注意到牠們的悲苦。筆者願意爲牠們代言，也願意爲那些同樣「沒有聲音」卻慘遭破壞的生態環境代言，偶有其他人權團體的個案議題，尋求筆者的聲援，筆者也願意隨份隨力共襄盛舉。

但筆者的基本立場是：第一、絕不加入任何一個政黨；也不會創建一個政黨，第二、絕不參加公職選舉。前者已如上述種種分析；就參選公職而言，就算筆者當上了立法委員，但自己的宗教本門該怎麼把持？因爲這樣一來，稱職立委勢必須專注衡量各個法案的利弊得失，這是一門博大的學問，難道筆者要把佛學專業棄置一旁，而專研其他法案所觸及的各種專業嗎？

除此之外，若筆者也得像其他立委一般應酬選民，試問自己還有多少時間可以進德修業？再者，筆者一向不以「救世主」自居，只是就著自己有限的因緣盡力行護生事，因此原先最關切的，也只不過是屈指可數的幾個法案，一旦筆者側入政治領域，與其他候選人分食權力大餅，那麼，他們就會把筆者當作競爭對手，但如果筆者不介入奪權遊戲，他們反而樂意把「社會清流」的建議納爲他們的政見或政策訴求，因爲這會增加他們的社會清望與選票資源。我們彼此之間原是可以相得益彰的——我不奪你的權，可是你也要買我的帳，而「買我的帳」不是指給我個人什麼利益，而是指善意回應我「爭取佛教尊嚴」或是「維護眾生」的訴求。

也因爲公私領域的界限判然，所以筆者從不邀請政治人物在筆者主事的慶典之中出現，因爲三寶自有三寶的無限恩光，不需要他們來讓「蓬壁生輝」。部分政治人物，如現任客家委員會主委葉菊蘭女士，與筆者之間，即使有一份友誼，那純粹是建立在對公共議題有所共識，以及她晚近學佛而彼此切磋之基礎上的。筆者深深感覺：中立超然，並不是指完全不敢碰觸與政治相關的議題，有時，爲了維持佛教主體性意識，不計個人利衰毀譽地表達個人的政治立場，反而顯得更加中立（於諸黨派）、超然（於己利益）。

可惜的是，由於社會運動面對的往往是罪惡，包括政策的罪惡、法律的罪惡、人性的罪惡、政商微妙勾結的罪惡，以及意識形態的罪惡、而佛弟子期待的又是和諧而非充滿張力的生活。不祇是佛教徒，普世的宗教信徒大都希望在宗教中獲得心靈的和諧平穩，不願意接受種種人事的張力。所以即使是慈悲爲懷，他們也寧願面對苦難，因爲那比較沒有爭議，而且側身於救難行列，讓他們會有較大的成就感。但是一旦面對罪惡(而且是他人或集團的罪惡)，經常可能要面對被報復、被反撲、被懲誡的後果，最起碼他們會身心勞苦。因此，在台灣佛教界，社會運動迄今猶非主流，主要是包括筆者在內的，幾個屈指可數的佛教團體在推動它。雖然我們的力量不大，但無形中也彌補了佛教在這方面的缺憾，而讓台灣社會減低了對佛教的譴責聲浪，也讓台灣佛教徒在幾個關鍵性的歷史時刻，不至於完全「缺席」。但有時想想，還真感覺慚愧，佛教徒人口如此龐大，可是真正願意加入「伸張正義」的行列，爲此而參加社會運動的，又有幾個人呢？

社會運動帶來了廣慈博愛與公平正義的社會前景，佛教若要有尊嚴地在台灣社會中存活，那麼就不能夠光只注意著「宗教法規」對佛教是否有利，「火燒到自己的眉毛才喊痛」，這樣人家是會瞧不起佛教的。二〇〇一年上半年，許多出家人嚷嚷說：宗教團體法如果依於內政部版本，將對佛教不利，於是呼籲「海內外佛教徒」走上街頭，筆者聞言全身冒起冷汗，很怕他們「丟人現眼」。台灣社會難道不會質疑：當年在台灣民主化過程中，他們千辛萬苦走上街頭，爲民主、自由與人權而奮鬥，當其時，佛教安在哉？現在佛教已坐享民主之果實，可以「上街頭」了，這實已是在前人所種的樹蔭下乘涼，結果一出馬就只是爲了自身利益而非公眾利益，這樣走上街頭，你覺得人家會瞧得起你嗎？

台灣佛教在政治層面，顯得既可憐又可憎。可憐的是，親近權貴，這不能說全都是來自於虛榮心與攀附心，第一、如前所言，佛教在異教徒巧妙運用政治力量的時代裡，吃過不少悶虧，遭受過微妙的打壓；其次，相關法律多如牛毛且未近情理，迫使許多寺院不得不冒險違法建築殿堂，這無形中就像被掐著脖子一樣，哪敢不乖順政權呢？爲了建寺安僧，他們往往是正門走不通，只好走後門，可是一旦走了後門，他們就與特權形成了一種共生關係，政治人物當然樂意釋放一點特權，讓宗教人士與他們形成「共犯」。這樣，一來便於控管，二來也讓宗教人士成為他們的死忠「樁腳」，教會形同特定政黨的尾巴團體。

過去台灣佛教大都是忠於國民黨政府的，這等於是把所有雞蛋放在同一個籃子裡。當時筆者已經看到了這個危機，筆者擔心的是，萬一有一天政權移轉，那麼，一廂情願擁抱特定政黨的佛教，豈不全都灰頭土臉了嗎？這對佛教來說，是潛藏重大危機的。

在一個民主社會裡，佛教已經不再是任何政權所可迫害的了，但是如果佛教自己做不好，是會被人民唾棄的。最起碼在過往的歲月裡，佛教的法師大德已經盡了心力，在政權的夾縫中保護了佛教，我們無法苛求他們在那個時代，能有這樣寬闊的政教視野，但是台灣社會的佛教，已不能再依然故我地運用這種方式來面對政治了。「佛教主體性意識」的政治關懷，需要的不是為特定政黨搖旗吶喊，也不是超然的旁觀，而是超然的議題性介入。

看到台灣佛教「一面倒」以傾向當權派的形勢，這使得筆者不得不站在「在野」的這邊，寧願與在野的社運中人為友，共同為一些尋求公平與正義的社會議題而奮鬥。如今他們之中的許多人也已成為當朝權貴，可是筆者還是與他們保持距離，而避免任何周旋其間的場合。因為筆者堅信：佛弟子應該以良心人士自居，作一個永遠的「在野」，作在朝者永遠的「諍友」。筆者不是要與他們為敵，但不願分享他們的榮耀，這樣，必要的時候，如果當朝權貴犯了錯誤，筆者依然可以大聲說話。

例如：筆者堅決反對賭博合法化，並且口誅筆伐不遺餘力。這樣努力下來，當權者當然多少得尊重一點筆者的聲音，不得不買一點帳，總不好意思換了個位置就變了一張臉，所以筆者多少還能影響某些決策。但筆者仍然認爲：自己「介入」的立場，是極爲中立而超然的。佛教徒在台灣，應該要有這樣的政教視野，與介入公領域的道德自覺，擺脫「政權臣妾」或被邊緣化的陰影。

撇開「愛護佛教」的心腸不說，即使是基於佛陀的慈悲精神，難道不應該介入某些政治事務嗎？關懷生命協會曾經製作過一部錄影帶，叫做「生命的吶喊」，把台灣經濟動物從生到死的種種苦難，一幕幕呈現了出來，叫人看了忍不住要涕淚交流。有一位佛弟子觀看之後表示：「何必放這種片子呢？這會破壞我們與業者之間的和諧關係。」這話傳到筆者耳裡，讓筆者不覺訝異。如果佛弟子所謂的「和諧」，是建立在眼睛不看、耳朵不聽的基礎上，那又豈是真正的和諧？可能是痳木不仁吧！倘若有一天火燒到了眉毛，倒要看看他們內心如何保持這片和諧？難道只祈求後世與他方的烏托邦，就能獲得和諧嗎？以最自私的觀點來說，這種佛弟子如果佔大多數，佛教又當如何尊嚴存活於漢民族社會？別忘了，漢民族畢竟還是很重視現實事功的，他們對不事生產的隱士，即使容忍，也還是有其限度的。

證諸個人在觀音像事件、佛誕放假運動、動物保護、反賽馬、反賭博合法化運動……等所獲得之極大效應，筆者深信：這是一條走得下去的道路！也許它在傳統佛教的標準來看，是「另類」了一些。然而，就如同曾經為了「廢除八敬法」（廢棄佛門男女不平等條約），而讓筆者承受到傳統佛教勢力的反撲一般，當其時，筆者雖聲稱要「告別傳統」，[4]但是打自內心，筆者就不認為自己「非正統」。同樣的，佛教社會運動這一條路，縱使在這個時代的台灣佛教還在起步，但筆者深信：歷史將會證明，筆者的眼光與做法，不會錯到哪裡去。

十一、前景與隱憂，入世與出世

從上所述，我們約略可以看到一幅台灣佛教的圖象，那就是：在慈善、教育、文化事業的各方面，佛教都交出了一張漂亮的成績單。

以教育事業為例：過去台灣沒有佛教所設立的大學，反之，只佔台灣人口百分之三點五的基督宗教，卻擁有輔仁、靜宜、文藻、東海、東吳、中原、長榮、真理等八所大學。但近十年來，佛教陸續成立了華梵、慈濟、南華、玄奘、佛光五所大學，還有法鼓人文社會學院正在籌備之中。當然，每所大學的設立，起步時都是非常艱難的，早先各佛教大學籌備階段，

[4] 「告別傳統」四字，是江燦騰教授見筆者遭受傳統保守佛教圍勦時，所提出的經典名言。

佛教界的許多法師居士也都呼籲：「能不能捐棄成見，團結一致，共同辦好一所大學？因爲佛教並沒有那麼多的資源。」可是，不知不覺間，各大學主事者各憑本事，佛教竟然也就出現了五所大學。興建五所大學，並不像蓋五間寺院那麼容易，花費數以億計，但台灣佛教徒竟撐起了五所大學的硬體建築與教學設備之重擔，由此可知，台灣佛教的信徒也已經具備較高的文化水平，認同佛教法師們發心建設大學，而不祇是爭相建造金碧輝煌的殿堂，塑造亞州最高大的佛像，經營世界最龐大的寺院。

信徒的素質爲什麼能提高？這豈不是與出家人的素質提高有關嗎？有幾流的僧尼，就會出現幾流的信徒，所以出家人絕對沒有資格告訴他人說：因爲信徒素質低，所以我不得不將就他們；我是「人在江湖身不由己」。但是，誰叫自己要淪落到「人在江湖」的光景呢？經過數十年台灣佛教有前瞻性眼光的大德慘澹經營之後，信徒的水平提高了卓越的思想家如印順導師，以其思想學說攝受了菁英份子，典範型的領袖人物則攝受了廣大群眾。慈航法師當初來到台灣，有感而發地說：佛教有三個「救生圈」（可見佛教當時積弱不振到何種程度，需要有「救生圈」來救命）——慈善、文化與教育事業。而這三者，台灣佛教都不辱使命，交出了一張漂亮的成績單。

很多山林隱修僧自命清高，認爲修證才是本務，對於佛教的慈善、文化、教育事業，不但無法隨喜贊歎，簡直是嗤之以鼻，認爲這些都是致令佛教「俗化、淺化」的罪源。但是試問，在這些事業都還沒起步之前的佛教，鎮日以經懺與迷妄爲伍，讓社會極度輕藐，當其時，這些隱修僧又何嘗拿出過「修證」的成績單，來改變那俗不可耐的佛教現狀，或改變世人對佛教的鄙夷目光？我們無心輕慢「自了漢」，因爲如果一個行菩薩道的人，不能容忍解脫道的存在，那麼這也就不叫做「行菩薩道」，而只是「霸道」了。一位菩薩道行者，應該能夠接納所有宗教，這當然也包括了佛教內部的各宗派與隱修僧。佛教的興盛，來自前述菩薩行者勤勤懇懇的犧牲奉獻，而不是來自於炫耀修證的成績單，因爲修證是個人的事，也是修道人的本份事，且牽涉自由心證的事，特別容易讓人拿來炒作自己的「神聖」行情。

在台灣中部有一個佛教大山頭，名爲中台山，主事者惟覺法師，過去曾在山林潛修一段時日，出來後說修說證，以「神通」炫奇惑異，短短十餘年，竟然經營了數十萬信徒，分別院不知凡幾，業務蒸蒸日上，在九二一地震的災區建立起了全亞洲最大的寺院，金碧輝煌，壯觀氣派，這讓社會人士相當側目。這樣一位標榜修證的人，要建設的也是標榜「修證」的道場，但受到佛教與社會的詬病也最多、最大。

原來修證是本份事，僧尼也不可完全不務修證，但若特別標榜並強調個人修證的神妙效驗，經常引來的就是群眾的盲目崇拜。這種人只是因爲穿上袈裟，似乎有了「名門正派」的護身符，所以沒有被一棒子打成「神棍」，但是正因爲這樣，他對佛教所造成的傷害也就更大了。

一九九六年九月間，中台山引發震驚全台的剃度風波，他們在未經家長同意下，剃了百餘位大專佛學夏令營學生，弄到家長反目，經媒體連日大幅報導後，舉國譁然。從中台剃度風波發生以來，佛教界似乎流年不利，接二連三地，有比丘或比丘尼因被控訴「誘拐出家」、涉及財務糾紛、違建或佔用國有土地而被輿論交相指責，捲起掀然大波，有的甚至被偵辦或起訴。影響所及，全體佛教皆嚴重受傷。例如：中台剃度風波發生之時，許多出家法師告訴筆者，他們走在路上，到市場購物，或是搭乘計程車、大眾運輸工具，都面對著許多民眾敵意的眼光，有的民眾甚至施以罵詈或吐唾的羞辱。此外，許多道場的主事者告訴筆者：例行性法會參加者銳減三分之一以上，夏令營活動往年報名者眾，晚報名者甚有向隅之憾，九七年後的各種佛學夏令營，卻普遍面臨「報名人數大量減少」的困境，有的甚至「門可羅雀」，索性臨時取消。誠可謂是「城門失火，殃及池魚」！爲此，筆者撰寫過幾篇文字予以公議，試圖降低社會對佛教的敵意。另外，筆者也曾寫過一篇文章：〈惟覺法師應該向全體佛教道歉〉，這並不是因爲筆者個人對他有什麼惡感，而是站在全體佛教的立場，不忍見到他的行徑讓佛教受到質疑乃至社會反撲。

事件主角的中台山，不但因此事件而受到強烈指責，而且嗣後，其方丈惟覺法師與四名弟子竟然還因涉嫌竊佔國土、違反山坡地保育條例及國家公園法，而被台北士林地檢署張熙懷檢查官提起公訴。起訴書並聲明宣告沒收萬里靈泉寺所有建物，包括寺宇主體、道路、駁坎等建物，都難逃拆除命運。[5]

這類僧侶本來標榜的是修證，爲什麼會搞到這般田地？原因是，倘若沒有正見正志，也不重視正語、正業、正命的戒增上學，對於戒律規定的「不得說過人法」與剃度規範等等不予理睬，這等於是在戒德、慧力都不具足的情況下獨修禪定。久而久之，修行有了一點體驗，又時不時露一手，這就容易聚來一堆偶像崇拜的信徒。自己沒辦法遏阻貪婪，又因事緣太多，定力也慢慢地在消退之中。於是，明明已退失了定力或通力，卻依然借助鬼神之力來維持其神秘靈通，並且講求包裝、行銷，透過廣大的媒體，透過與黨政要員的特殊關係，不斷壯大自己的勢力。這是佛教的興盛氣象嗎？怕是「癌細胞擴散」型的旺盛氣息吧！

---

5 見一九九七年六月七日中國時報第六版新聞。報導中指出：由於萬里靈泉寺正好全部都在陽明山國家公園範圍內，陽明山國家公園管理處（以下簡稱「陽管處」）曾在一九九〇年經多次查報後，經高等法院判決確定，並於九二年遭強制拆除，目前彼等都在緩刑期間。詎料強制拆除後，靈泉寺又於九三年起陸續興建，而且規模越來越大，因此陽管處以該寺違建整地、違規興建駁坎、棄倒廢土等多次查報。由於靈泉寺對於陽管處的處分，始終置之不理，故陽管處始以竊佔國土、連續違規未改善、多次告發制止不聽等多項罪嫌，移送士林地檢署偵辦。

這樣的現象存在於台灣佛教界，因爲台灣是宗教自由的，既能容忍酒肉活佛盧勝彥、有分身並會放光的宋七力、有第三眼並會施術的妙天，當然也就能容忍這類裝神弄鬼的僧侶。可是盧勝彥、宋七力、妙天還不可怕，穿著袈裟的僧侶如此惡搞就更可怕，因爲他們具有「佛教」符號的正當性，更容易讓人對他們產生信賴感。而佛教界大都鄉愿，面對這些現象，雖極不以爲然，卻也不願給予輿論壓力。

十二、制衡力量的檢討

台灣佛教如果還有隱憂，這個隱憂已不再是來自政權的打壓與迫害，在民主化的社會裡，政權已經沒有能力迫害佛教了，政治人物甚至已經從早年高傲地看待本土宗教的姿態，一轉而變得極力討好佛教，甚至對佛教或是附佛新興宗教某些首腦惡劣的行爲，睜一眼閉一眼，極盡縱容之能事。只要這些佛教團體（或新興宗教團體）領導人的口袋裡有著大量信徒的選票，政治人物就必然要忙著跑去「拜碼頭」，至於這些人做了些什麼事情，他們既無力過問，也不想過問。

政治人物大都有現實的政治利益之考量，縱使知道某個宗教領袖私德不好，或是作風怪異，但看在選票的份上，逢到該山頭的重大慶典，政治人物還是會應邀欣然赴會的。而這些宗教人物，有些也是「請坐，請上坐；泡茶，泡好茶」之類的勢利之徒，只要官員、民代、部長、院長或總統到來，就儼然「蓬壁生輝」，洋洋得意。

話說回來，政治力不介入宗教，長遠而言總是好的；政治力介入宗教的正當性一旦成立，受害的也未必是惡形惡狀的教棍，而往往會讓擁有政權的人用來誅除宗教思想上的「異己」。

照理說，傳播媒體應該扮演監督和批判的角色。但是媒體往往也不太敢開罪大山頭，而大山頭也越來越曉得如何打進媒體：例如：砸銀子做廣告，使自己成爲最大的廣告客戶；儘量吸收媒體高階主管，讓他們成爲自己的皈依弟子；以大量的「讀者投書」來形成報社壓力，製造輿論假象。所以偶有「記者雖已報導，但報方卻因顧忌而不願刊載」的情形，讓這類惡質現況，輕易地逃離了社會大眾共同監督的「法眼」。

另一種監督與批判的角色是學者。由於學者早年對佛教高姿態的批判受到佛教人士的反彈，並也由於僧伽佛教本身在質與量方面都已有所提昇，於是，學者與佛教間的互動，漸漸有了微妙的變化。

人類學家早已有過這樣的轉變。早年他們到了某一個部落，對於這一部落中的一切，往往採取一種西方文化主流的觀點來品評物議，動輒爲他們貼上「野蠻、未開發、不文明」的標籤，但是後來西方人類學者改變了這種高姿態，他們傾向於同情地聆聽，忠實地記錄，不加任何價值判斷。在宗教研究圈裡，我們也可看到同樣的轉變：過去研究宗教的人，往往基於特定宗教或文化偏見的立場，對其他宗教做出嚴厲批判，到後來轉變心態：聆聽、懸擱、忠實紀錄，將諸家宗教的資料並陳，小心奕奕地不作價值判斷。

漢傳佛教早年面對一些有特定意識形態（反宗教、非宗教或異宗教）的學者，對佛教的批判，經常逾越分際。他們不祇是批判某些佛教內部不好的現象，而是連佛教或僧伽的「本質」與「功能」都全盤抹煞。例如，硬說佛教興盛，必導致國族衰亡，而無視於阿育王與隋唐佛教黃金時代，國族之同步興隆。又如：硬是抹煞出家角色的所有功能，指稱他們是不事生產的寄生蟲；或老是把僧尼與情色、暴力作不當之連結。影響所及，連民間戲曲小說都對僧尼有極負面的角色刻劃——要不就是武功高強的巨奸大惡，要不就是懷春尼師與光頭淫棍。

以儒家為主流的知識份子，不盡然都對佛教有如此的敵意，但有敵意而又擁有發言權的儒者，也並不在少數。他們對於佛教的批判確實是未見公允的，但是，孟子說得好：「無敵國外患者國恆亡。」佛教受到儒者嚴格的監督與批判，也就促使佛教的有心之士產生危機意識，無法坐視佛教一味沉淪、墮落下去。儒者對於佛教的批判，容或失之過苛且不如實，但最起碼這會促使佛教反省、節制並修正自己的行事作風。

遙想當年，印順導師為何提倡「人間佛教」？他在《印度之佛教》自序中提及：抗戰期間，他在四川北碚漢藏教理學院，遇到棄佛入儒的梁漱溟先生。梁先生告訴他，其所以棄佛入儒，理由是「此時、此地、此人」。這使印順導師痛切反省，爲復興佛教而矢志在「思想」的源頭上釐清佛陀本懷，倡導大乘的「人菩薩行」。這些，以宏觀的角度來看，無非是因爲儒家所建立起來的強大社會監督系統，促使「不忍聖教衰、不忍眾生苦」的佛教僧侶，不得不奮發圖強，汰粕存精，讓佛教更能契應於佛陀的護生本懷；並且修正隱遁獨善的路線，符應「兼善天下」的中國人文精神。

印順導師所提倡的「人間佛教」，儼然成爲台灣佛教思想的主流，即使那些掛著「人間佛教」旗幟的佛教團體，其思想未必與導師全然相同，但無論如何，他們也還是非常尊崇印順導師，而「佛教必須走向人間，擁抱苦難眾生」，也已經成爲主流佛教的共識。可以說，這股「不忍聖教衰、不忍眾生苦」而奮發圖強以走入人間的力量，造就了幾位光芒萬丈的典範人物，印順導師是如此，星雲大師、聖嚴法師與證嚴法師，又何嘗不是如此？

我覺得，太過保護佛教不是好事。佛教被迫害當然不成，但是若能被適度地監督與批判，這永遠會是一股讓佛教維持清新的力量。在台灣，學者價值中立而審慎地自我節制本是好事，但凡事過猶不及，如果對佛教總保持著一份客氣，或是與佛教某些特定團體有深厚的利益牽扯，那就很難以善意與公正的態度，對佛教提出適切的鼓勵與諍言。

另一股監督系統來自友教。證嚴法師曾提及她做慈善事業的最初動機說：一九六六年，花蓮海星中學有三位天主教修女，來向法師傳教，他們談到彼此的教主、教旨、教義，把天主的博愛與佛陀的慈悲提出來研究討論。修女在臨離去前，提出了一個問題：「我今天終於了解：佛陀的慈悲是普及蠢動含靈一切的生命，確實很偉大，但是，雖然天主的博愛只是為全人類，我們在社會上建教堂、蓋醫院、辦養老院，而你們佛教有嗎？」法師心情頓時沉重起來。[6]修女的話觸動了他的心靈，也加強了他的信念，他決定把佛弟子的慈悲力量組織起來，從救人做起，並提倡「由善門入佛門」。

但是近時在「宗教對話」代替「宗教對抗」的友好氣氛之下，來自異教的惡意攻訐固然大量減少了，相對地，連來自友教的逆耳諍言，也就在彼此融洽的氣氛下，自動消音了。

政治人物對佛教大大禮遇，媒體很難避免受到牽制的困境，而學界對佛教又保持客氣，縱使愛深責切，也只流於個人私下的言談，而不太願意公諸筆墨，連其他宗教都選擇緘默。這樣看似讓佛教「太平無事」，其實反而失去了制衡的力量。現今台灣佛教有許多光怪陸離的亂象，特別是穿著袈裟的人如果品行不端，炫異惑眾，極容易危害佛教。如果這些人是青海、

6 詳見慈濟全球資訊網（http://www.tzuchi.org.tw/master/index.htm），〈證嚴法師簡介〉。

妙天、宋七力，筆者尚不會有焦慮感，但穿著如來法衣而行非法非律之事的那些人，並非佛教社會底層的經懺僧，而是高高在上被拱為聖僧，一旦他們發生任何重大過失與財色方面的醜聞，佛教自難逃池魚之殃。但是由於佛教界鄉愿成習，不但沒有公正的批判力量，反而以「若要佛法興，除非僧讚僧」來粉飾太平。

好在台灣解嚴之後，報禁解除，數量極多的媒體存在著激烈的競爭關係，不易全數被人收編。所以縱使有人透過金錢或人脈的力量，要求某個媒體不要報導他的醜聞，可是在各平面媒體與電子媒體激烈競爭的情況下，其他媒體還是有可能基於市場需求而揭發出來的。

在一個健全的社會裡，媒體對宗教的監督力量是有其必要的。短暫而言，當然是佛教之痛。但是長遠來說，讓佛教中的不肖份子知所收斂，或是還受害者一個公道，這都有其正面價值。更何況，教內人士倘不積極自我反省，也不自我監督、批判，待到教外人士監督、批判的時候，佛教就不可能要求他「下手要恰到好處」了。這些主編與記者對佛教未必有同理心，因此可能下手很重，用詞失了分寸；甚至可能「語不驚人死不休」，而擴大地造成了佛教界的全面傷害。這也因此而形成了另一重隱憂，亦即：由於這種弊端被揭露到媒體上，往往不祇是形成當事人或其所屬山頭的傷害，更形成了其他無辜佛教寺院的傷害，受到這種教訓之後，佛教中人容易變得更加諱疾忌醫。

最怕的就是「家醜不可外揚」的觀念，把它扣在山門裡，成爲「茶壺裡的風暴」，讓受害人在黑夜之中哭泣，讓其他受害人因無媒體之預警，而前仆後繼，不知不覺地踏進陷阱。但是由於佛教界在幾次佛門負面事件中受到池魚之殃，難免就更印證了他們鄉愿的想法，認爲負面事件披露出來對佛教傷害太大。所以雖然他們未必見得看得慣許多佛門亂象，但往往只將之付諸彼此的口耳相傳，而不願意公諸媒體，讓惡人受到社會的監督與法律的制裁，這是佛教無法「去腐生肌」的重大隱憂。

以上所述，只是針對佛門的負面現象，而談監督系統的問題；在正面的部份，台灣佛教無論在慈善、文化、教育事業，還是社會運動方面的表現，還都是極有突破性，深具本土特色，有的（如慈濟的全球賑災）更具足了「天下一家」的格局與胸懷。

十三、結語

台灣佛教，就在廣大民間神佛不分的觀音信仰基礎之上，本土的僧伽佛教揉合一九四九年後來台的大陸佛教，並帶動著知識份子與大專學生的學佛潮流，再加上典範人物無遠弗屆的攝受力，而形成了具足本土特色的漢傳佛教。

而南傳與藏傳佛教在台灣不但自由傳播，而且各擅勝場，歐、美、日、韓……等各國佛教也常與台灣佛教作友好的交流。凡此種種，都促成了台灣佛教多元而豐富的開展。這樣的佛教，拿來與改革開放前後的大陸佛教相互映照，立刻可發現它們之間的巨大差異。中國大陸政府對宗教已漸趨善意，但迄未全面鬆綁，所以一元化領導的中國佛教協會，依然掌控著整個大陸佛教的進展。而對內一元化領導的教會系統，對外當然也就容易成為政權的「白手套」，因此中國佛教協會的運作，與台灣過去的中國佛教會，面臨著同樣的問題。

而一九四九年以後的中國大陸佛教，歷經兩次戰爭（朝鮮戰爭和越南戰爭），以及十年文革內亂，佛教元氣大傷，人才斷層，晚近改革開放之後，寺院建築雖逐漸回復舊觀，但人才的培養，仍非一蹴可幾。這就形成了兩地佛教風貌的不同。

還有，自太虛大師過世至今，中國大陸迄未出現以思想之卓越與完整而見長的高僧（如印順法師這樣），能以其德學的權威，經綿密的學理辯證與教史研考，懲前毖後，提供一套「復興中國佛教」的宏觀策略，所以中國大陸各寺院大都延襲舊慣，不是隱遁山林，就是香火經懺。少數寺院所辦的佛學院，業已積極培育僧材，但院生依然要面對「理想與現實差距」的問題。

再者，大陸佛教迄未出現類同星雲、聖嚴、證嚴法師等這樣具有群眾魅力的典範人物，加上其運用傳媒以擴大知名度與影響力的主、客觀條件也還不及台灣，所以短期間尚無法看到如同慈濟、佛光或法鼓等大規模而有組織的團體，會在中國大陸的佛教社會之中出現的可能性。這樣當然是有利有弊，但無論如何，逢遇巨大災變的場合，龐大佛教團體所展現的動員力與救援力，實非尋常「散戶」所能望其項背。

台灣佛教的表現，雖有其本土化、多元化與全球化特色，但這並不表示台灣佛教的發展都是非常正面的。更且在過往台灣民主運動的時代，佛教當權者與執政當局緊密結合，依附權貴的色彩過於濃厚；面對種種攸關土地、人民與苦難眾生的社會運動，佛教也幾乎無動於衷，甚且敬而遠之。作為一個人口比例佔大多數的主流宗教，未能即時參與改革事業，共同興利除弊，反而在無形之中，給予保守力量以負隅頑抗的空間，卒遭致「在前人樹蔭下乘涼」之譏。

即使筆者生年也晚，只參與到後面那一段風雲際會的年代，提倡佛教社會運動，依然被保守派敵視詆毀，而且顯得非常「另類」。這一方面，較之基督長老教會矢志扮演「社會先知」的角色，不惜風險而與民主鬥士共同打拚，佛教似乎柔軟有餘，卻少了大雄大力、大無畏的精神，這點是殊為可惜的。

——九十二年二月五日刪訂完稿於尊悔樓

——刊於九十二年八月第六十四期《弘誓雙月刊》

——收錄於《台灣漢文化之本土化》論文集，台北：前衛出版社，九十二年九月初版

◎參考資料（依姓氏筆劃順序）

王雷泉：〈第三隻眼看台灣佛教〉，http://www.zennow.org.tw/garden/ten6-1/ten6-1-01/ten6-1-01-01.htm。

江燦騰：〈挑戰與回應——新世紀的台灣佛教文化批評之考察〉，http://www.zennow.org.tw/garden/ten6-1/ten6-1-1三/ten6-1-1三-09.htm。

江燦騰：〈臺灣近代佛教變革的世紀回眸〉，http://www.zennow.org.tw/garden/ten6-1/ten6-1-02/ten6-1-02-0三.htm。

江燦騰：〈臺灣佛教四大道場的經營與轉型——佛光山、慈濟、法鼓山、中臺山〉，http://www.zennow.org.tw/garden/ten6-1/ten6-1-02/ten6-1-02-05.htm。

江燦騰：〈從「撕毀八敬法」到「人間佛教思想」的傳播溯源——有關近期台灣人間佛教思想與戒律變革的爭辯問題〉，http://www.zennow.org.tw/garden/ten6-1/ten6-1-02/ten6-1-02-11.htm。

江燦騰：〈臺灣佛教近百年來的史料收集與研究導論〉，http://www.zennow.org.tw/garden/ten6-1/ten6-1-02/ten6-1-02-15_01.htm。

江燦騰、龔鵬程合編：《臺灣佛教與歷史文化》（台北：靈鷲山般若文教基金會國際佛學研究中心，一九九四年）。

林本炫：〈民間信仰、佛教與台灣的宗教變遷〉，http://netcity1.web.hinet.net/UserData/lin66/chapter 四.htm。

宣　方：〈人間正道是滄桑——後印順時代的台灣人間佛教〉，http://www.zennow.org.tw/garden/ten6-1/ten6-1-17/ten6-1-17-01.htm。

俞繼斌：〈衝擊與反省——從佛教與一貫道的復興看傳統信仰與民間宗教對基督教宣教的挑戰〉，http://www.modernchan.org.tw/note/tzuchi-01.htm。

藍吉富：〈臺灣佛教之歷史發展的宏觀式考察〉，一九九七年七月《中華佛學學報》第一二期，〉，http://www.zennow.org.tw/garden/ten6-1/ten6-1-08/ten6-1-08-17.htm。

Erling Hoh（郝也麟）：*Buddha Business*（佛教事業），二〇〇二年九月五日《遠東經濟評論》），http://www.modernchan.org.tw/english/news/buddhist_news-list.htm，英譯：http://www.modernchan.org.tw/news/f-news/f-news-0 四.htm。

當代臺灣佛教的榮景與隱憂（下）

——問答篇（與聽眾雙向交流）

維融、德發、德風整理
印悅　潤稿／陳平修訂

雙向交流

一、有關大陸佛教現況問題

【問】

昭慧法師剛才所說關於大陸佛教廟宇收門票的事情，我的看法是這樣的：現在大陸的廟宇分兩派來管理，一派是宗教局，一派是旅遊局，很多地方主要歸旅遊局管理。廟宇開始收門票，最先是源於中國大陸財政制度的改革，旅遊局要發展當地的地方經濟、旅遊事業，於是旅遊局所管理的廟宇，因爲投資的同時要得到回收，所以收門票，而那些完全由宗教局管理的廟宇是不收門票的，所以從管理層面來說，是有很大區別的。[1]

另外，大陸目前佛教發展的現狀有它的歷史淵源、政治因素，如文化大革命。我覺得目前大陸的佛教不是窮途末路，還是很有希望，只不過出於政治方面的原因，不可能站出來公開露面；我們沒有台灣那樣寬鬆、自由的宗教政策。但大陸即使在這種情況之下，菩薩道的行者仍然是不少的，他們兢兢業業，完完全全不計較個人得失地付出與奉獻，這種人我見識了不少。

台灣由於歷史的原因，自從一九四九年以來，宗教政策沒有毀滅性地打擊宗教，在這種情況之下，總的來說，它的宗教確實有比較好的環境可以發展。宗教政策肯定是左右宗教發展的原因，我希望大陸宗教政策能寬鬆一些，能夠讓大乘菩薩道的行者更加發揮自己的作用，有一片更廣闊的天空，我相信有一天大陸佛教界會讓台灣佛教界非常非常地看得起。

【答】

我先謝謝您的回應。我必須告訴您，我很瞭解您那種心情，但您必須瞭解到一點，我是

---

1 宣方教授按：根據各自不同的歷史沿革以及具體情況，大陸佛寺分屬三個部門管理：宗教局、文物局、旅遊局。後兩個系統的寺廟一般都收門票，宗教局管轄的寺廟有的不收門票。另外，根據有關規定，出家人和有皈依證的在家居士進寺院不收門票。

以一個出家人愛護佛教的心腸在看待大陸佛教，所以我希望您能減低一些自衛的心理。

今天我並不是站在台灣佛教的立場，看不起大陸佛教，我不是這樣看待問題的。況且我已把台灣佛教那麼多醜陋的面貌也告訴各位了，您又何必如此自衛呢？

我當然知道：大陸佛教有些人正默默在做，如果我對大陸佛教完全絕望的話，我今天會完全不想踏入大陸。現在我只是在分析一個大結構、大方向。誠如你所說，默默無名在做的人太多了，如果我認為大陸佛教所有的出家人都非常荒誕，都不守戒，都搞經懺，那我還來大陸做什麼？我只是看到台灣佛教的發展有某些利基，而這些利基的部分大陸目前容或欠缺，我為此而替大陸佛教擔憂。況且宗教政策是外在的，如果它不合理，也必須要有一群很勇敢的佛弟子，敢站出來向政權爭取合理待遇。如果這些都不具足，那還有什麼指望？所有的權利都不是從天上掉下來的，過去我們在台灣的奮鬥也是這樣，曾經也同樣地受到政權的打壓，我們罕見政權會毫無自身利益考量地對待宗教。

【問】

挑戰政權的行為是危險的。

【答】

如果每個人都只顧著不危險而很安全，那又由誰來做危險的工作呢？

二、大乘、小乘與出世、入世

【問】

昭慧法師，您對小乘佛教也應平等。僧俗平等，男女平等，小乘佛教與大乘也應平等，小乘佛教有其價值。

【答】

這個題目很好。應該這麼說，我一向都很謹慎，從頭到尾的演講，我都不敢稱呼人家為「小乘」。也就是說，我不認為自己叫大乘，人家叫小乘。自居於「大」而把別人當「小」，這是我從來就避免的語彙與心態。就如同對於大陸佛教，我絕對沒有要在言語上刺傷大陸佛教的意思。

所以演講伊始，我就告訴大家：我希望有一天大陸佛教能夠強過台灣。我希望在我有生之年能看到這麼一天，佛教在大陸有希望，不正是佛弟子「令正法久住」的共同希望嗎？

同樣地，我對於聲聞佛教審慎的善意，是無庸置疑的。我之所以會於演講中一再談到「修證是個人的事，而且理所當然，無須誇耀」，這來自於我自身近時所接觸到的一些背景。第一，我剛才之所以會談到「保護傘」，是因為最近海峽兩岸，有一些人指責「人間佛教」不事修證，這些人自居大乘，卻認為必須先自利才能利他，認為一定要先得聖位，才能開始從事利人的工作，那些人對「人間佛教」和印順導師，做了一些言詞上的羞辱和批判，所以我在演講中，也順道帶出了對他們的看法的一種回應。

我以上所說，並非針對南傳佛教，主要是與前述這些人的觀念在對話，因為您可能不知道那個背景，所以誤以為我在指責聲聞佛教，抹煞解脫道的價值。今天我帶來了一本書《世紀新聲——當代台灣佛教的入世與出世之爭》，書中即是針對這些挑戰，提出比較全面與細膩的回應。

當時他們全面批判印順導師與人間佛教，標榜修證，認為須先證悟後才能談利他行，他們依然自認為是「大乘」，而不屑以「小乘」自居。當時我回應他們幾點，請他們注意：

第一、如果真正那麼重視「要先自利才能利他」，就應該只在山門裡眼觀鼻鼻觀心，注意到自身的「五蘊皆空」，而不宜對外面的事指指點點；如果今天你還對別人說長道短，那表示你對修持不認真，竟然能注意別人在做些什麼。

第二、如果你說長道短，是為了對方好，這也表示你自相矛盾，在「自利」事尚未完成之前，就想要行「利他」事。因爲你明明主張，必須利己之後才能利他，依此邏輯，那麼你必須等到自己成爲聖者，才有資格站出來爲利益眾生而說話。如果是惡意毀謗，那就更糟糕，因爲這不符合修持者的道德要求。

第三、今天在漢傳佛教的土地上，如果沒有大乘菩薩前仆後續，默默地在做紮根的工作，甚至因爲忙於弘法利生的事業，而不得不把自身修持的時間縮短再縮短，請問漢傳佛教在重視現實功利的漢民族社會裡，能受到尊敬與重視嗎？因爲他們的努力，所以今天隱遁僧才得以在這個保護傘底下，安安穩穩地辦道。如果今天廣大的人民唾棄佛教，政權也把佛教當成不存在的實體，甚至縱令異教徒透過政權以打壓佛教，你還有可能安安穩穩地在山門裡唸佛或坐禪嗎？

也許長江大河難免夾雜大量泥沙而下，它不像涓涓細流那麼清澈，但是長江大河的氣勢，不是涓涓細流所能類比的；所以，縱使有些人間佛教的行者是敗壞菩薩，但是人間佛教安慰苦難眾生的事功，畢竟還是偉大而瑕不掩瑜，不容任情醜化與抹黑的。所以我認爲，所有人都可以譏笑污泥，只有蓮花不能譏笑污泥，因爲蓮花的清徹，是建立在污泥養分之中的。

今天一個菩薩行者如果沒有那個心胸度量，來包容乃至成就解脫道行者的修行，而一定要把他拉出來說：「你不能夠修行，你一定要和我一起工作。」那是霸道，是不知善觀緣起、不知觀機逗教的表現。可是相對的，如果一個自認爲重視解脫修證，大過重視利他菩薩行的人，却站出來用不公允、尖銳而不厚道的方式來批判「人間佛教」，他其實是在砸自己的台，他不知道，如果這層保護膜消失了以後，他在漢民族社會裡，是無法尊嚴立足的。

此外，從宗教學的角度來看，不祇是漢民族社會對於隱修僧有重大敵意，西方社會看待那些修道主義者，也都是非常嚴苛的，一樣認爲他們是社會上不事生產和不知民間疾苦的一群自私之人。可是爲什麼西方的教會總的來說還能被西方文化和西方社會所接受呢?這是因爲他們還是交出了慈善、教育、文化的亮麗成績單，包括神秘主義者與其他重視文教慈善的修會，他們實際上做出了很多事功，那些事功都是貼近苦難群眾的。

若一個宗教要立足於社會，它不但要有「屬靈」的部分，也要有「屬世」的部分；也就是說，它不但要有入世的部分，也要有出世的部分，這兩者不能互相輕慢，而要互補互重。今天在台灣所發生的諍事，並非一群菩薩行者主動指責對方的隱遁，而是隱遁者主動挑釁，表達他們對人間佛教的種種批判，認爲這些都是不務正業，不顧修行，認爲出家人的本業就是修行，其它的都是打閒岔，也因此我才會對他們提出如上反擊。因爲這部分的背景我沒有時間交代，所以你聽起來，好像是在推翻聲聞佛教的價值，其實不是的。

三、未來佛教的慧根何在

【問】

中國佛教的情形相當複雜，您看不清楚，了解也不夠。「人間佛教」在大陸不能盛行有其背景，您對這些背景的了解也不夠。台灣的佛教能夠那麼興盛有幾種原因：

第一、主要是台灣出了幾個豪傑，隋唐佛教興盛，也是因爲出了幾位豪傑。

第二、台灣佛教所做的這些工作究竟怎麼樣？要評價我看還早，因爲台灣佛教是從八十年代以後才開始發展，抱負太大了，還不知道今後是向好或向壞的方向發展，現在評價還是過早，我們還要再觀察。此外，台灣佛教的任何行爲，只不過提供他們的經驗、教訓，給我們做參考，成功了就是我們的經驗，失敗了就是我們的教訓。現在提出來討論台灣佛教正在做的事情是福是禍，評價還太早。

第三、關於中國大陸佛教的現況。中國民族過去被欺凌，在社會支持下，宗教才能發展；但由於政治因素，過去像一盤散沙。佛教在這個轉型期的社會當中，如何適應並建立他的世界觀、民主觀？是很重要的，未來佛教的慧根絕對還是在大陸，而不會是在台灣。

【答】

第一點，您說我對大陸佛教瞭解不夠，這是正常的，就像你們對台灣佛教瞭解不夠一樣；如果你們對台灣佛教的了解超過我，我就不需要站在這邊談台灣佛教了。今天我若告訴你們，我對大陸佛教的了解超過你們，這叫做「胡說」，沒有自知自明。

剛剛宣教授問到我對大陸佛教的看法，回答時，我特別聲明：這是就我所看到的片段來回應。對各位所提出的問題，我應該老實回應，而不要只講客氣話。「革命不是請客吃飯」，同樣地，佛教的復興，也不是請客吃飯。所以我很真誠地告訴大家我所看到的隱憂，這是種「恨鐵不成鋼」的心情。至於台灣有豪傑出現，這就是我剛剛提到的，典範型人物的出現。我熱切希望看到大陸也有典範型人物，能帶動大陸佛教的復興。

第二點，您認為目前評價台灣佛教還是太早，須要再作觀察，但到現在為止，我還未對台灣佛教作出總評價，我不認為它的發展都很正面。演講的時間有限，我所看到的「台灣佛教的隱憂」，事實上還不祇上面所說的部分。

我可以告訴大家，台灣佛教最大的隱憂不是「抱負太大」，而是典範型的人物沒有具足高度威望的接班人。若沒處理好這個問題，那麼，這種龐大教團的金字塔，會是堆積在沙灘上的。一旦典範人物過世，縱使權力可以轉移，但聲望卻不能轉移，這樣，後繼的接班人如何攝受這些動輒數十萬、數百萬人的大團體，而讓它維持良好的運作？這才是台灣佛教令人擔憂的地方。一旦典範人物走了，接班人還沒有準備好接班的工作，事情就麻煩大了。有錢、有權的地方，就容易出現罪惡，所以很難保證接下來不會出現紕漏。

在台灣，其他的小師父容或可以犯錯，但大和尚或知名法師，卻是不可以犯錯的。因爲大和尚或知名法師一旦犯錯，給社會的觀感，就等於是「佛教犯錯」；而小師父犯錯，一般只是把它當做茶餘飯後的花邊新聞。所以萬一某大團體出現了風波，它會危及整個社會對佛教的信賴與觀感。我不覺得他們所做的是力所未逮的工作，事實上今天他們能夠開展出這番事業，就表示這些是他們力所能及的；今天他們已攝受了幾十、百萬人，這就表示他們的確有辦法攝受到這麼多人。然而，在這些團體因典範人物的特殊魅力，而快速成長的過程中，反而不容易栽培同具高度聲望的頂尖人物。

以佛光山爲例，星雲大師算是非常有眼光的，他持續努力栽培各方面的人才，即使是縮小範圍看他們的教育程度，你都會發現他們人才濟濟。佛光山的師父有許多碩士、博士，也有好幾位教授。這個班底算是非常卓越的了，但後繼者又有誰能具足星雲大師的聲望呢？星雲大師很早就從「佛光山宗長」一職退位，讓信眾適應他的接棒人，但直到現在，國際佛光總會會長的位子還是交不出去，必須落在老人家身上，而他已經七十多歲了，身體也愈來愈差了。

即使是有這樣的隱憂，我認爲還是不至於無可挽救。要防止台灣佛教出現無可挽救的負面狀況，最重要的就是要有監督與批判機制。有監督、批判機制，即使出現了問題，還可以防止它進一步惡化，若沒有監督、批判機制，等它惡化到底而整個爆發出來，那時往往已不可收拾了。

您不用擔心我對台灣佛教的評價，比大陸佛教來得高。基本上，佛弟子要學著放下自我愛與我所愛。當我談佛教問題的時候，並沒有夾雜著對台灣佛教的「我所愛」，我不會認爲台灣佛教最偉大，台灣佛教最了不起，台灣佛教是世界第一。一開始我就已經告訴大家，台灣畢竟有它的局限，大陸佛教若能強盛，將更具足華人社會在世界宗教領域裡的標竿性意義。大陸若有十億佛教徒，這對國際佛教而言，會是極大的鼓勵。今天即使我說台灣佛教非常之好，但當大陸十億人口都紛紛選擇了其他宗教時，台灣佛教又有什麼好得意的？我是在這樣的心情下，告訴各位我對大陸佛教的熱切期待。

台灣佛教當然還要再觀察，如果它的現況是「一百分」，我就不會告訴大家我所觀察到的隱憂。所以請各位務必要瞭解我的誠意，不要用自衛的態度來反擊我。張新鷹教授曾說：「今天的台灣佛教，也許是明天的大陸佛教。」我希望大陸佛教在復興的過程中，能夠避免我們曾犯下的錯誤，避免我們復興佛教的迂迴過程，並能快速地與時代接軌。若能減低犯錯的機會，也就可能縮短復興的時限。要知道，時不我與！昨天那位司機先生的話，猶如一記警鐘！我不希望看到那麼一天，大陸已有十億人口選擇了放棄佛教，屆時，你的「未來佛教的慧根一定是在大陸」之論，要等著應驗也來不及了！

還有，也許我們沒有辦法立刻改變宗教政策的現狀，但是我們是否可以先從能做的部分做起？比如，放棄一些既有的偏執。如「僧事僧決」，原是健全的社團自主機制，但不可錯會爲「出家人的事情，白衣不可聞問；比丘事比丘尼不可說」。我們是否可以先改變這種「階級意識」，聽取各方的諍言呢？

有些學者向我說，他們想提一些對佛教的看法，卻不願讓佛教中人覺得被干預與被侵犯。我覺得，如果僧眾不能放下身段，平等對待所有群眾（包括白衣與比丘尼），如果僧眾不能意會到：承擔如來家業是一種責任而不是一種特權，必須接受善意的監督與批判，以促進自我反省的機制——如果沒有這些自覺，只有被迫害意識，只能負氣告知：「你憑什麼管我！總有一天我會比你更好。」若果如此，則佛教真的會「沒有明天」。

此外，我不喜歡預言式的東西，「未來佛教的慧根絕對還是在大陸，而不會是在台灣」，這種宿命論式的說法，是違背緣起論的。慧根在不在大陸，得看大陸佛教徒的努力。我真誠希望慧根是在大陸，更希望您的預言成真，但我不希望那是宿命論式的自我安慰與自我防衛。謝謝！

四、對政治形勢的看法

【問】

大乘佛教最重要的是救苦救難的精神，但是大陸佛教界對社會苦難卻視而不見，我們缺少佛教典範型領袖人物。

我想請問昭慧法師兩個問題，第一，從佛教倫理學的角度來看，台灣佛教界對環保方面做了些什麼工作。第二個問題是題外話，台灣人民也是炎黃子孫，來自同一祖先，也都是吃黃河水長大的，台灣現在好像是獨派佔了大多數，他們有什麼理由可以不認同大陸，常常在那裡興風作浪？（另一位聽眾順便問道：昭慧法師，好像您也有幫他們站台，可不可以請您解釋一下。）

【答】

這兩個問題都非常重要。第一，關於佛教的環保工作方面，在台灣，慈濟功德會做了不少。例如，它帶動慈濟人做資源回收，儘量減低紙張、免洗餐具與塑膠瓶的用量等等，這些方面他們卓有所成。而法鼓山提倡「心靈環保」、「禮儀環保」等，提倡不燒紙錢、資源節用，或是提倡心靈上的少欲知足，這些也做得很好。但屬於「改變政策面向」的環保運動部分，還是民間的 NGO（非政府組織）做得比較多。在抗拒政商勾結的環保社會運動方面，台南妙心寺的傳道法師，算是佛教界開風氣之先的人。

至於我個人，成立關懷生命協會以後，某些環保議題，我願意加入，以共同呼籲政策的改變。例如，「是否興建核能發電廠」，這是個重大議題，不但牽涉到許多科技專業，核幅射等潛在問題，也牽涉到台灣人民乃至福建、廣東、浙江沿海一帶人民的安危。在種種考量下，我們呼籲不要蓋核電廠。但由於這牽涉到強大的政商勾結力量，他們還是要蓋，於是就形成了官方與民間的拉鋸戰。在這種時候，佛教徒通常是「退出現場」的，爲了要明哲保身而不敢吭聲。但是我認爲，佛教老在這些涉及爭議性的場合就一定缺席，這也不妙。萬一有一天發生了核電事故，人們會質疑：佛教當年爲什麼都不發出一點「正義」的聲音？今天佛教在台灣社會是舉足輕重的，擁有一、兩百萬信徒的出家人，站出來針對環保政策講幾句公道話，真的是會「大地震動」，讓政治人物忌憚三分的。但是佛教太重視自身的「安全」了，總是默不吭聲。

大體上，我也並非做得很夠，因爲我自己能力微薄，而且一人身兼多職，所以只能重點地選著做，其他則是隨喜贊助各種 NGO 團體，針對一些環保議題，與社運人士共同奮鬥的。有時在演講場合或其他場合，他們請我發表相關言論或擔任總召集人（或副總召集人之類），我也不會有所忌諱而刻意迴避。

我個人在關懷生命協會理事長任內，極力提倡「動物保護法」的立法。過去台灣沒有動物保護法，對於「凌虐動物」之事，只能訴諸「道德」，但倘若對動物沒有法律層面的保障，還是讓「言者諄諄，聽者藐藐」。

終於在我任內的最後一年，動物保護法通過。在此之前，我發現到賽馬（賭馬）對馬匹的危害很深（這中間所牽涉的許多邪惡，我無法於短時間細表）。由於一些政治人物與特定財團一搭一唱，想在台灣開放賽馬，於是我不但透過媒體以呼籲「不宜開放賭馬」，甚至直接訴求立法——在動物保護法草案中加入「不得作動物的賭博性競賽」的條文。

這中間經過了很多轉折，與政商勢力間對抗的張力很高，幾度落敗下來，又幾度贏了上去，終於在民國八十七年（一九九八年），立法院通過了動物保護法，並且在該法之中，正式列入了「反賭馬條款」，這可說是對政商勾結勢力的一大勝利！這是在民主社會裡，第一個透過民主法治的程序，禁止賭馬的條款。雖然今天歐美、香港、新加坡各地的民間，也有「反對賭馬」的聲音，但官商勢力盤根錯結，已無法撼動賭馬存在的事實。我們是唯一透過民主立法程序，而達到了「禁止賭馬」的效果。

還有一點，當年我們提出民間版的「野生動物保育法」修正案，要求更嚴格限制野生動物被繁殖、飼養、屠殺、買賣，該法案在部分修正之後獲得通過。

這兩個與動物保護相關的法案，並不夠周全，依然有向利益團體妥協的成份；但這已不是我們的理想性不夠，而是我們的力量不夠龐大。我雖然在台灣社會有點清望，但並沒有刻意組織群眾，也因此，當局對我所提出的訴求，即使不得不予以重視，但還不至於擔憂「群眾力量」的威脅。我當然也在觀念傳輸的過程中，結合了部分佛教界有心人士的力量，但您剛才說得好，佛教界對社會苦難往往視而不見，有的甚至還幫倒忙。例如，台灣有許多所謂的「放生」，經常不顧環境生態（如把海龜放到陸地，把陸龜又放到海裡），活生生地將大量的鳥魚蝦蟹「放死」。

也許台灣社會有個錯覺，以為「昭慧法師站出來，就表示佛教界有很多人站出來」，其實我應該很謙卑地說：我也算不出來我後面有多少人，因此不敢說我代表著「佛教界」。但是我看到了一個前景：民主政治如果沒有很強大的監督系統，經常只不過是「有錢人在玩遊戲」而已，這就是所謂的「金權政治」。在金權政治中，縱使人民選出了他們所喜歡的領袖與民代，但是很快地，這些領袖與民代就會被財團收編。在與財團利益一致的情況下，試想他們到底會聽命於誰呢？是聽命於人民還是財團？如果沒有強大 NGO 團體的監督力量介入，他們是很有可能會聽命於財團，而做出違背良心的事。在立法院裡，常會通過一些有利於財團卻不利於弱者的法案，這是民主政治必須面對的嚴重課題。

當前台灣佛教所要面對的，已經不是大陸佛教所面對的問題，而是台灣人民更進一步的要求了。他們常會質疑：在通過這些惡劣政策時，佛教難道都盡是缺席的嗎？例如，當水泥產業要移到東部設廠時，環保團體請某位提倡環保的著名法師表達反對意見，但那位法師卻因其「不碰觸與政治有關的事」，而致令環保團體非常憤怒，他們向我說：該位法師既然口口聲聲說要「打造人間淨土」，今天東部美好的「淨土」，即將面臨大片開挖，而成為「惡山惡水」，該法師竟然毫不吭聲，這是什麼意思？難道他的「人間淨土」，是說著玩的嗎？

顯然無論是為了「自保」，還是為了「護生」，未來台灣佛教在「政教關係」方面，還是要在「攀附權貴」和「畏懼政治」的兩極之外，尋求一個建立台灣佛教主體性意識的中道。所謂台灣佛教的主體性意識，並不是指成立政黨、參與選舉，與人奪權，而是基於佛法理念，隨份隨力過問攸關國計民生的政策與法律。這是西方宗教在慘痛的政教關係拉鋸戰中，所獲得的歷史教訓，但西方宗教很強勢，他們向來只有斟酌介入政治要有多大多深的問題，而沒有被政治「邊陲化」的可能性。台灣佛教在這部分，政教互動的主體意識，顯然還是過於薄弱，東方宗教數千年在政治文化薰陶下，「順民」的心態太濃，這點比較可惜。否則以台灣佛教目前的總體力量，只要佛教領袖人物的腳踩地一下，都會引發「大地震動」，我相信絕對可以使台灣的法律與政策，獲得更良性的轉換。

在這部分，我覺得星雲大師很有眼光，如一九九四年的觀音像事件，針對大安森林公園中所矗立的觀音聖像，某些基督教派結合政治力量，必欲除之而後快，許多知名法師不敢吭聲，但是星雲大師（還有許多長老法師）卻站了出來。佛誕放假運動也是如此，大師發動佛光會系統，全力動員簽署，給政權帶來了極大的壓力。他站出來支持，這表示背後有一股驚人的群眾力量。所以幾度交鋒之後，台灣的異教徒與政治人物，已不太敢侵犯佛教了。

我最擔心的不是政治的嚴苛。不知大家有沒有發現一個歷史法則？宗教往往是愈被打壓就愈興盛的。一貫道過去被打壓的時候，道親的人數節節暴漲，但是合法化了以後，它的成長反而轉緩。因爲政治迫害，經常會激起人們的憂患意識，使他們更爲自立自強。這就如同將青蛙放在冷水裡燉，在水溫逐漸增加之後，青蛙會不自覺地在逐漸沸騰的水中死去，但若一下子就將青蛙丟到熱水之中，牠反而會掙扎著彈跳出來。所以我覺得，宗教政策不良固然是佛教無法復興的部分理由，卻不能將佛教的盛衰，全盤歸因於政策。我們還是要想想：即使無法打破既有的「框框」，但在這個「框框」之下，我們還能做些什麼？

無論如何，倘不涉及政策面，那麼，有關環保的工作，台灣佛教界目前還是持續在做，而且功不可沒。但還有一點需要注意：總不能因爲人家做，我們就跟著做，這豈不成了「應聲蟲」，或只是爲了獲得掌聲？這是不夠的。我們要做，一定要有佛法的思想基礎，來促使自已如此地做，這才有教理上的正當性，也才能促發參與信眾的理想與熱情。爲此，我於一九九五年寫了《佛教倫理學》，把整個佛教倫理的思想體系化。最近我還想寫一本進階的佛教倫理學新書，介紹並分析從佛教倫理學到佛教戒律學，彼此環環相扣的思想體系。佛教徒做任何「社會參與」的事情，都應有佛學角度的反省，而且應是自發性的，不能因爲人家的刀架在自己脖子上，所以不得不做，這樣實在是矮化了佛弟子護法護生的宗教情操。

我是一個愛護佛教的人，時節因緣促使我不敢停留在學術象牙塔中，而必須瞻顧全局。以我個人重視學術工作的心情，不會傻到不知道，做這些事情將會浪費我的時間，讓我不能專心致力於學術；但是，我不忍佛教在台灣社會被譴責和被質疑，所以願意站出來補這麼一點點缺角。最起碼佛教有我這樣的人站出來，會讓人覺得，佛教在這部分，是沒有「交白卷」的。

最後，從「佛教主體性意識」，來談兩位朋友不約而同關切的「統獨」問題。我先解釋一下，我爲什麼會應邀而幫一些獨派朋友站台，這也是我常自我檢視的一個問題。我非常重視「政教分離」，去年台灣佛教有一位不上道的比丘，竟然披掛上陣，準備競選立法委員，我還寫了一篇文章〈穿袈裟太沈重〉，登在台灣最大的報紙——《自由時報》，我公開告訴他，如果非參選不可，請他脫下袈裟。我個人「政教分離」的思想是一以貫之的，並沒有什麼改變，但是我爲什麼在台灣會幫一些政治人物站台呢？

記得我第一次站台，是爲了施明德先生，他那時在競選立委。施明德先生曾經爲了台灣的民主運動，而坐牢二十五年，半生都在牢中度過。他是天主教徒（這些過去爲台灣民主奮鬥過的人，以基督徒爲多，而佛教在過去都被看作是政權的羽翼，不順便踹他們一腳就夠好的了）。這些民主鬥士爲了政治理念，不但身陷囹圄，有的甚至家破人亡。

具有政治家偉大風範的林義雄先生，他的母親與兩個小女兒被殺死，大女兒重傷。林先生的母親是個佛弟子，他在母親的墓碑上寫的是《華嚴經》句：「我願如日普照一切，不求恩報，眾生有惡悉能容受，不以一惡眾生故捨一切眾生，但勤修習善根回向一切眾生，皆得安樂。」在監獄時，他讀《大般若經》與《華嚴經》，並且勤於打坐。他對佛教有很深厚的感情，但是現在他們全家人都是基督徒了（大概只有林先生本人除外）。爲什麼？因爲在他們苦難的歲月中，在他們爲台灣民主而奮鬥的時候，佛教缺席了，佛教沒有人陪伴在他們身邊撫慰他們，反而都是基督徒陪伴著他們，爲他們禱告、唱聖歌，帶著他們渡過了無比痛苦的歲月。身爲佛弟子，我對佛教界在當年對他們的冷落，總有一種內疚之情。

另一方面，我意識到，佛教界大老一廂情願地靠攏國民黨，這無異是「把全部的雞蛋放在同一個籃子裡」，不但對民主志士「不義」，而且對佛教前途也做了「不智」之舉。我已經看到，台灣未來的政治趨勢，很有可能會政權轉移。我很擔心有一天，政權轉移的時候，佛教將會非常難堪，有很多地方會受到干擾，某種程度的發展也會受到阻礙。

當施明德先生請我站台時，我很猶豫，性廣法師勸我說：「人權、環保，你在這些方面的表態，我都可以體會；但要幫政治人物站台，對你的形象是絕對不利的。」當然，我也不是笨到不知「愛惜羽毛」的人，今天如果能像提倡環保或動物保護一樣，完全站在超黨派立場，要求每一個政黨都支持某些政策，這不是更好嗎？但是我當時還是選擇了站台，一方面，我身爲一個佛弟子，對人格典範的民主志士，理應公開表達自己對他們的敬意，而不能顧自身利益以保持緘默。另一方面，我這樣做也是爲了佛教，我很擔心佛教在緊抱國民黨大腿的情況下，將來不知如何自處？這已不是「中立」而置身事外就能解決的。置身事外當然可以自保，但對整體佛教，「矯枉」已必須「過正」，所以我寧願站在「在野」的這一邊，以達成佛教界在政治立場方面的「生態平衡」。

此外，爲誰站台？我還是有選擇性的，我所爲站台的人，都是像林義雄、施明德這等人格潔淨，而且對台灣有過重大貢獻，付出血淚代價的人。我最起碼要讓他們知道佛弟子也有像我這樣的人，如此他們也比較不會因誤解而疏離佛教。

我太愛護佛教了，其實公允而論，整個台灣政治環境的良性改變，是以基督徒爲主的民主人士所打下來的基礎。我爲了佛教的緣故，願意站在「在野」的這一頭，跟他們一起奮鬥，即使「蹚渾水」，我也不怕。

後來我還幫陳水扁先生站台，這是另有「社運」理由的。早在一九九四年市長選舉時，我反對開放賽馬，國民黨的市長候選人黃大洲先生卻堅持開放賽馬，而陳水扁先生卻同樣反對開放賽馬，作爲關懷生命協會領導人，基於社運主體性意識，我支持反賽馬的候選人，不願支持促成賽馬的候選人，這就是在他市長選舉時，應邀助選的最大原因。

既然助選了，一次跟兩次就沒什麼差別。等到總統大選時，我發現佛教大老們熱心爲國民黨候選人連戰先生站台，爲此而非常擔憂，我知道連戰不可能當選，當時宋楚瑜先生民意居高不下，所以預測當選者不是宋楚瑜先生就是陳水扁先生。我不是腳踏兩條船的人，也不喜錦上添花，陳水扁先生陣營找我助講時，是在他的選情還很低迷，遠遠低過宋楚瑜的時候。

除了不希望佛教一廂情願「押錯寶」之外，我也不希望佛教被政治勢力邊陲化，我不希望任何政黨候選人都無視於佛教的存在，根本不屑與佛教徒談他的政見或政策。只要佛教徒擺明了對這些都不過問，政治人物就可以無視於佛教的感覺與立場，甚至寧願向其他教派勢力妥協，接受他們的要求來打壓佛教，因爲他們知道，佛教反正不敢碰觸政治，犧牲掉這樣的族群比較沒有後遺症。這是我從「觀音像事件」中學到的重要教訓。所以，在這種種考量之下，我公開支持陳水扁先生。

我個人並沒有很強烈的「統獨」色彩，但是我也不怕人誤會，如果還擔心人家誤會，怕被貼上政治標籤，那麼，早在十幾年前，我就應該要擔心這一點，我就應該當一個「純學者」，而大可不必淌渾水。但既然蹚了一次渾水，我也就不怕多蹚幾次，所以我不會介意被貼上任何一種政治標籤。

觀音像事件中，支持我的人原先是統派，後來獨派的人也加入了。所以在台灣社會裡，我是少數被人當作獨派，但又被統派、獨派的人所共同接受的人之一。即使今天站在這裡，我也不會刻意表態，與獨派劃清界線，因爲獨派人士已經把我當作好朋友，若我特別標榜中立，好與獨派劃清界線，那麼，對佛教而言，我的努力是前功盡棄，對獨派的朋友而言，我等於是背叛了他們。

就佛法的「緣起論」來看，所有絕對化的意識型態，都不符合緣起智慧。公允而論，每個人都有每個人的成長背景、歷史情懷及所遭遇到的一些事件，這些經驗不可能互相替代，所以只能以同理心來同情共感。我能夠理解爲什麼台灣很多大陸籍的老兵，看到獨派人士，就痛恨到了極點；我也同樣地能夠理解，爲什麼獨派人士一講到國民黨政府或大陸政府，就充滿著疑懼之情，因爲他們經歷過許多不愉快（甚至是痛苦、悲慘）的經驗。今天雙方如果在這些議題上永遠互相對立、互相殺伐，台灣是沒有明天的；只有在一個「疼惜對方」的共同點上，大家互相同情、互相理解、互相傾聽，然後緩慢地共同改變現況，這才會是未來漢民族的前途與台灣的光明前景。

對於各位的「統獨」問題，我簡單答覆如上。

引言人（宣方教授）結語

今天非常感謝大家的參與。我們在不知不覺之中，已見證了一個歷史事件，至少從中國人民大學來說，建校以來，恐怕沒有一位比丘尼走入大學的殿堂來，用一種正信的佛教智慧來跟大家演講，這是第一次。就大陸整個高教系統而言，我也不知道有沒有很多這樣的例子。

非常感謝大家，週末來聽這一場跟大家實際生活可能沒有直接關係的演講，但我相信這應有益於大家瞭解佛教、實際的生活與工作的態度。謝謝大家！

九十二年二月十四日，修訂完稿於尊悔樓

——刊於九十二年十月第六十五期、九十三年四月第六十八期《弘誓雙月刊》

當代台灣「人間佛教」發展之回顧與前瞻

一、當代台灣佛教之特色

（一）概述台灣佛教之榮景與隱憂

二〇〇二年十月十九日，筆者曾應宣方教授之邀，在中國人民大學宗教研究所發表演講，題爲〈當代台灣佛教的榮景與隱憂〉；後經學生將此演說內容加以紀錄，筆者乃以此講錄作爲底本，細加增補修訂，復於二〇〇三年三月十五日舉行的「台灣文化本土化研討會」上，發表〈台灣佛教之發展及其特色〉，該篇文章已於二〇〇三年九月收入《台灣漢文化與本土化》論文集中，由台北前衛出版社發行。

綜括該文內容，台灣佛教有如下幾點特色：

一、政、經情勢與宗教力量之消長：台灣的人口約兩千三百萬，有百分之九十以上的宗教人口，其中廣義的所謂「佛教徒」，就佔百分之四十以上（故佛教徒約佔總人口比例百分之三十六）。當然此中有許多是與民俗信仰合流的民間佛教人士，但即使是這樣，只要看到佛光、法鼓、慈濟等人數以萬計的超大型法會，或賑災場合無處不在的慈濟社區義工，就可知道，佛教徒人數確實眾多。相形之下，基督宗教（包括基督新教和天主教）大約是百分之三點五，[1]此消彼長之勢非常明顯。

二、本土宗教的親和性：台灣佛教是在廣大民間神佛不分的觀音信仰基礎之上，形成民間佛教，復有漢傳佛教系統（且以閩南佛教爲主）的僧伽佛教，再揉合一九四九年後來台的大陸僧伽佛教。一九六〇年代以後，台灣佛教僧信共同努力，帶動了知識份子與大專學生的學佛風潮，終而形成了具足本土特色的漢傳佛教。

三、大專青年佛學社團與營隊的成效：以周宣德居士爲首的佛教僧信大德，在一九五〇年代以後，扶植大學院校成立佛學社團，並成立多種獎學金，以鼓勵學生研讀佛法，寫作學佛心得或佛學論文。這股大專生與知識份子學佛的風潮，帶來了佛教界整體信仰人口素質的提昇，改變了社會對佛教視同「迷信、消極」的刻板印象。

1 台灣基督徒人口迄今仍有下降趨勢，根據台灣基督教資料中心每兩年推出的教勢報告，台灣基督徒人口已從二〇〇一年佔全人口的百分之二點七四，到二〇〇四年再減為百分之二點五。以上的調查不包括天主教和真耶穌教會，但涵蓋所有的更正教宗派。負責撰寫該項報告的朱三才牧師透露，調查過程中發現、有些教會根本已無聚會。（二〇〇四年七月二八日，http://www.twbm.com/agape/agapew51-1d.htm）

四、國際交流的多元性：台灣佛教雖以漢傳佛教爲主流，卻不等同於傳統的中國佛教，南傳佛教與藏傳佛教在台灣不但自由傳播，而且各擅勝場，歐、美、日、韓……等各國佛教也常與台灣佛教作友好的交流。凡此種種，都促成了台灣佛教多元而豐富的開展。

五、多元領導而各擅勝場的教團特色：解嚴後，單一教會領導的局面改觀，各大教團紛紛成立全國性教會，使得台灣佛教呈現多元領導而各擅勝場的熱鬧局面。

六、典範人物建構學理，締造事功：在學理方面，有印順導師提倡「人間佛教」，並建構完整的佛教史觀與系統學說，期能懲前毖後，提供一套「復興佛教」的宏觀策略。在事功方面，更出現典範人物如星雲、證嚴、聖嚴等諸位法師，他們是深具群眾魅力的宗教領袖，有著強大的攝受能量，結合了數以百萬計的追隨者，在慈善、文化、教育事業上，展現了輝煌的成果，深獲台灣社會之認同。加上台灣傳媒的特殊環境，也有利於彼等擴大知名度與影響力，因此每逢巨大災變的場合，無論是國內還是海外，都可看到台灣佛教團體（特別是慈濟人）的身影。這些龐大佛教團體所展現的動員力與救援力，實非尋常「散戶」所能望其項背。

七、僧尼總體素質提昇：傳統社會僧尼素質低落，被視爲失意逃避的社會邊緣人，台灣卻因僧尼素質提高，弘法利生的表現傑出，因此一掃消極負面之形象，獲得了廣大社會的認同。

八、社會運動的參與及主導：自一九八〇年代台灣政治解嚴之後，社會運動蓬勃發展。爲了實踐佛陀的護生教旨，並回應普世價值，引領時代思潮，部分佛教團體乃重視各種人權議題，並從事動物保護、環境保護乃至性別平權等社會運動，這在世界佛教中呈現相當鮮明而先進的特色。

九、入世與出世之爭：佛教較能涵容異己，所以台灣佛教較無劇烈的宗派、教派之爭。近年台灣佛教內部較受矚目的論諍，是出世與入世的路線之爭，這幾乎也等於保守派與開明派的論諍。一些隱遁派的僧侶，往往指責入世形態的佛教是庸俗化與腐化的罪魁禍首，強調必須是出世清淨的修證，方爲佛教特色；但徵諸台灣當代佛教實況，積極入世救度苦難的教團未必等同於庸俗腐化，反之，炫奇惑異而遭至社會譏評的，卻往往出自山林隱修而略有神秘經驗的禪僧。[2]

在負面的部分，筆者也提出了三點觀察：

一、解嚴以前，與執政當局過於緊密結合：過往台灣民主運動的時代，佛教當權者與執政當局緊密結合，依附權貴的色彩過於濃厚；面對種種攸關土地、人民與苦難眾生的社會運動，佛教也幾乎無動於衷，甚且敬而遠之。作爲一個人口比例佔大多數的主流宗教，未能即時參與

2　二〇〇五年三月二十日，第四屆台灣文化「台灣思想與台灣主體性」國際學術研討會上，楊惠南教授特提醒筆者：台灣佛教的發展，必須將日據時代日本佛教的貢獻也列入考察。在此感謝楊教授之補充指正。

改革事業，共同興利除弊，反而在無形之中，給予保守力量以負隅頑抗的空間，卒遭致「在前人樹蔭下乘涼」之譏。

二、攝眾募款迭遭非議：大教團由於家大業大，自是求才若渴，需財孔急。有的教團所使用的攝眾募款之道，迭遭非議。近數十年寺院經濟急劇膨脹，資源之運用，頗有重複與浪費的現象。有的寺院建築過分龐大，建材與裝璜極為講究，因此予人過於豪奢的不良印象。但是教團各自為政，沒有教內強而有力的監督、獎懲機制，連媒體都受到某些大教團人脈、錢脈的微妙牽制，往往不能形成正常的外部制衡力量。

三、部分僧侶行為不檢，迭遭非議：如一九九六年的中台山剃度事件，一九九九年的妙文事件，均震驚全國，動搖佛教信譽甚鉅。更有一些性醜聞，因當事人隱忍或投鼠忌器，而未獲揭露與公正處置，卒至姑息養奸，帶來佛教與受害人更大的傷害。

（二）台灣佛教的包容性與主體性

此外，筆者在一篇題為〈當代台灣佛教現象的兩個悖論〉的短論中，論及台灣佛教的一個重要特徵，即是其包容性。無論是漢傳佛教的禪、淨、密、台、賢諸宗，南傳佛教的錫、泰、緬各路禪法，還是藏傳佛教的紅、黃、白各種教派，在台灣都有它們廣大的宗教市場，各自在這塊自由的土地上大鳴大放，著書立說，有的還帶著強烈的宗派意識，難免尊自貶他。

包容性可能也是漢傳佛教的普遍性特色。美國紐約莊嚴寺繼如法師於一九九三年三月八日來台時曾告訴筆者：十餘年來在美國觀察，發現漢傳佛教寺院在美國，往往不拘南傳、藏傳，什麼都學，而南傳、藏傳佛教團體則壁壘分明，絕不可能請漢傳佛教進入其道場中弘法；相形之下，漢傳佛教的主體性似嫌不足。

不但道場如此，教眾也是如此。許多台灣佛弟子，遊走於各系佛教之間，數年念佛，數年參禪，數年學密，再過幾年，又修學南傳禪法了。連一身袈裟都如同戲服，一會兒漢式僧服，一會兒喇嘛衣裝，一會兒南傳袈裟，穿穿脫脫，令人目不暇給。

十九世紀中葉以後，因中國積弱不振，漢人也就格外顯得崇洋媚外。而筆者在佛教中親眼見到的事實卻是：許多台灣佛教徒，「媚外」傾向容或有之，但所「崇」則未必是「洋」。南傳、藏傳無一是「洋」，其化區所處的社會，經濟與政治狀況，大都遠比台灣遜色；即使如此，台灣佛教徒還是以法爲重，以朝聖的心情前往學法，而且絡繹於途。

學法而超越民族主義的藩籬，廣學諸家，取精用宏，這是好事；信仰宗教若還要搬出「民族大義」，那麼國人大概只能信奉唯一道教了。但有的台灣佛教徒，一邊向南傳、藏傳大師學法，一邊還向南傳、藏傳大師數落漢傳佛教的種種不是。筆者親聞有某比丘尼，連莊嚴而極具特色的殿堂梵唱，都當作告狀資料，把它說成是在「唱歌」。讓那些聽聞片面之詞的南傳、藏傳大師，對漢傳佛教不生鄙慢之想，也未免戛戛其難！

總的來說，台灣佛弟子有心胸與器度廣學諸善法，這使得台灣佛教具足更大的格局。即使是「胸無定主，有聞則變」之無頭蒼蠅，也有其廣大的生存空間，無頭蒼蠅就恰好成了不可多得的「基因變種」，得以提供有心人士觀察各種學風道貌的利弊得失，也提供了適宜佛教生存茁壯的豐富基因庫。於是，就如同生態學上的「物種多樣性原理」一般，台灣佛教反而在多元發展之中，呈現了與世界各地佛教迥異的，健康活潑的主體性樣貌。[3]

二、有關台灣「人間佛教」發展的七項觀察

本文擬在前述台灣佛教論述的基礎之上，進一步介紹當代台灣佛教中，最具特色、也最獲社會好評的（遵循「入世」路線的）「人間佛教」，並提出七項筆者的觀察，而作扼要的陳述與分析：

一、有助於台灣「人間佛教」運動崛起的外部因素。這部分，除了綜合歸納台灣學者江燦

---

[3] 以上所述，見釋昭慧：〈當代台灣佛教現象的兩個悖論〉，《弘誓雙月刊》第六十四期，二〇〇三年八月，頁四—六。

騰、大陸學者王雷泉、鄧子美等諸教授的觀點之外，還提出了筆者的兩項補充看法。

二、台灣「人間佛教」運動崛起的內部因素。由於印順導師的「人間佛教」思想，影響台灣佛教界最爲深遠，因此在本文中，特別以印順導師思想所提倡之「人間佛教」爲主軸，概述台灣「人間佛教」運動的起源與發展。

三、台灣當代「人間佛教」的事功成效。此中特別簡述慈濟的「印尼整治紅溪河」案例，不但肯定其濟貧救苦的事功成就，更推崇其不以慈善爲手段，而改變受惠者的宗教信仰，反倒是以佛法的「無我」精神，突破種族、族群與宗教的藩籬，建構了世界和平的願景。

四、「人間佛教」所面臨的外部挑戰。在此特舉慈濟爲例，陳述其面對妒恨與誹謗時，因社會所要求的高道德標準，而產生自縛手腳的困局。

五、「人間佛教」強調「嚴淨佛土，成熟有情」的大乘理想，並積極從事社會關懷，它關切的不祇是教內事務，而已廣及生態環境與「眾人之事」。然則無論其主觀上是否樂意與政治互涉，但它與「管理眾人之事」的政治，在行動面就不可能毫無交集。因此，「人間佛教」應如何定位其政教關係？筆者在本文中，提出了一些政教互動的經驗談。

六、「人間佛教」與四眾倫理。面對佛教傳統中根深蒂固的男性沙文主義與僧伽本位主義，「人間佛教」是否只能維持「妥協」的局面，以求取相安無事？還是願意跨出步伐，本諸佛法的清淨意念、仁愛情懷與平等精神，來建構一個性別平等、僧信平等、四眾互助共事的菩薩教團？

此中牽涉到「觀念」與「制度」的兩個面向。正本清源，必須先矯正觀念，才能設計出良好的制度。在「觀念」部分，印順導師已開風氣之先，為女眾作不平之鳴，並提出「建設在家佛教的方針」，公平看待居士佛教。筆者亦接續其研究成果，撰為專書與多篇論著，闡述健康公正的四眾倫理。本文將簡要回顧筆者所提倡的「廢除八敬法」——性別平等運動，並針對僧、信二眾倫理與居士佛教，提出一些管見。

七、當代有關「人間佛教」的論諍，所涉及的層面極廣，內容極多，過往面對許多抨擊「人間佛教」的說法，筆者都曾給予回應，甚至已彙輯成書。[4]相信在理性層面的論辯方面，「人間佛教」是經得起任何尖銳質疑與嚴厲挑戰的。然而「人間佛教」是否有可能以「有容乃大」的胸襟，從論諍出發而止於「無諍」？面對異質性的說法與做法，是否能做一個善巧貫攝的智者，本諸「方便轉轉勝，一道一清淨」[5]的見地，而讓眾流匯入大海，讓人間佛教千山競秀，萬壑

4 詳見釋昭慧、江燦騰編著：《世紀新聲——當代臺灣佛教的入世與出世之爭》，台北：法界出版社。

5 印順導師著《成佛之道》偈頌云：「方便轉轉勝，法空性無二。智者善貫攝，一道一清淨。」（頁三八二）

爭鳴?這是本文所要討論的最後一個論題。

三、有助於「人間佛教」崛起的外部因素

有關台灣佛教崛起之外部因素，江燦騰與王雷泉均指出，佛教之所以能夠在台灣快速發展，有兩項因素：

一、經濟因素：七〇年代之後，台灣的經濟起飛，各大教團的寺院經濟神速發展。相形之下，兩次戰爭（朝鮮戰爭和越南戰爭）和一次文革內亂，使得中國大陸經濟停滯不前，佛教發展和佛學研究相形落後。

二、國際形勢：七〇年代的國際環境變化，造成美國勢力淡出台灣，連帶著使原來強勢的基督宗教影響減弱，從而使佛教在整個宗教生態中上升為顯教地位。（江燦騰：一九九五。王雷泉：一九九九）

此外，江燦騰也提到「社會轉型」的因素：經歷了六〇到八〇年代的劇烈社會轉型，大量轉而從事工商服務業的原農業人口，大量流動的各行各業人才與勞工，以及原居住在市中心而遷往郊區的人口，產生了對周圍陌生社會環境的「較強疏離感」，由於原有血緣與地緣聯繫被割裂，有著特別強的新的社會歸屬需求。因此，宗教正好替代了這個功能。（江燦騰：一九九七）

鄧子美更運用馬克斯・韋伯（Max Weber）的宗教社會學的理論，強化了上述有關經濟與社會因素兩個重點的敘述：

一、經濟因素對「人間佛教」運動的影響：他認爲市場經濟全球化的歷史趨勢，通過各民族、各產業等多方面的多元競爭得以體現。而「人間佛教」的興起與保守宗派的衰落，實質上均乃此大潮的映象，是教內部分先覺初而被動地對社會劇變作出反應，漸而轉向主動順應，進而以自身理論上的優越性與實踐上的可行性吸引各宗派追隨，並力圖以其超越性影響社會的佛教轉型過程。

二、市民社會的形成與台灣市民的宗教需求：平等競爭的市場環境確使權力崇拜意識淡化，在精神層面爲宗教信仰騰出了空間。面對龐大而複雜的市場顯現的偶然性，個人與民營中小企業的命運就更難把握，這是宗教需求增長的內因之一。從宗教與社會互動關係看，實際情形大體爲，首先是能夠適應當時社會穩定取向的宗教或宗派取得了壓倒優勢，而後這些宗教或教派的教義、教規反過來支援了世俗社會秩序的「固定化」。因此從社會基礎以觀，台灣當代「人間佛教」雄踞主流，與在這個政、經、文化等大趨勢下，台灣市民的宗教需求有關。（鄧子美：二〇〇四）

筆者認爲，外部因素還可再加上兩點：

一、強鄰環伺的憂患意識：「人間佛教」之提倡，可溯源自民國佛教時代。當其時，反佛教之西方宗教人士、反宗教之西化論者，以及對國族積弱與文化凋零深具危機感的新儒學者，或是發出質疑佛教的言論，或是擬訂侵損佛教寺產的方案，凡此種種雖屬逆緣，卻也讓佛教中的有心人士產生憂患意識，走出山林，積極作爲，以促成內部改革，爭取社會認同。

例如，一九二八年三月，內政部長薛篤弼有改僧寺爲學校之議。中央大學教授邰爽秋於該年與一九三〇年十一月，兩度提出「廟產興學」之具體方案，僧界大受震撼，紛紛呼籲反對。「人生佛教」的創說者太虛大師，即以「中國信佛的革命民眾領袖」名義，發表〈對於邰爽秋廟產興學運動的修正〉。[6]

又如，太虛大師曾撰文回應新儒學者梁漱溟的觀點；[7]「人間佛教」的創說者印順導師，

6　印順法師：《太虛大師全書》，頁二五三、三一三。

7　梁君原係佛弟子，後迴佛入儒，雖猶稱許佛法為最究竟，而目下不贊同提倡佛法，欲以孔家文化救中國。一九二〇年十一月，太虛大師作〈論梁漱溟東西文化及其哲學〉回應云：「梁君視佛法但為三乘的共法，前遺五乘的共法，後遺大乘的不共法，故劃然以為佛法猶未能適用於今世，且慮反以延長人世之禍亂，乃決意排斥之。其理由、蓋謂東方人民猶未能戰勝天行，當用西洋化以排除物質之障礙；西洋人民猶未能得嘗人生之真味，當用中華化以融洽自然之樂趣。待物質之障礙盡而人生之樂味深，乃能覺悟到與生活俱有的無常之苦，以求根本的解脫生活，於是代表印度化的佛法，始為人生唯一之需要。若現時則僅為少數處特殊地位者之所能，非一般人之所能也。」（《太虛大師全書》精第二五冊，頁三〇三）

也述及其於抗戰期間在漢藏教理院，會遇梁漱溟上山來訪，梁氏對佛教提出質疑，並以「此時，此地，此人」為議。[8]受此影響，印順導師乃於爾後治學時追根探源，暢佛本懷，期能導正異時、他方、鬼神傾向的佛教。

台灣佛教在日據時代，甚受制於日本殖民政府。國府來台之後，台灣佛教的發展，已漸適應西方文化的衝擊，也減少了唇箭舌槍的儒佛之爭，但是依然曾經面對過西方宗教在六〇年代咄咄逼人的文字攻訐，[9]以及親西方宗教之政治力量的微妙打壓。無論如何，「人間佛教」崛起於政治、宗教形勢不利，且西學、儒學等強鄰環伺的處境之中，似亦證實了孟子的說法：「無敵國外患者國恆亡」。

8 印順導師於《印度之佛教》序文中說：「二十七年冬，梁漱溟氏來山，自述其學佛中止之機曰：『此時、此地、此人。』吾聞而思之，深覺不特梁氏之為然，宋明理學之出佛歸儒，亦未嘗不緣此一念也。……吾心疑甚，殊不安。時治唯識學，探其源於『阿含經』，讀得「諸佛皆出人間，終不在天上成佛也」句，有所入。釋尊之為教，有十方世界而詳此土，立三世而重現在，志度一切有情而特以人類為本。釋尊之本教，初不與末流之圓融者同，動言十方世界，一切有情也，吾為之喜極而淚。」（頁一—二）但梁漱溟晚年在西方學者Guy Alitto訪談時告訴他，佛家的境界比儒家更高，令Guy大為震驚。詳見Guy（艾愷），〈中國文化形成的要素及其特徵〉，《文化的衝突與融合——張申府、梁漱溟、湯用彤百年誕辰紀念文集》，北京：北京大學出版社，一九九七年，頁二七一。

9 一九六三年，印順導師曾撰〈上帝愛世人〉、〈上帝與耶和華之間〉、〈上帝愛世人的再討論〉等筆鋒犀利的文章，回應基督宗教之挑戰。

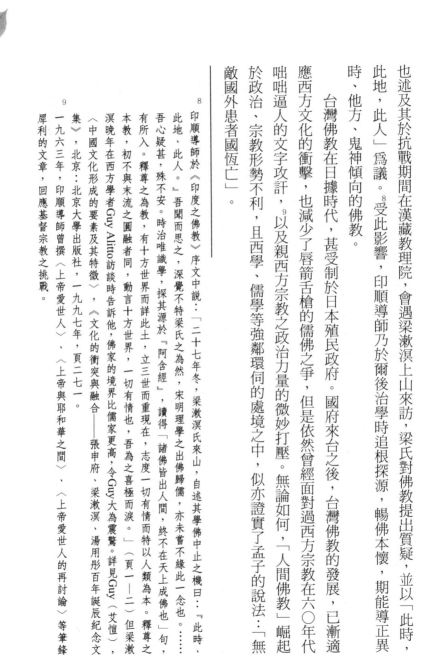

釋性廣於其近著〈禪觀路上，幸遇明師〉一文，觀察上一世代與新世代提倡「人間佛教」的不同形勢，也點出了佛教高僧們面對教運衰微而有「憂患意識」的心理背景：「無論是太虛大師提倡的『人生佛教』，或印順導師提倡的『人間佛教』，觀其思想凝成的時代背景與心路歷程，不但源於大乘佛子『不忍眾生苦』的悲憫情懷，也更有感時悲教，救亡圖存的危機感。」[10]

二、舊慣信仰的情感傾向：台灣原本已有漢民族觀音信仰與祖宗崇拜。這些舊慣風俗，形成了祭祀圈與宗族人脈的緊密聯結，不能接受西方宗教視其他神祇與祖宗等同魔鬼的看法。由於觀音信仰出自大乘佛教，所以民間對佛教有較大的親切感。且因佛教的排他性不強，與民俗信仰或祖宗崇拜較能相安無事，所以台灣人民在情感上，較爲接近佛教，當他們選擇身心修練或社會奉獻的途徑時，會優先考慮佛教。而「人間佛教」所推展的個人修行活動與社會奉獻事業，恰恰滿足了台灣人民的宗教需求。（釋昭慧：二〇〇三―四）

以上的政治、經濟、社會、文化與宗教形勢等外部因素，都可說是蘊釀「人間佛教」的沃

[10] 釋性廣亦於〈禪觀路上，幸遇明師〉一文之中，比較了上一世代與新世代「人間佛教」運動之不同情境：「殊堪安慰的是，如今在台灣，不祇是『寺院辦道』的觀念深植人心，連帶的，慈善、教育、文化，這些利人益世的事業，已從過去『不得不然』的佛教救命圈，成為今時菩薩學人『當仁不讓』的普賢行願。相信這正是印順導師提倡『人間佛教』的初衷，因為本位主義的消極自保，絕非人菩薩行的目的。」《弘誓雙月刊》第七五期，桃園：弘誓文教基金會，二〇〇五年七月，頁八一。

壞。台灣當代的「人間佛教」運動，倘若沒有這些外部因素的催化，要單憑佛教內部有心人士的主觀意願，還未必能開展出這般強盛的局面。

四、「人間佛教」運動簡史與學理建構

接著要討論台灣「人間佛教」運動崛起的內部因素。由於印順導師的「人間佛教」思想，影響台灣佛教界最爲深遠，因此在本節中，特別以印順導師思想所提倡之「人間佛教」爲主軸，概述台灣「人間佛教」運動的起源與發展。

思想改造的「人間佛教」運動，雖由印順導師（一九〇六—二〇〇五）正式在一九五一年提出，但是早已蘊釀於中國大陸的民國二〇年代。此中，明清與民初佛教的積弱、腐化、變質，即是促成佛教中人反省的第一要素。太虛大師（一八八九—一九四七）在中國提倡教制、教產、教理改革的新僧運動；[11]印順導師在自傳中慨談家鄉佛教的俗化情形[12]。在台灣，也有革命僧

[11] 一九二八年四月二十一日，太虛大師作〈對於中國佛教革命僧的訓詞〉。大師計劃之佛教革命方案，〈我的佛教改進運動略史〉，曾略述謂：「最根本者，為革命僧團之能有健全的組織。其宗旨為：一、革除：甲、君相利用神道設教的迷信；乙、家族化剃派法派的私傳產制。二、革改：甲、遯隱改精進修習，化導社會；乙、度死奉事鬼神，改資生服務人群。三、建設：甲、依三民主義文化，建由人而菩薩的人生佛教；乙、以人生佛教，建中國僧寺制；丙、收新化舊成中國大乘人生的信衆制；丁、以人生佛教，成

人證峰法師（林秋梧，一九〇三—一九三四），面對佛教中的隨俗陋習與腐化現象，以及男尊女卑的落伍觀念，發出痛切的反省改革之聲。[13]這都是「人間佛教」的典範人物，也都在佛教衰微的憂患意識中，從事改革運動。

「人間佛教」運動開展的重大內部因素，即是典範人物的學理創說與事功締造。拙著〈台灣佛教之發展及其特色〉業已提到：台灣佛教之榮景，與典範人物輩出有著重大關聯（釋昭慧：

十善風化的國俗及人世。」（參見印順導師：《太虛大師年譜》，頁二五三—二五四）

12 印順導師在其自傳《平凡的一生》提及家鄉浙江海寧縣的佛教情形：「我一直生活在五十幾華里的小天地裏，在這一區域內，沒有莊嚴的寺院，沒有著名的法師。有的是香火道場，有的是經懺應赴。」（增訂本，頁四）

又他晚年於〈遊心法海六十年〉中說：「我的故鄉，寺廟中的出家人（沒有女衆），沒有講經說法的，有的是為別人誦經、禮懺；生活與俗人沒有太多的差別。在家信佛的，只是求平安，求死後的幸福。少數帶髮的女衆，是『先天』、『無為』等道門，在寺廟裏修行，也說他是佛教。理解到的佛法，與現實佛教界差距太大，這是我學佛以來，引起嚴重關切的問題。這到底是佛法傳來中國，年代久遠，受中國文化的影響而變質？還是在印度就是這樣——高深的法義，與通俗的迷妄行為相結合呢！我總是這樣想：鄉村佛法衰落，一定有佛法興盛的地方。為了佛法的信仰，真理的探求，我願意出家，到外地去修學。將來修學好了，宣揚純正的佛法。」（【華雨集】第五冊，頁五—六）

13 參見李筱峰：《台灣革命僧林秋梧：證峰法師》，台北：自立報系初版，一九九一；望春風出版社再版，二〇〇四。

二〇〇三—四)。此外，鄧子美也針對當代台灣「人間佛教」典範人物的影響力，提出了敏銳的觀察與精彩的分析。他認爲，任何社會階層中，都存在著天賦富有宗教氣質的人，儘管他們爲數可能極少，但大多成爲宗教團體中的骨幹。而今古宗教精英之不同在於：

「古代宗教精英多傾向于個人內在的精神解脫或『靈修』，對他們來說，社會既是污濁的，又是(由於古代社會的相對單純)容易瞭解的，因而並不需要多加關注。而現代宗教精英既感到個人生活被捲入市場經濟的不可避免性，又感到這與他所信奉的宗教生活理想的鴻溝越來越深，加以現代社會的高度複雜，難以把握。因而，爲了其宗教生活理想不至完全被架空，以至失卻生存的意義，他在追求精神超越之外，還必須關注社會。有些宗教精英還依社會變化與需要，賦予經典以新的解釋，參與並推動了社會改革。……新教在這方面對社會的貢獻已被公認，當代臺灣人間佛教也正在向這方面努力。」(鄧子美：二〇〇四)

這恰恰是從民國初年以來，「人間佛教」精英僧侶心情與想法的絕佳寫照。如印順導師即於《成佛之道》中敘明，直入大乘之人菩薩行，其發心來自「不忍聖教衰，不忍眾生苦」的驅策力(頁二四九—二五〇)。

學理建構的代表人物，首推太虛大師與印順導師，二人之間有情真意摯的師生之誼，也有利世濟生的共同理想，但兩人的思想學說，仍有很大的差異，還曾爲大乘三系學說孰先與孰優的問題，展開過精彩的論戰。[14]

太虛大師一生提倡「人生佛教」，早在一九三八年，就提出了「人成佛即成」之說，[15]強調人格的完整是成佛的要件，這可說是台灣各「人間佛教」教團的共識。但他早逝於中國大陸，與台灣佛教接觸的因緣較淺。其弟子慈航法師（一八九五—一九五四）於一九四八年來台弘法，明確指示，爲了挽救佛教的危機，必須仰仗興辦教育、文化與慈善事業「三大救命環」。這可說是將台灣「人間佛教」的社會關懷，作了基本路線的定調。

已故中國佛教協會會長趙樸初（一九〇七—二〇〇〇），曾於一九八三年明確指出，要發揚「人間佛教積極進取的精神」。[16]但趙樸初的「人間佛教」說法較爲晚出，是在一篇精簡的佛教協會報告書中提出來的，目前尚未建構類似太虛大師或印順導師這樣完整的論述。而且受限於地理因素，這種呼籲對台灣佛教的影響力並不大。因此最爲影響台灣佛教的「人間佛教」

---

14 參見釋昭慧：〈印順導師「大乘三系」學說引起之師資論辯〉，《如是我思（二）》，台北市：法界，民八十二年，頁五五。

15 印順導師於《太虛大師年譜》記述：「一月十九日（「臘月十八日」），大師四十八歲滿，說偈迴向外祖母及母氏（即人成佛的真現實論）。「墮世年復年，忽滿四十八。眾苦方沸煎，遍救懷明達！仰止唯佛陀，完成在人格。人成佛即成，是名真現實。」（頁四二六）

16 趙樸初：《中國佛教協會三十年》，北京：《法音》，一九八三年第六期，頁一：http://www.buddhism.com.cn/zcfg/china/g83fx30n.htm。

創說者，首推印順導師。

由於國共戰爭的緣故，印順導師先於一九四九年抵達香港，再於一九五二年（四十七歲）抵達台灣，自此定居台灣，教學、宏法、寫作不輟，著作等身。今（二〇〇五）年六月四日已圓寂於花蓮慈濟醫院，高齡一百零一歲。可以說，他一生的大半歲月是在台灣度過的，大部分的重要著作也完成於台灣，並發行到全球，這對華人佛教與國際佛教學術界形成了鉅大的影響。

印順導師發現，從印度部派佛教時代，就已有理想化（神化）佛陀的傾向；也就是說，佛陀在信眾的宗教心理需求下，逐漸被塑造成「無所不知、無所不能、無所不在」而且在天上成佛的理想模型，失去了佛陀原來的人間性與親切感。因此他一九四一年在重慶，就已寫下了〈佛在人間〉一文，依《增一阿含》的教證而明確地說，佛陀是在人間而非天上成佛的。

一九五二年在香港淨業林，他為住眾講「人間佛教」，並完成一系列的「人間佛教」文章，如：〈「人間佛教」緒言〉、〈從依機設教來說明「人間佛教」〉、〈人性〉、〈「人間佛教」要略〉，學理建構至此已大體完成。到了一九八九年，他已七十八歲，特別撰為三萬字的小書，名為《契理契機之人間佛教》。該書綜合他畢生的治學成果，歸入「人間佛教」的要旨，頗有眾流入海的況味。

印順導師之所以會提倡「人間佛教」，主要原因有三：

一、受到太虛大師「人生佛教」思想的啓發，贊同佛教重視「人」、「生」，而非偏重「死」、「鬼」。

二、受到新儒的刺激影響（如上已述）。

三、自己也觀察到中國佛教嚴重鬼化、僧侶生活腐化與教運積弱不振等諸般問題。

以此三項重要原因，他上探佛陀本懷，求諸三藏典籍，並作印度佛教思想史之研究，乃發覺：佛教不祇是在中國有庸俗化、「死鬼化」的問題，在印度即已有了濃厚的「天神化」乃至巫教化傾向。

於是他認爲，不但要革除「死鬼化」的惡劣風氣，也要去除「天神化」的變質成份，宜應體念佛在人間成佛、說法、建僧、教化的真義，把握難得的人身環境，以及人在知情意方面的三種殊勝要件（憶念勝、梵行勝、勤勇勝），修學自利利他的人菩薩行，就在此世（而非來世）、此間（而非他方）建設人間淨土，濟度廣大眾生。

由於他所提倡的「人間佛教」，建立在深厚的教史觀察與學理基礎上，因此他的學說思想，經五十年之流傳，已成台灣佛教的「顯學」。如前所述，藍吉富教授讚歎印順導師之佛學成就，可說是「玄奘以來第一人」。[17]王雷泉則綜合評斷印順導師思想，並給予如下的高度評價：

[17] 詳見藍吉富：〈玄奘以來，一人而已〉，《弘誓雙月刊》第七五期，桃園：弘誓文教基金會，二〇〇五

「印順法師的佛學著述和闡揚的『人間佛教』思想，爲佛教從信仰層圈出發，契入社會、文化層圈，完成佛教的現代轉向奠下了理論基礎。印順以他透徹的理性思辨和冷靜的科學精神，提升了台灣佛教的學術水準，其著述絲毫不遜於一流的日本佛教學者和基督教神學家。可以這樣說，在當今中青年佛教徒和佛教學者中，不管是印順思想的忠實信徒還是從原教旨主義角度對印順提出批評者，幾乎無一不受到印順思想的洗禮。」（王雷泉：一九九九年七月，頁四四—四六。

五、台灣當代「人間佛教」的事功成效

（一）概述「人間佛教」之主要成果

「人間佛教」必須落實在關懷苦難眾生的實際行動中。《阿含經》中僕僕風塵說法度眾的佛陀身影，《本生談》中捨己助人的釋迦菩薩，大乘經中「嚴淨佛土，成熟有情」的諸佛菩薩，這些都是「人間佛教」行者的人格典範。

「嚴淨佛土，成熟有情」是大乘佛教的理想，爲了將這樣的理想落實於人間，於是救助苦難有情，建設「人間淨土」，就形成了「人間佛教」各教團在社會參與方面的動力。這也無形

中矯正了一般人把佛教等同於「逃塵避世」或「迷信落伍」的偏見，增加了社會對佛教、僧尼的認同與支持。此中事功最顯著者，即為佛光、法鼓與慈濟三大教團。

以下略述「人間佛教」在教育、文化與慈善事業方面的主要成果：

一、在教育事業方面，台灣佛教早已有寺院創設中、小學與幼稚園，但最受重視的是一九八〇年代以後，台灣佛教自此邁入高教興學時代。

由佛教界所舉辦的私立大學，目前已經成立的，依創立先後順序，計有華梵大學、慈濟大學、慈濟技術學院、玄奘大學、南華大學、佛光大學等六所大學校院，若加上正在籌辦中的法鼓大學，則為七所。這是漢傳佛教前所未有的興學氣象，依佛教徒之經濟力，竟然於短短的十餘二十年間，從無到有地建成六所佛教大學。

此中除了華梵大學為曉雲法師（一九一三—二〇〇四）創辦、玄奘大學由白聖法師（一九〇四—一九八九）倡議、了中法師（一九三二—）創辦之外，其餘悉是由慈濟、佛光、法鼓等三大「人間佛教」教團之所催生、主導。其餘兩校雖未標舉「人間佛教」，然而華梵大學提倡「覺之教育」，並以「人文與科技融匯，慈悲與智慧相生」為創校宗旨；筆者所任教的玄奘大學，以唐朝高僧玄奘大師作為師生效法的菩薩典範，顯然兩校實質上亦充滿著「人間佛教」菩薩行者積極勇健的氣息。

復有法鼓山中華佛學研究所、法光研究所、佛光山各級佛學院、以及遍布全台的各佛學院，約計二十三所，呈現了佛學教育或僧侶教育的多元風貌。此諸佛學院中，除了佛光、法鼓相關系統的佛學院之外，福嚴佛學院、佛教弘誓學院亦屬「人間佛教」教團，復由法鼓山中華佛學研究所主編，結合國內二十三所佛學院所的力量，共同完成了《台灣佛學院所教育年鑑》創刊號，已於二〇〇二年十二月出刊。因此佛學教育系統，還是以「人間佛教」思想教育爲主流。

重視教育的結果，僧尼素質明顯提高。在台灣，比丘僧尼在大學任教而有助理教授以上職位者，已超過十五人，其中比丘尼至少就有十二人。[18]

二、在文化事業方面，各類報紙、刊物、電台、電視和大小演講遍佈全社會。慈濟大愛電視台全球無遠弗屆，收視率甚高；慈濟文化志業之一的《經典雜誌》，於二〇〇三年以其高品質而榮獲金鼎出版獎。佛光系統辦了華人佛教界第一份每日出報的報紙，名爲《人間福報》；結合梵唄與國樂的梵音演唱團，巡迴國際演出，更是佳評如潮。

以上這些大教團，由於知名度較高，所以它們的文化事業甚爲多元而廣受矚目。但本文要

18 已知任教於台灣大學院校，而有助理教授以上職位之比丘，有聖嚴長老、釋惠敏、釋慧開等五人，比丘尼有釋恆清、釋慧嚴、釋依空、釋昭慧、釋依法、釋依昱、釋仁朗、釋若學、釋道昱、釋見咸、釋見鋤、釋智學、釋性一等十二人。其中聖嚴、恆清、惠敏與昭慧四人係教授。但本處所列大學任教僧尼僅就筆者記憶所及，名單仍未齊備，假以時日，將另增補之。

特別一提的是，在藝文界深受推崇的「和南佛教藝術」團隊。在花蓮和南寺住持傳慶法師支持、詩人愚溪居士主導之下，於一九八七年創立了非營利性的文化事業體「普音文化公司」，從豐富的東方文化資產中，擷取適合現代人的體裁，融合文學、美術、音樂、多媒體的藝術創作，推出許多膾炙人口的多媒體作品，近年更舉辦百餘場藝術活動，在世界宗教弘法史上，創下了新的里程碑，並獲得文化界與宗教界的熱烈迴響。因其卓越之文藝創作，而榮獲行政院新聞局頒發多座象徵出版界最高榮譽的獎項——六座金鼎獎、三座金曲獎。其卓越而精緻之詩、歌、樂作品，帶領著當代佛教藝術，攀登藝術的頂峰境地。

三、在慈善事業方面：佛光、法鼓與慈濟三大教團，皆努力從事慈善工作。此中又以慈濟志業體最具代表性。慈濟功德會於一九六六年由證嚴法師（一九三七—　）創辦於台灣省花蓮縣，是立足台灣、宏觀天下的慈善團體，三十多年來，在台灣致力於社會服務、醫療建設、教育建設、社會文化等志業，並投入骨髓捐贈、環境保護、社區志工、國際賑災等事工。

一九八五年起，僑居各國的慈濟人，將慈濟志業延伸到海外，凝聚在地的愛心資源，推動濟貧救難等工作。目前全球有三十八個國家設有慈濟分支會或聯絡處。自一九九一年因救助孟加拉颶風重災，慈濟啓開海外救援工作起，至二〇〇五年初，累計援助了全球五十七個國家，橫跨歐、美、亞、非、大洋洲等五大洲。[19]截至目前爲止，慈濟會員已超過四百萬人，委員一萬餘人。「哪裡有災難，哪裡就有慈濟人」，慈濟人在世界各地都甚受尊敬，連帶地也改變了世人對華人的觀感。

（二）慈善事業範例舉隅：印尼整治紅溪河案例

各宗教都有慈善事業，但慈濟事業的最大特色，即在於其沒有佛教本位的宣教心態，不具文化侵略性，在賑災救苦的同時，也能充分尊重並無私協助在地宗教與文化的發展，因此它成功地跨越了種族、文化、國家、階級乃至宗教的藩籬。

在此特別要舉慈濟國際賑災案例中的「整治紅溪河，興建大愛村」案例。二〇〇二至二〇〇三年間，印尼慈濟人在印尼雅加達與官方協力整治紅溪河，並爲河畔之拆遷戶建築一千一百戶大愛村，復與台灣農委會合作，在印尼發放五萬噸大米。

在整個賑災、義診、建屋、贈米的過程中，慈濟完全採取重點、直接的做法，讓躬自參與的印尼華裔富人，能親身感受雪中送炭的無限溫情。這種臨場感受，不祇是身力、財力的付出，更重要的是，布施者本身也由此而更體現了生命意義與生命價值。

19 詳參「慈濟全球資訊網」，http://www2.tzuchi.org.tw/tc-brief/index.htm，二〇〇五年八月三日查索。

原來，宗教最能稟於慈悲濟世的教義，於落後國家或是災區施行種種賙濟。但是十八世紀以來，一些宗教的殖民地慈善事業，幾無例外的挾帶著傳教的目的，也確實讓諸多殖民地人民拋棄了傳統信仰，改奉西方宗教。這種做法，往往引生當地人民文化認同的危機感，從而對異教慈善行爲視同「入侵」而排拒之。例如：二〇〇一年一月二十六日印度發生芮氏七點八級地震，死亡人數可能高達十萬，這種情形，原本亟需各界援助，但它堅拒西方宗教團體進入印度賑災。

印尼慈濟人以一個華人佛教團體，在印尼這個全世界最大的伊斯蘭教國家賑災濟世時，恪遵慈濟原則，不以慈善爲手段來趁機傳教，反而還在大愛村爲居民建設清真寺，以便伊斯蘭佔大多數的大愛村居民，擁有幸福的宗教生活。這種尊重本地人民宗教認同的寬廣心量，正是佛法「無我」智慧的實踐，業已產生了化解宗教隔閡的鉅大成果。

這些華裔慈濟人的貢獻，對印華社會與馬來人族群的和解，實具足指標性的意義。原來，三百多年前，一萬多名華人在紅溪河畔被馬來人殺害，血流染紅了溪河，河流以此得名。一九九八年的排華暴動中，許多華裔基督徒被殺害，基督教堂被破壞。印尼華人與馬來人之間的種族矛盾，迄未得解。然而在三百多年之後，慈濟的無私大愛，卻爲種族仇恨的陰霾，射入了一道陽光，無形中化解了昔日來自種族、宗教、貧富階級等等差異，所導致的藩籬隔膜與血腥衝突。

雖說這是印尼慈濟人「在地賑災濟貧」的成效，但我們依然要說，沒有台灣佛教的證嚴法師，就沒有慈濟志業；全球慈濟人精神上的大家庭，就在台灣的後花園——靜思精舍，這可說是當代「人間佛教」立足台灣而關懷世界的一大貢獻。

六、「人間佛教」的外部挑戰

「人間佛教」的發展，當然面臨著許許多多的挑戰。例如：社會固然對慈濟有高度好評，但志業龐大而募款能力極強的慈濟，依然會承受到「過度吸納社福資源」的指責；至於網路上普遍流傳的惡毒謠言，他們也是百口莫辯。

最令人感慨的，是二〇〇二年發生的「慈濟一攤血」事件。一九六六年，在花蓮縣鳳林鎮某診所，有豐濱鄉阿美族原住民產婦陳秋吟因繳不出保證金，而被絕望地抬了回去，死在歸途。她在診所地板上所流下的一攤血，觸動了證嚴法師悲天憫人的情懷。法師因此歷經千辛萬苦，逐漸創立了濟度眾生苦難的慈濟功德會與慈濟醫療志業。爭奈有媒體記者不慎將診所名字寫了出來，引發醫師家屬的強烈不滿。他們於是召開記者會，全盤否認此一事實，並對證嚴法師提起民、刑訴訟，甚至不惜鋌而走險，竊取慈濟網站的內部資料。很巧合的是，那段時日，網站上不斷出現各種謠言與辱罵，將證嚴法師汙名化成了一個造謠生事的邪惡尼師。

以高道德標準自我期許的慈濟團隊，濟度苦難是它的看家本領，但是對「制惡」一途，則因護念當事人（診所老醫師）之一念善心，而不免自縛手腳，一籌莫展。好在當年長途扛抬陳秋吟就醫的唯一倖存原住民陳文謙老先生，以及其他亡者親屬（妹妹、媳婦），在長期纏訟的最後時刻被查訪到了，他們慨允挺身而出，見證了當年血淚交織的一段原住民醫療史頁。而弘誓學團與現代禪教團也站了出來，爲證嚴法師在媒體上掰回了一份公道，因此讓醫師家屬的氣燄稍歇。[20]

許多媒體與民眾（乃至是承審法官），起先受到醫師家屬信誓旦旦的影響，對「一攤血」這段往事之真實性，竟然有所質疑。經過前述各方努力之後，社會各界方纔轉趨信任、同情，並支持證嚴法師。即使如此，民事庭的法官依然判證嚴法師敗訴，出現這樣荒謬的判決結果，一時讓輿論譁然。

回顧當日，無論是法官也好，旁觀的民眾也好，一遇到他們心目中宛如「聖人」般的宗教人士，立刻淪喪了訴諸「公正」的能力，幾近鄉愿地要求受害當事人，只能選擇「退讓」一途。

---

[20] 有關「一攤血事件」之風波，當日媒體均有大幅報導，《弘誓雙月刊》則兩度刊載相關新聞與昭慧法師之聲援文章，詳見《弘誓雙月刊》第六十一期，二〇〇三年二月；第六十五期，二〇〇三年一〇月。

在此氛圍之下，證嚴法師一身吞下了所有委屈，放棄了上訴的權利。

顯然，「人間佛教」的教團與個人，面對來自社會陰暗角落所射出的妒恨之箭，是否只能扮演一個社會所期許的「聖人」角色？一味退讓，是否反會助長更多的罪惡？但像筆者這樣硬碰硬以制止罪惡，是否又會升高彼此的對立與仇恨？這都是「人間佛教」面對類似個案之時，所需深思熟慮的外部挑戰。

七、「人間佛教」的政教分際

（一）「嚴土熟生」與政教互動

「人間佛教」強調「嚴淨佛土，成熟有情」[21]的大乘理想，並積極從事社會關懷，它關切的不祇是教內事務，而已廣及生態環境與「眾人之事」。然則無論其主觀意願是否樂意與政治交涉，但它與「管理眾人之事」的政治力量，實不可能毫無交集。因此，「人間佛教」應如何定位其政教份際？這又是一項「人間佛教」所面臨的重大挑戰。

筆者過往曾發表過許多篇論文與時論，認為過度標榜「中立」與「超然」，不是最好的方

[21]《大般若波羅蜜多經》卷七，大正五，頁三六下。

法，這會讓惡劣政客有恃無恐地推出傷害佛教或傷害眾生的法律與政策。因此佛教應站在「佛教主體性」的立場，本諸「護教」與「護生」原則，在「不競逐政治權力」的前提下，介入公共領域。相關論述極多，不勞在此一一贅引。

在本節中，筆者擬簡要回顧台灣佛教之政教關係，以及筆者有關「佛教主體性」政教互動的經驗談，這又可分爲「護教」與「護生」的兩大主題，前者是佛教爲自己而爭取公平的待遇，後者是佛教爲眾生而爭取公正或仁慈的政策。兩者都將佛教的人間性，從「精神領域」擴及到「公共領域」。

從日據時代到國民黨主政時代，由「南瀛佛教會」到「中國佛教會」，政治力量一向是透過全國性佛教會的白手套，用以掌控宗教力量。佛教會雖是一個「由下而上」所形成的鬆散組織，沒有法定公權力，但卻可以透過教會領袖對政治人物的影響力來控管佛教。因此解嚴以前，舉凡擬議「成立全國性佛教社團法人」的方案，一定會被教會聯合政治力量「封殺出局」。而教會領袖「忠黨愛國」，黨國不分，也引起了在野人士的強烈反彈，時有「攀附權貴」、「政治和尚」之類令人難堪的譏評，出現於媒體評論與學者清議。

解嚴以後，「人民團體法」終於修法，允許成立兩個以上同性質的全國性法人，於是，佛光會、慈濟功德會、法鼓山、中華佛寺協會等等，一個一個成立了全國性的社團法人。政治大環境改變了，這對台灣佛教（特別是「人間佛教」）的蓬勃生機與多元發展，無疑是一股清新的助力。

（二）慈善救濟與社會運動

但是在政教關係方面，台灣佛教（即使是入世濟民的「人間佛教」）省思的深度與廣度依然不足。「人間佛教」的團隊從事慈善救濟且績效卓著，這點殆無疑義。然而台灣在民主化過程中，很多苦難的發生，並非靠慈善救濟就能解決，它們可能源自政策或是法律的不周全乃至嚴重錯誤，這又牽扯出「金權政治」的問題。

既然官商利益相結合的力量如此強大，勢必要成立NGO（非政府組織）的社會運動團體，結合強大民意，用以監督議會問政與官僚施政的品質，抵制利益團體的政治影響力，並促成較有益於弱勢眾生與生態環境的法律與政策。在這方面，由於佛教徒習慣了「政治掛帥」的思考模式，爲了避免貽致「干預政治」之譏，大都標榜「中立」與「超然」，不願運用社會運動的手法，矯治政策與法律的偏鋒。

然而「人間佛教」既然以「建設人間淨土、救度苦難有情」作爲職志，面對弱勢群眾與苦難生靈，以及遭到嚴重破壞的生態環境，如果明知這是源自錯誤的法律與政策，「人間佛教」

豈能自外於政治？許多苦難來自罪惡，但佛教中人卻往往只想挽救苦難，不願從根源切斷罪惡，這是「人間佛教」無容閃避的社會質疑。

因此筆者認爲，當代台灣「人間佛教」，還須要以更積極的作爲，來面對政教關係。宗教可以基於教義的反省而關懷弱勢，進而要求改善不良的政策與法律。但這純屬政策面與法律面的訴求，宗教實不宜介入「權力爭奪」或「權力分贓」的遊戲。因此，筆者並不贊同佛教徒另組政黨，不贊同佛教團體拉抬特定政黨，也不贊同出家人參選民代、任職官員。

由於社會運動面對的往往是罪惡，包括政策的罪惡、法律的罪惡、人性的罪惡、政商微妙勾結的罪惡，以及意識形態的罪惡，而一般佛弟子所期待的，又是和諧而非充滿張力的生活。所以即使是慈悲爲懷，他們也寧願面對苦難，因爲那比較沒有爭議，而且側身於救難行列，讓他們會有較大的成就感。但是一旦面對罪惡（而且是他人或集團的罪惡），經常可能要面對被報復、被反撲、被懲戒的後果，最起碼他們會身心勞苦。因此在台灣，社會運動迄今猶非「人間佛教」的主流，主要是包括傳道法師、筆者、性廣法師與傳法法師在內的出家人，以及幾個屈指可數的佛教團體（如「關懷生命協會」）在推動它。

再者，近年來統獨、藍綠陣營[22]的鬥爭益形惡化，各方政客爲了勝選，一次又一次在選舉

[22] 「泛藍」指中國國民黨、親民黨與新黨，「泛綠」指民主進步黨與台灣團結聯盟（簡稱「台聯」）。

過程中，使用極盡煽情之能事的攻防手法，激起了群眾盛大的政治熱情，但也不幸導致族群嚴重撕裂，這使得黨同伐異，「只問立場而不問是非」的情形相當普遍。

「人間佛教」在教理的反省過程中，不難跳出將統獨、藍綠絕對化的意識形態，筆者早在一九九五年撰寫《佛教倫理學》一書時，即已看到這種意識形態對立的嚴重性，因此闡述「依於佛法反思而超越意識形態」的看法云：

> 「真正的緣起論者必然以民主的態度包容各方面的異見——包括政治、宗教或其他方面的主義思想。……即便是任何一種意識型態，自認為代表真理，而與不同意識型態者產生對立爭鬥，緣起論者也無意加入這種對抗。不是他有所謂『騎牆』心態，而是他在緣起論的觀照下，確信每一個人都只擁有有限的因緣，而世間展現的是無限的因緣與形貌，所以每一個人都只能從他的立場與角度看到部分而非全部真理；倘若有人宣稱他的主義思想才是真理，那他保證還沒認清『緣起』的真諦。」[23]

然而近年來惡化的族群對立，卻使得社會運動的處境較爲艱困。即使「人間佛教」社會運動所提出的只是支援弱勢、護念眾生的單純訴求，依然無法擺脫被「貼標籤」或力量分散的困

---

[23] 釋昭慧：《佛教倫理學》，一九九八年三版，頁五九—六〇。

擾。

因此筆者近年業已微調自己的看法，認爲在這「緣起」世間，社會關懷的任何一種路線，都有其因緣條件的限制。完全不介入法律與政策的慈善救濟，以及擺明要介入法律與政策的社會運動，各有特長，也各有瓶頸，因此不妨各司其職，互爲奧援，共同促進「嚴土熟生」的大乘理想。筆者早年嚴詞批評慈濟，近年卻一改既往風格而讚歎慈濟，外人不知其所以然。其實慈濟與筆者的政教互動模式都沒有改變，改變的是筆者近年來對政教互動模式「各有特長，也各有瓶頸」的前述體會。

（三）「護教」二例舉隅

前節主要是談論「護生」立場的政教份際。本節再談「護教」立場的政教份際，並舉「佛誕放假運動」爲例，俾讀者理解：在民主社會中，爲了挽回劣勢，爭取公平待遇，佛教不妨採取何種政教互動的做法。

解嚴以前，台灣雖有宗教自由，卻由於政治領導人本身有基督宗教的信仰傾向，這使得基督宗教少數心胸狹隘的教徒，常不免借助政治力量，暗中打壓本土宗教。解嚴之初，西方宗教雖然是台灣人口的極少數，卻依然在台灣政壇佔有舉足輕重的地位，因此暗中打壓佛教的情況，仍未能完全改善。發生在一九九四年的台北大安森林公園「觀音像事件」與發生在一九九九年的「佛誕放假運動」，即為兩項顯例。

一、觀音像事件

一九九三年，座落於公園南側的基督教靈糧堂，將公園中矗立著的一尊「祈安觀音」銅像，視同「魔鬼撒旦」，因此聯合各教派神職與信徒共同簽署，並運用基督徒在政壇上的鉅大勢力，施壓台北市政府，硬將這尊名藝術家楊英風先生所造，饒富藝術氣息的「祈安觀音」，抹黑為「違建」，必欲除之而後快。偏激份子甚至趁夜黑風高時分，用糞尿與硫酸潑灑觀音聖像。當初主導造像的明光法師，幾經努力爭取轉寰而無效，一九九四年初，終於轉而求助於筆者。

筆者瞭解內情之後，乃基於義憤而全力投入，一方面到處奔走，說服教界大老、法師與信眾支持，用以制衡對方所營造出來的民意壓力，另一方面則與瞿海源、林本炫等諸贊同拆像之學者，以及對方的狂熱教徒，於各媒體與台北市議會所舉行的公聽會上唇箭舌槍，見招拆招，力破種種「拆像有理」之謬論，用以挽回媒體劣勢，這樣努力下來，終於贏得了廣大教眾的認同與廣大民眾的同情。

無奈基督宗教在政界的勢力過於龐大，因此市政府在權衡之下，決定犧牲雖人數眾多但卻力量鬆散的佛教。一九九四年三月中旬，驚聞觀音像拆遷在即，筆者乃與立法委員林正杰先生，於三月十九日起，聯手在公園外的紅磚道上絕食、靜坐、護觀音，以此行動感召到佛教界與社會各界「沛然莫之能禦」的支持力量，「祈安觀音」因此化險爲夷，長存於公園之中，成爲台北市大安區的一座地標。[24]

回想當日，由瞿海源所倡議的「公共場所不得有宗教象徵物」之論甚囂塵上，連板橋石雕公園原擬安置觀音像之石雕，都因眼見「祈安觀音」惹來的麻煩而喊停。筆者則戲笑怒罵，揚言將一一清算外來宗教在公共領域所享有的種種特權（包括耶誕放假，後詳），這使得對手心存顧忌，不爲已甚。最後終於保住了「祈安觀音」，於是「公共場所不得有宗教象徵物」的訴求，未能形成慣例，否則其他各處公園、道路的釋迦、觀音、地藏聖像，都將無法倖免於遭到破壞、拆遷的巨大災難。

二、佛誕放假運動

五十多年前，天主教的于斌樞機主教建議「聖誕節應予放假」，[25]這顯然是透過政治力量

---

24 「護觀音運動」的始末，詳見釋昭慧：《悲情觀音》（台北：法界出版社，一九九五初版），茲不贅述。

25 國民政府舉行「行憲國民大會第三次會議」時，天主教的于斌樞機主教有鑑於十二月二十五日聖誕節為普世慶祝的日子，三度發言建議聖誕放假，國民政府乃採納其議，將是日當作「行憲紀念日」（張哲民：

運作「耶誕放假」。但是這種事情有違憲法之宗教平等原則，不能明目張膽地「放水」，以免引來其他宗教的強烈反彈，官方乃迂迴宣佈：十二月二十五日是「行憲紀念日」（指該日是中華民國正式施行憲法的紀念日），因此放假一天。佛教界領袖當然不服這種變相優惠措施，也曾爭取過「佛誕放假」的對等待遇，爭奈官方總是推說：「涉及宗教平等之考量，怕其他宗教會講話，所以宗教節日一律不准放假。」

迄筆者於一九九九年初發起「佛誕放假運動」，並草擬文宣指出：全世界從來就沒有因行憲而放假的先例。說穿了，此一假日，不過是政府變相獨厚基督宗教之舉，與現代國家「宗教平等」的精神背道而馳。更何況基督宗教在台人口只佔極少數，卻享有特殊優惠，而本土性宗教，特別是號稱「人數近千萬」的佛教（佛與道混合教），反而沒有一個宗教假日，因此依「宗教平等」之原則，請政府比照亞洲各國，宣佈「佛誕日」（國曆四月初八日）放假一天。

全國佛教領袖、法師、信眾熱烈響應，各界公正人士亦盛情相挺。筆者並請時爲總統候選人的陳水扁先生簽署，沈智慧則請另一總統候選人宋楚瑜先生連署，這讓時爲副總統兼總統候

〈聖誕節與行憲紀念日〉，http://www.fxsh.tyc.edu.tw/fxsh08/images/7-31.htm）。一九六三年（民國五十二年），行政院正式決定以每年十二月二十五日為行憲紀念日。故推算起來，于斌樞機主教之建議，應是在一九五一年。

選人的連戰先生，產生了極大的民意壓力。策略的成功，再加上半年來的努力，終於在六月二十二日上午十時，讓沈智慧委員「將佛誕訂爲國定紀念日」的提案，在立法院獲得順利通過。佛誕放假運動至此告一段落，雖未能百分之百達到預期目標（因爲依然是耶誕獨享放假特權），但差堪告慰的是：一、藉著本次運動提醒了民眾，要注意節日背後所隱涵的政治力量，以及宗教特權的荒謬性。二、爲本土宗教開創了宗教紀念日的範例，爾後本土有歷史性之宗教都可循例爭取權益（道教會即在翌年，爭取農曆正月初一爲道教節）。

待到二〇〇〇年八月間，行政院發佈「擬於明年起全面實施周休二日」之消息，中國時報於八月十五日登載：行政院已初步同意，由於行憲紀念日也是耶誕節，唐飛院長認爲應再行評估云云。筆者見報乃立即致函唐院長，表達「對耶誕放不放假，並無異議，並且樂見其成，但對於佛誕放假，則一直念茲在茲」的基本立場，請唐飛於宣告耶誕放假之同時，亦宣告農曆四月初八之佛誕放假一天，以符「宗教平等」之憲法精神，以符台灣廣大民心之所欲。

筆者在發函的同時，復請中國佛教會、中華佛寺協會、佛光會發公函致唐院長表達教會立場，請立委沈智慧向唐院長提出「佛誕放假」之要求。經過這一連串的努力，終於讓行政院下定決心，將二〇〇一年起的行憲紀念日，改爲「只紀念而不放假」。至此，四十八年來獨享放假特權的耶誕日，才終於被迫取消了這項特權。

「觀音像事件」與「佛誕放假運動」，是「人間佛教」政教互動的良好教材，對於民主政治的本質與公共政策的運作，佛弟子必須另有一番拋棄成見的解讀而「大徹大悟」，不宜再執於「無條件政黨認同」與「無條件中立超然」之兩邊，而須無私地善觀因緣，掌握佛教主體性——即護教與護生——的中道理想。

八、「人間佛教」與四眾倫理

面對佛教傳統中根深蒂固的男性沙文主義與僧伽本位主義，「人間佛教」是否只能維持「妥協」的局面，以求取相安無事？還是願意跨出步伐，本諸佛法的清淨意念、仁愛情懷與平等精神，來建構一個性別平等、僧信平等、四眾互助共事的菩薩教團？這是人間佛教內部的重大挑戰。在本節中，筆者將分別論述「人間佛教」在性別議題與僧俗關係這兩方面的理念與行動。

（一）性別平等運動

佛教成長於社會，也無法自外於社會，當然要面對社會價值觀的種種挑戰。此中最為艱鉅的挑戰，莫過於「抗拒性別歧視」。性別歧視已滲入了文化、生活、心靈的每一個層面，因此女性主義者西蒙波娃（Simone de Beauvoir，一九〇八—一九八六）曾在其名著《第二性》的導論中說：「在其他的己／他關係中，人人皆知己／他是相互的認定，性別之間的己／他關係卻有所不同。第一、種族或階級的壓迫都具備特定的歷史條件，而且有時會情勢翻轉。女人則一向受制於男人，從無例外。其次，女人還將男人異化女人的觀點內化，認同男尊女卑。」[26]性別壓迫，顯然是所有各種壓迫中最本質性也最嚴重的壓迫。

社會上的性別歧視已如上述之嚴重，宗教中的性別歧視，則復猶有過之，而且幾乎無從解套。原來，傳統社會的性別歧視，在各大宗教中，都藉諸經教的權威，做徹底的洗腦，而牢固盤踞在教徒的心靈深處。時至今日，世界潮流都已有了性別平等的共識，宗教反倒成爲性別歧視最爲頑強堅固的堡壘。「人間佛教」既然回應普世價值，當然要責無旁貸地面對種種歧視女性之佛教陋規，特別是男尊女卑的八條法規——「八敬法」。

「人間佛教」在筆者之前，不是從未有過性別平等的公允之論。例如：印順導師針對佛教中的性別歧視現象，就曾率先於相關著作之中，依於綿密的學理辯證，而發出正義之聲，其所著《佛法概論》並直指陳：

26 見鄭至慧：〈存在主義女性主義〉，收錄於顧燕翎所主編之《女性主義理論與流派》，台北：女書文化，二〇〇〇年九月二十日再版，頁九六—九七。

「二千多年的佛法，一直在男眾手裡，不能發揚佛法的男女平等精神，不能扶助女眾，提高女眾，反而多少傾向于重男輕女，甚至鄙棄女眾，厭惡女眾，以為女眾不可教，這實在是對于佛法的歪曲！」[27]

「人間佛教」另一指標性教團佛光山，其領導人星雲大師則強調，沒有比丘尼就沒有佛光山。在他的開明領導之下，佛光山的僧團制度也明顯地保障兩性的對等合作，將「八敬法」束之高閣（與台灣的「凍省而不廢省」有異曲同工之妙）。

但由於男性沙文意識挾經教之權威性，比丘尼又多受「修道人不必計較」的論調催眠，這使得佛教界早該進行的性別平等運動，遲緩不前。連以「比丘尼質精量多」而舉世聞名的台灣，亦不例外。

有鑑於此，筆者乃於二〇〇一年三月間，發起了顛覆男尊女卑觀念的「廢除八敬法運動」，指證歧視女性之制度與言論並非「佛說」，以此瓦解性別歧視者的心防。這可說是站在「佛教尼眾史」的分水嶺上，掀開了佛教史上嶄新的一頁。

這場運動的遠因是：約自一九九二年起，有些關起山門做皇帝的比丘，陸續匿名撰稿於強

---

27 印順導師：《佛法概論》，頁一七三——一七四。

烈「比丘優越主義」的《僧伽雜誌》之中，要求尼眾遵行「八敬法」（佛門男尊女卑法），並要求尼眾「背誦女人八十四種醜態」、「表演八十四態」，以各種方法加強「男尊女卑」的意識型態教育，引起許多尼眾的強烈自卑感。爲了避免比丘尼讀者被單方面的謊言「洗腦」，筆者乃陸續展開凌厲的言論反擊，並把握許多講學或寫作的機會，利用學理分析或文獻解讀的方式，在佛教界公開地著書立說以「解構男性沙文主義」，俾喚起比丘尼的女性自覺。

在「無明我慢」作祟而又「近親相嫉」的人性微妙心理作祟下，「男女平等」這個在佛法的「眾生平等」前提下再簡單不過的邏輯，在現實環境中，卻受到一連串嚴酷的考驗，而且是自佛陀時代以迄於今；在歷代典籍論述中，殘留下了鮮明而不合邏輯，但又影響深遠的「男性沙文主義」遺痕。

「八敬法」，是八則男尊女卑法，它扭曲了佛門健康的兩性關係，讓許多比丘尼自覺「矮了比丘一截」，而萌生了極大的自卑感；它已成爲比丘對比丘尼可以隨時祭起的緊箍咒。「八敬法」更讓許多比丘沉淪在「法定的優越感」中，無法長進。他們既放不下身段以向卓越比丘尼（或沙彌尼）學法，更無法以正常的長幼倫理來面對長老尼，自卑與自大交綜，嫉妒與驕慢滋長。顯而易見地，「八敬法」讓出家二眾都成了修道上的「輸家」。

而台灣佛教自國府遷台以來，在老一代佛教領袖們開明作風的呵護下，一向有僧尼互敬互信的良好傳統。但不幸的是，一些年輕出家的比丘卻打破了這種均勢，熱切展開了「男尊女卑」的「洗腦」教育，讓許多女眾因此種不人道教育之自我暗示而心理全盤繳械，甚至進而成爲「推廣男尊女卑觀念」的幫凶。這股「反智」逆流，已讓台灣佛教男女平等的良好傳統，受到極大的挑戰！

他們結合中國大陸部分歧視比丘尼的佛教保守力量，變本加厲，利用少數奴性較強之比丘尼作爲共犯，透過戒場與佛學院系統，做神不知鬼不覺的「洗腦」工作。這種不人道的洗腦教育業已產生後遺症。海峽兩岸之佛教，於近年來有變本加厲地要求女眾「奉行八敬法」的傾向。台灣月眉山靈泉禪寺在二〇〇〇年開戒之時，竟有以「奉行八敬法」自詡的比丘尼引贊法師，要求傳戒的大德長老尼「頂禮新受戒比丘」，令長老尼們至爲憤怒。

種種兩性關係漸趨惡劣的形勢，是促使筆者用霹靂手段點燃「八敬法非佛說」引信的導火線。筆者衡量重輕，認爲：要解構佛門男性沙文意識，一定要先從制度面下手，因此發起了震撼舉世佛教的「廢除八敬法」運動。

二〇〇一年三月三十一日，弘誓文教基金會在中研院舉行的「人間佛教，薪火相傳」研討會，於開幕典禮中進行「宣告廢除佛門兩性不平等條約」儀式，由筆者發表「當代大愛道的二次革命——廢除八敬法宣言」。由於佛教第一位比丘尼大愛道，就曾質疑過八敬法的正當性，認為僧尼應依加入僧團的資歷來論禮數，所以筆者略帶嘲弄的態度，將這次的運動，定位為「當代大愛道的二次革命」。當日，筆者並邀請八位僧信四眾弟子，一起來進行歷史性的、世界性的首創之舉——撕揭八敬法條文，以象徵開明的四眾弟子共同廢除八敬法。

筆者之所以力主推翻「八敬法」，一來基於護法之熱忱，實不忍見保守封建的佛教，被重視「兩性平等」的世界潮流之所唾棄；二來亦不忍見仁慈平等的佛陀，因「八敬法是佛制」之論，而平添世人對他的誤解與惡感。三來更不忍見佛門兩性都因這一非人性、不公義的「男性優惠條款」而扭曲心性，形成「雙輸」局面。故以嚴密辯證，論「八敬法非佛說」。是可謂為「人間佛教」行者「回應普世價值，引領社會進步」之一念愚誠。

然而在男性沙文意識充斥的保守佛教社會裡，這不啻是翻江倒海的大地震，筆者因此也就必然要面對一波波凶狠、惡毒的反擊與中傷。連一向同情女眾，倡言性別平等，而對八敬法之真實性作過質疑的印順導師，都在耄耋之年被迫站出來表態，於覆中國佛教會之代筆函中，說出「八敬法是佛制」這種否定自身研究成果的話。[28]

這種分化師生感情的一石二鳥之計，還只是「批昭三部曲」中的第一部。其次，中佛會部

---

[28] 中佛會致印順導師函，與他人代筆之導師覆函，見《弘誓雙月刊》第五十二期，桃園：弘誓文教基金會，二〇〇一年八月，頁六一—七。

分人士已運作要將筆者「開除僧籍」。最後，連極力邀請筆者加入的中華佛教比丘尼協進會，竟也有部分核心人士，運作要將筆者「開除會籍」，讓原本即對入會「興趣闕如」，不忍拂逆長老尼好意而勉強入會的筆者，不免啼笑皆非。

筆者一向笑罵由人，寵辱不驚，但是爲了不讓有心響應佛門性別平等運動之比丘尼，見筆者被批鬥之「悲慘下場」而畏怯、卻步，爲了不讓佛門女性運動被這些暗流之所擊倒，筆者當然不能讓任何一部曲的詭計得逞。於是筆者乃昂然唇箭舌槍，強硬駁斥來自教界的種種謬論，並且針對「開除僧籍」之風聲，公開警告藏在暗處的對手，請他們審慎評估迫害筆者所要付出的沉重代價：

「一來筆者並未犯及波羅夷，依律任一僧團或教會無權將筆者『開除僧籍』，開除了也無損於筆者作為一位修道人的正當性。二來，那肯定是會讓台灣佛教付出重大代價的。因為還有許多『犯波羅夷』而罪證明確的個案，都被某佛教會『睜一眼閉一眼』放過，而置哀哀求告的受害者於不顧。那些個案，肯定會因『一位未犯波羅夷的比丘尼遭到迫害』，而被一一提出質疑。到時節，只怕風暴所席捲的不是筆者，而是經不起社會質疑其『藏垢納污』的某佛教會吧！」[29]

佛門醜聞，竟然讓教會人士對筆者投鼠忌器，成了讓筆者倖免於難的一大助力，想來還真是令人啼笑皆非！

這樣凌厲地一一接招之後，才讓一股「山雨欲來」的批鬥氣燄重挫。無論如何，這場佛門兩性的角力，大體上還算是成功地達成了筆者所預期的「震撼教育」效果。江燦騰教授以「告別傳統——迎接佛教兩性平權的新世紀」來爲世紀初的佛門大震撼，作了精準的定位：

「此一漢傳佛教千年來前所未有的大膽革新舉動，當時除了立刻獲得台灣社會各方輿論的普遍肯定之外，也使台灣現代比丘尼呼籲佛教兩性平權的偉大訴求，不但直接強烈衝擊著二度來訪的達賴喇嘛，使其不得不立刻回應（儘管仍躲躲閃閃）此一具有普世人權價值的理性專業訴求，其後也連帶衝擊到台灣傳統的佛教界和亞洲其他地區的佛教界，並且儘管彼等的回應方式頗不一致，甚至連世界華僧內部的共識也遲遲未能

---

29 釋昭慧：〈又見佛門新咒語〉，《弘誓雙月刊》第五十二期，桃園：弘誓文教基金會，二〇〇一年八月，頁五。

達成，但台灣佛教現代比丘尼的專業水準之高，及其能倡導亞洲佛教兩性平權新思維的睿智遠見，已堪稱為百年所僅見的世紀大手筆。」[30]

差堪欣慰的是：台灣佛教的女眾處境，自此有了微妙的轉變。例如：許多大男人主義比丘終於收斂了他們「高高在上」的身段，不敢再堂而皇之接受長老尼的頂禮，還有，二〇〇二年中國佛教會改選，終於打破了不成文的禁忌，出現了比丘尼擔任常務理事與秘書長的新局面。當年揚言「開除僧籍」的中佛會也「風水輪流轉」，在同年十一月二十二日上午舉行第十四、十五屆新舊任理事長暨理監事交接典禮時，一向開明的新任理事長淨良長老，竟然邀筆者代表比丘尼，以中華佛寺協會常務理事的名義致詞。筆者乃於致詞時幽默地說：

「中佛會的重大會議竟然安排『比丘尼致詞』，跨上這個講台雖然只是我的一小步，卻是佛教比丘尼史上的一大步，意義非比尋常。……衷心希望：未來有一天，中國佛教會能出現一位比丘尼理事長！」[31]

---

30 江燦騰：〈告別傳統——迎接佛教兩性平權的新世紀〉，《弘誓雙月刊》第五二期，桃園：弘誓文教基金會，二〇〇一年八月，頁一—二。

31 忘言：〈期待中佛會出現比丘尼理事長〉，《弘誓雙月刊》第五十四期，桃園：弘誓文教基金會，二〇〇一年十二月，頁二九。

台灣佛教的性別平等運動，成了普世佛教的先行者，不但受到台灣社會的普遍支持，而且也贏得國際佛教界、學術界與女運界的重視。這正是「人間佛教」回應普世價值，引領時代思潮的又一有力見證。[32]

（二）倡言「僧俗平等」論

「僧尊俗卑」還是「僧俗平等」，這又是佛門中的一大倫理爭議。

一九二七年，支那內學院創辦人歐陽竟無居士，提出凡諸「居士非僧類、非三乘、非福田、非師範、不應說法、不應閱戒，比丘不可就居士學、絕對不禮拜、不可與居士敘次」等傳統說法，皆是有違經義的謬論。[33]此一說法，引起了太虛大師的不滿，曾發表〈與竟無居士論作師〉一文以駁之。[34]

32 有關佛門女性運動的學理辯證與奮鬥經過，詳見釋昭慧：《千載沉吟──新世紀的佛教女性思維》（台北：二〇〇二，法界出版社），以及〈新世紀的佛門女性運動──當代比丘尼抗拒不平等條約的「台灣經驗」〉，（發表於第七屆國際佛教婦女大會（Sakya-Dhitta），二〇〇二年七月十二日，台北：華梵大學國際會議廳），內容極其豐富。為節篇幅，茲不贅引。

33 歐陽漸：〈支那內學院院訓釋──上篇〉，《內學年刊》，第三輯，（台北：鼎文書局，民國六四年四月初版），頁六四六。

34 太虛大師：〈與竟無居士論作師〉《海潮音》，第八卷第八期，民國十六年九月，頁三〇─三八。

一、建設在家佛教的方針

倡導「人間佛教」的印順導師，當然讀過雙方交鋒的文章。他並沒有立即加入論爭，但在二十六年之後的一九五三年間，卻寫下了迄受居士佛教推崇的〈建設在家佛教的方針〉一文，以極正面的態度看待居士佛教的發展，甚至寄「佛教復興」之厚望於居士佛教。他在該文之中劈頭就說：

「復興中國佛教，說起來千頭萬緒，然我們始終以為：應該著重於青年的佛教，知識界的佛教，在家的佛教。……在這三點中，在家的佛教更為重要。」（《教制教典與教學》頁八二）

他指出，在家佛教的發展，決非是佛教的衰落，反而是佛教復興的契機：

「中國佛教的前途，我們熱烈的寄望於在家佛教的發展！」（《教制教典與教學》頁九三）

無論是站在任何立場來加以檢驗，他都認爲僧俗平等：

「大乘佛教，在家菩薩比起出家菩薩來，無疑的佔有更重要的一席。佛教不但是出家人的，信仰、修學、證得，無論從那一點去看，出家與在家，可說是完全平等。」（《教制教典與教學》頁八二）

通篇之中，他從教典、古代歷史與近代事實雙向考察，舉《阿含經》的質多長者、大乘經的維摩詰居士、勝鬘夫人，古印度的勝軍論師，近代中國的楊仁山、歐陽漸與錫蘭的達磨波羅長者等諸大德居士爲例，認爲在家佛弟子當然亦能弘揚佛法，主持佛教。正信正見的大心居士，出家眾不應反對他。針對「白衣上座」會導致出家佛教衰弱的疑慮，印順導師也明理地表示：

「如在家佛教發展，而出家佛教衰落到無法存在，這不是別的，問題在出家眾本身的沒落，自身不能適應時代而發揚佛教。如出家眾自身健全，深入佛法而適應眾生，那一定會與在家佛教攜手並進。而且在佛教中，始終會居於領導地位的。」（《教制教典與教學》頁九〇──九一）

想來導師「在佛教中，始終會居於領導地位」之言，應是善意安撫那些擔心「領導權旁落」的出家眾。事實上，類似「出家眾或在家眾，誰應居於領導地位」的爭執，在筆者來看，都夾雜著某種程度的競勝心或虛榮心。倘若將弘法事業當作報三寶恩與眾生恩的義務，僧俗二眾只應想到「適才適所」，大可不必計較是誰居於領導地位。

筆者發現，「大男人主義」也好，「比丘中心主義」也好，其實都是深重的「慢」煩惱，是一種驕慢的階級意識。具足這種心態的比丘，對付比丘尼，就祭出不平等條約的「八敬法」；對付下座，就端出「戒臘」的利器；對付沙彌與居士，就擺明似是而非的「僧事僧決」論。對象不同，驕慢的心態是「吾道一以貫之」的。

因此繼印順導師的「僧俗平等」主張，筆者乃進一步針對「僧事僧決」或「白衣不得研律」之類說詞，予以駁斥。

二、「僧事僧決」新詮

原來律典規定：出家眾在作法羯磨（開會）的時候要清場，不但白衣不能參加，連未受大戒的沙彌、沙彌尼亦應離席，這就是所謂的「僧事僧決」。

筆者認為，某些場合，特別是布薩的時候，不但要誦戒，而且在誦戒之先，還要有舉罪或發露過失的內部檢討會。這樣的場合，如果在家眾或是沙彌、沙彌尼在場，他們既不必盡義務接受戒律規範，卻有權利在旁邊作壁上觀，說長道短，這對於在場被舉罪或發露過失而求懺悔的比丘僧尼而言，當然是很不公平的。因此羯磨清場的規定，讓義務與權利對等，這是有其公正性原理的。

即使將「非成員清場」的僧尼自尊保護政策，上綱爲成員共同決策的所謂「僧事僧決」，筆者依然認爲，這只是「權利義務對等」的社團基本常識，而不是爲了彰顯僧尼的「特權」或「地位」。不祇在佛教僧伽中如此，一般團體正常的運作也是如此。正常情況之下，每一團體內部事務，本就應由每一團體的內部成員來共同決策——也許是用代議制，也許是用全體成員直接民主的制度。

然而出家人還是應該接納居士或外界的諍言，即使有人批評，也應抱持「有則改之，無則嘉勉」的態度，而不宜曲解「僧事僧決」的原意，以它爲擋箭牌，堵塞善諫之門，杜絕居士或社會人士的悠悠之口，或是用以抬高自己的地位。[35]

三、平議「居士研律」

[35] 類此言論，最早出現在筆者一九九〇年十一月一九日於福嚴佛學院的《妙雲集》課堂教學上，見釋昭慧：〈學佛旨趣（下）〉，《妙雲集導讀》（十八），《妙心雜誌》第七四期，二〇〇三年三月出版，「妙心全球資訊網」（http://www.mst.org.tw/）。一九九五年，筆者於嘉義彌陀寺為安居僧講戒，復提及此一觀念，嗣後何倩華整理，筆者修訂，而正式發表〈「僧事僧決」新詮〉一文（莊淑惠記錄整理），刊於釋昭慧：《鳥入青雲倦亦飛》（台北：法界出版社，一九九六）一書之中（頁二九—三五）。

同樣的，針對「白衣（或沙彌、沙彌尼）不得研律」之說，筆者亦曾撰爲〈沙彌尼學戒不構成「戒障」辨〉一文，認爲這種說法找不到律典上的證據。

而且根據律典的記載，以及筆者在學團中實際領眾的經驗，筆者以爲：沙彌（尼）乃至未出家的學法女，以一修道見習生的身份，踏入道場，就要學習比丘（尼）所應具足的種種規戒，而不能以爲只須持好六戒、十戒即可，否則豈不是形同「一國兩制」？倘若沒有長期養成持種種戒的生活習慣，一旦受戒，臨時又哪裡可能記得起這許多戒相？一旦毀犯，即須定罪，那豈不是「不教而殺謂之虐」嗎？

有許多出家人，不願讓居士研律，認爲一旦居士知悉了具足戒法的全盤內容，也許就會看不起比丘（尼）。筆者反倒是認爲，居士如果能了解毗尼規範與制戒原委，才會真正知道凡夫僧的生活方式，而不會把比丘視同「聖人」，做出不切實際的要求，訂出莫名奇妙的高標準。

進以言之，如果律師本身都將僧尼戒律，詮釋成幾乎只有聖人纔可以持守的一門高難度功課，那當然難怪居士會拿這樣的標準來看輕僧尼。實則「戒法」是生活的一部份，講戒講到每個比丘（尼）都自認爲持守不住，只好隱瞞戒法內容，以免遭致輕慢譏嫌，這必然是詮釋的方法出了問題。

依筆者之研究，戒經所舉戒法，除了「不非時食」與「不持金銀」等少數戒法，在此時此地的佛教普遍開緣（破例）之外，其他都可以透過詮釋以把握其精神，運用於僧伽生活之中。而開緣的部分，也大可以開誠佈公，客觀地分析其開緣原因，以及現時代所能因應的最好方式。

因此筆者曾著專文，坦然勸誡僧尼：

「千萬不要以為：人家知道了會譏嫌，所以索性不讓人知道。我們做不好，而把人家眼睛蓋住，不讓人家來取笑我們，這是什麼心態！作為世間的君子者，尚且要能不『文過飾非』，修道人更是不要把自己的過錯覆藏起來，才會有自新的機會。

「更何況，要令人不知，在技術上也無有可能，因為，喜輕慢人者，哪會待到全部戒法內容都知道了，才產生對僧伽的慢心？爛蘋果吃了一口也知道它是爛的，還要整顆啃下去才恍然頓知其爛嗎？君不見，那些數落我們『人人破戒』的門外漢，但舉沙彌戒中的不非時食與不持金銀戒，就已嫌死我們了！那沙彌戒如此公開化，你能叫他們連沙彌戒也不准知曉嗎？」

「『行有不得，則反求諸己。』作為居士者固不宜養成『慢僧』惡習，做為僧尼的我們，也還是要平實面對持戒的諸般疑義，而尋求合法合律的解釋，不宜以「戒障」為面對小眾的護身符。」[36]

四、「新婆羅門族」借屍還魂

回顧兩千六百年前，佛陀在婆羅門教已爲「顯學」，而且等同於「國教」的氛圍之中，毅然提出「四姓平等」的革命性言論，拒絕接受諸如「婆羅門至上」之類的《梵書》成說，並以身作則地創立了「四姓平等」而依入僧受戒先後序次的教團，這原是一項宗教史上的大突破。

在自然情況之下，信眾源於對佛法與修道人的敬信之心，難免是會尊崇比丘（尼）的。詎料自發性的禮儀，久而久之形成慣例，繼而被比丘們定格而爲制度，並予以擴大解釋，於是以「僧事僧決」或「白衣不得研律」之類說詞，極盡所能地高抬僧人的地位。又復動輒將居士弘法，鄙爲「白衣上座」，儼然將承挑如來家業，視同僧人獨擁的禁臠或特權（而非報答三寶、護念眾生的義務）。筆者以此不免浩歎：這些倡言「僧尊俗卑」（或「男尊女卑」）論的比丘，

36 以上有關「居士研律」之觀點以及三則引文，詳見釋昭慧：〈沙彌尼學戒不構成「戒障」辨〉，《鳥入青雲倦亦飛》，台北：法界出版社，一九九六，頁三七—四八。

實無異是借屍還魂的「新婆羅門族」。

九、發乎論諍而止乎「無諍」

本（二〇〇五）年八月間，筆者應禪林法師之邀，爲其在圓光佛學研究所的畢業論文《心淨與國土淨：印順導師與當代人間佛教的大辯論》寫一篇序文[37]，提爲〈發乎論諍而止乎「無諍」〉，回顧當代台灣佛教中，以印順導師「人間佛教」思想爲軸心的「人間佛教」相關論諍。

（一）基本態度的六大差異

在這一連串的論諍之中，主動或被動加入論局的作者群，廣及兩岸（當然還是以台灣爲主）的教界與學界，其學習背景大都以漢傳佛教爲主，間亦有認同藏傳或南傳佛教者。議題內容加上作者陣容，使得該諸論諍，廣受教界與學界矚目。

除去誇大的、不實的、情緒性的、枝節瑣碎的論議內容不談，總的來說，當代台灣（乃至

37 該篇序文已刊於《弘誓雙月刊》第七十七期，桃園：弘誓文教基金會，二〇〇五年十月，頁十九—二十三，全文大都已摘入本論文中

海峽兩岸）的「人間佛教」相關論諍，主要來自「批印」與「尊印」兩造之間基本態度的六大差異：

一、長於「辨異」與長於「融貫」的學問性格差異[38]。

二、「不爲民族情感所拘蔽」[39]而直探佛陀本懷，與帶有民族情感而尊崇中國佛學傳統的差異。

三、「不爲一宗一派之徒裔」[40]與徒裔之間學派本位或宗派本位的差異。

四、出自佛法理解之不同，而有大乘三系（特別是性空唯名與真常唯心）思想孰優、孰先之看法的差異。

五、出自佛法實踐的信念，而有「此世」、「他方」、「出世」、「入世」見解的差異。

六、同樣是贊成「入世關懷」，但仍因行事風格不同，而有「心淨」與「國土淨」之間孰

---

38 印順導師於〈我懷念大師〉一文中比較太虛大師與自己學問性格之差異云：「大師不拘於一宗派，不拘於一文系，在不失中國佛學傳統下，融貫一切。……我雖然也覺得：『離精嚴無貫攝，離貫攝無精嚴』，而其實長於辨異。」（《華雨香雲》，頁三〇三）

39 印順導師著：〈《說一切有部為主的論書與論師之研究》序〉，頁四。

40 印順導師曾於〈福嚴閒話〉中提及：「我們虛大師曾這樣對人說：『我不為一宗一派之徒裔』。」《教制教典與教學》，頁二二一。他自己也說：「我不屬於宗派徒裔。」〈《說一切有部為主的論書與論師之研究》序〉，頁四。

優或孰先，以及是否介入法律或政策層面的見解差異。

這些論諍，留下了豐富的書籍與論文資料，不勞筆者一一介紹。而筆者一向認同印順導師本諸「緣起、性空、中道」義的大乘佛教理想，十餘年來針對「批印」文章，已撰寫過不少論文乃至專書；[41]而諸如「印老不重視修行」或「人間佛教導致佛教庸俗化」之類的不實指控，性廣法師、林建德居士與筆者也早已一一反駁，毋庸在此叨述。

既然論諍之所從生，涉及前述六項根源性的差異，因此筆者嘗試發掘這一場又一場論諍裡，理性思擇深層所潛伏的情感因素，並試著從諍論的根源出發，從而探索一條發乎論諍而止乎「無諍」的坦途。

（二）真理未必「愈辯愈明」

「信為欲依，欲為勤依」。[42]佛法信念的成形，對信行人而言，可能來自對佛陀、明師或善知識真誠信任的情感，乃至對爐香經梵、暮鼓晨鐘的清淨莊嚴，所產生的嚮往之情；但對法

---

[41] 但針對程度太差的「批印」文章，除非其發表在普及性高的重要刊物，會有誤導讀者之嫌，筆者不得不摘要回應之外，其他則一概置之不理，以免「上駟對下駟」，浪費寶貴光陰。

[42] 窺基：《成唯識論述記》卷第六本（大正四三，頁四三三下）。

行人而言，信念主要還是來自對經教或律制的理性抉擇。然而即使是法行人，一旦依理性而抉擇的信念成形，就很難不對自己所抉擇的內容，產生深切的情感認同，此所以「信為欲依」。一旦情感認同出現，人就可以發為堅韌的意志力，為這樣或那樣的信念而奮鬥不懈，甚且無怨無悔，死生以之，此所以「欲為勤依」。

因此，依論諍在檯面上的內容而言，這是教界與學界不同立場、不同信念的人，依理性而互作腦力激盪的精彩過程；然而就論諍在檯面下的暗流而言，它蘊藏著一股又一股不容小覷的感情力道。情有所鍾的族群認同、宗派認同、師門認同、信念認同乃至實踐模式之認同，再加上論辯過程中勝負爭競的無形壓力，使得依於理性所架構出來的觀念平台，很難出現冷靜平和的「無諍之辯」。

體會及此，就能警覺：真理未必「愈辯愈明」，反而經常淪喪在辯論過程中，失落在入主出奴、黨同伐異、逞強鬥勝、（給對方）穿小鞋、戴小帽、貼標籤的高亢情緒裡。

（三）對立往往是對話的開始

筆者十餘年來，主動引發或被動參與的論諍實在不少，本書所涉「人間佛教論諍」只是其中之一。被動參與的部分姑置不論，許多時候，筆者主動引發的一場論諍，往往意味著一場觀念角力或現狀改革的社會運動。有的是佛教內部的議題（如發起教內之性別平等運動），有的是佛教與社會互動的議題（如佛誕放假運動），有的則是社會議題（如動物保護與反賭博合法化運動），其涵蓋面不可謂不廣。積十數年之論諍經驗，不但沒有「江湖走老，膽子走小」，反而以親身經歷，見證著論諍之於推動「人間淨土」理想的積極、正面意義。

筆者常說：「對立往往是對話的開始」，因爲對論兩造，往往會在互相衝擊的「觸痛」之中，易地而處，真正理解對方的「痛者有理」。倘若沒有「對立」的過程，則人們的慣性思考，容易將一切不合情理、不符公義的惡劣現狀（例如：性別歧視、物種歧視、階級歧視、宗教歧視），視作「理所當然」，而無法建立一個除弊興利的「人間淨土」。

所謂「不打不相識」，許多「各自表述」而毫無交集的論議，或是針鋒相對而犀利難當的評議，在當事人的情緒逐漸沉澱之後，或多或少還是可在論諍之中，相互瞭解而自我成長。特別是，假使論諍的同時，雙方常能易地而處，尊重對手，那麼，基於雙方的善意流露，往往還能出現「和解」的曙光。

以筆者與現代禪朋友們的「人間佛教論諍」爲例，在長達十餘年斷斷續續的論辯之後，未必見得改變了彼此的想法與做法，卻因更加瞭解彼此的思考邏輯、行事風格與生命情調，而增進了彼此爲佛法與眾生而攜手合作的道誼，這即是「無諍之辯」的一個良好見證。

（四）入於「無諍三昧」的法門

因此筆者提及「情感因素」，說到理性論辯的局限，這並非鼓勵儱侗含混，不求甚解，演一齣「差不多先生傳」；也並不贊同只問立場與交情，而不計是非與對錯。筆者只是認爲，倘若動機純正，心態健康，則論辯之爲物也，依然可以視作心性觀照的修行，或是社會改革的利器。

在動機方面，必須是爲了追求真相或探索真理，切忌爲名、爲利，爲了權利鬥爭，爲了挾怨報復，或是藉「修理名人」的手法來迅速打響知名度。在心態方面，光是在用詞遣句的技術層面，虛以委蛇地修修補補是不夠的，必須是在理性層面求同存異，充分理解彼此的論述內容與思維脈絡；在情感層面閑邪存誠，拋開勝負較量的爭競心，避免用挑釁、驕狂、尖酸刻薄的詞令來宣洩情緒，並易地而處地尊重對方的情感認同，維護對方的人格尊嚴。

欲期真理「愈辯愈明」，必須以寬厚溫和、推己及人的心境，細膩體貼地尊重對方的情感認同。生命自己會找尋它的出路，即使你認爲自己的看法才是「真理」，也切忌將這個「真理」粗暴地強加到對方身上。倘能如此依於「無我」與「護生」精神而發爲論諍，則諍辯將不再只是唇舌之間的刀光劍影，而會成爲另一種提昇人生境界，入於「無諍三昧」的法門。

可能就是源於這樣的體悟，筆者發現，印順導師越到老來，詞鋒越是溫厚委婉。而且他雖畢生堅持佛法信念，但也堅決地表示：「余學尚自由，不強人以從己。」[43]這正是離於「鬥爭堅固」與「儱侗含混」的二邊，所行出來的論諍中道。

這是一個「和解」與「對話」的時代，信仰上帝的神父、修女與牧師們，都已嘗試伸出友誼之手，與不信上帝的比丘僧尼進行友誼對話，難道說同爲佛弟子，在入世與出世之間，在此世與他方之間，在緣起性空與真常唯心之間，在佛陀本懷與民族情感之間，反倒失去了善意溝通與對話的能力嗎？筆者期待，「人間佛教」的相關論諍，可以沉澱糟粕，提鍊精華，在兼顧理性思擇與情感認同的反思之中，透過真誠對話而出現「和解」的曙光！

十、千山競秀的「人間佛教」

（一）但求真理而不執己見

二〇〇四年四月二十四、二十五日，在佛教與社會各界矚目中，佛光、法鼓、慈濟三大團體與弘誓學團共同爲慶祝印順導師百歲嵩壽，舉行海峽兩岸「印順長老與人間佛教」學術研討會。筆者於該次會議上，發表長達二萬餘字的論文，〈「三乘究竟」與「一乘究竟」——兼論

---

43 印順導師著：〈序佛教時論集〉，《華雨香雲》，頁二五三。

印順導師由緣起性空論以證成「一乘究竟」的可能性〉，針對印順導師的「一乘究竟」論，表達不同的看法，認為單憑「緣起性空」理論，推演不出「一切眾生類，究竟得成佛」的答案，成佛只有「可能性」而無「必然性」，若要證成成佛之必然性，那麼，不是回到「真常唯心論」，就是推出「佛壽無量」的理想佛陀觀，而這兩者都不是導師所能贊同的。

同年五月十七日，筆者復至慈濟大學演講，乘便至靜思精舍向導師禮座。見導師座旁就擺著本次祝壽研討會論文集，顯然導師這段時日有在閱讀該書。因此筆者順為問及導師對於拙作〈三乘究竟與一乘究竟〉的意見，導師竟然莞爾而言：「有道理！」

導師對於筆者的異議，不但不以為忤，竟還作如是答，這種但求真理而不執己見的器度，真是令人感動！筆者二十餘年親炙師門，接受他老人家的呵護提攜，深深領略其「學尚自由，不強人以從己」的人格典範，以及他忍受後學小子胡言亂語的大度寬容，以此自由無礙的心靈，悠遊於學林法海之中，真是生平最大幸事！

（二）「無我」特質的慈濟志行

當日筆者至慈濟大學演講，會後至靜思精舍向導師與證嚴法師禮座，沿途德傅法師（證嚴法師高足，也是慈大宗研所研究生）向筆者詢及一個問題：

「我本來以爲師公（指導師）與師父（指證嚴法師）的思想是一樣的，但後來研究發現，兩人思想確有不同，師公的思想以『緣起性空』爲主軸，但師父是傾向『真常唯心』的。請問法師對於慈濟的看法如何？」

筆者以前述基本態度回答她（大意如此）：

我在《佛教規範倫理學》中，對「真常唯心思想」提出的看法是，它與「上帝」信仰一般，無法透過經驗以檢證之，也無法透過理性以驗證之，所以只能訴諸信仰與想像，因此必須面對「信者恆信，不信者恆不信」的問題。

然而長期在宗教圈中觀察發現，思想固然影響信念，但個人的習性會支配其做法，也會自動在各自的系統理論中，尋求其做法的學理依據。因此基督宗教信仰者，無論是主張「屬靈」還是主張「屬世」，都可以在《聖經》中找尋合理的依據，同理，佛教信仰者，無論是「緣起論」還是「真常論」，各自都有隱遁者與入世者，分別在各自的系統理論中，尋求學理依據。

我對證嚴法師的思想並不詳知，但我認爲，依她悲增上的心行，要在真常唯心的系統理論中，尋求「人間佛教」的依據，同樣是有可能的。相對而言，厭離心切的行者，無論嘴裡說的是「緣起」還是「性空」，也總有一套合理化其隱遁獨善之行的說詞。

我認爲，無論慈濟的「人間佛教」，在學理上是否與導師思想相同，可貴的是它把握了佛法的「無我」特質，所以在類似印尼紅溪河整治計劃的國際賑災中，慈濟可以超越族群與宗教意識，不但為印尼貧苦人民建立大愛村，甚至還為他們建立伊斯蘭教堂。

（三）「人間佛教」的菩薩身手

同日傍晚時分，在靜思精舍藥石過後，拜見證嚴法師，提及慈濟賑災近事，筆者乃有感而發，向證嚴法師略述去年八月所發表的拙作〈人間佛教的兩個悖論〉的內容。[44]

原來筆者於該文之中，針對「神聖性」與「世俗性」作一悖論，認為隱遁派將「人間性」與「庸俗性」劃上等號，抨擊「人間佛教」導致台灣佛教的俗化與淺化，標榜他們自己的修證路線才具足所謂的「神聖性」，這完全是背離事實的。

修證原是好事，但一旦以修證來自我標榜，就可能會出現重大問題。原因是「神聖性」一旦成為「賣點」，再益以某些神秘經驗，最能吸納大量的人與錢；而弔詭的是，由於不屑走入「人間」，於是這豐富的人力與財力資源，失去了更具意義的出口，往往就揮霍在富麗龐大的殿堂，窮奢極欲的享受中。長此以往，個人心性與道場風氣，就這樣掉入了淺俗乃至腐化的泥

44 本節所述，採自釋昭慧：〈當代台灣佛教現象的兩個悖論〉，《弘誓雙月刊》第六十四期，二〇〇三年八月，頁六—七。

淖之中，欲振乏力。

相形之下，走入人間、貼近苦難的「人間佛教」教團，即使在攝受群眾的過程中，因爲人力與財力的龐大需求，難免有些「先以欲勾牽」的手法，但總的來說，它們畢竟還是呈現了長江大河的澎湃氣象，縱使難免夾雜大量泥沙而下，但終究不是涓涓細流所可比況的。

特別是無利可圖的奉獻事業，反而較諸標榜「修證」的團體，更能維持它不腐化、不俗化的基礎，以其高遠美好的願景，篤實感人的踐行，而如滾雪球般地感動並攝受了眾多美質的心靈，轉化了眾多頑強駑劣的根性，因此而帶來了佛教總體品質的「向上提昇」。他們的神聖性，正是在他們「無我」以利他的人間性中展現出來的。

要論「神聖」，莫如冠以「佛說」之經文懺儀之神聖，因爲它們的來源是「聖教量」。但其「神聖」一旦成爲賣點，經文懺儀就形成了計場次以訂價位的工具，其「神聖」也正好弔詭地形成了讓佛教滑向「淺俗」的要害。在這方面，「人間佛教」（與淨土宗）移風易俗的重大貢獻值得一提。它們所組成的志工團隊，大幅度地改變了經懺佛教的生態，讓佛教的臨終關懷與告別儀軌，多了莊嚴感人的氣氛，少了強烈的銅臭味。

原來，神聖性的證境，是「自作證、自受用」的，如果被拿來標榜，那麼，無論是化約作圖騰崇拜（如將神聖的教典拿來當作議價式的「經懺」），或引發爲廣大信眾的偶像崇拜（如對神秘僧「神通力」的嚮往），往往都會匯聚大量的人力與財力。這些人力與財力，若因其標榜「自利優先」，而不屑於濟世事行，不願將它發揮在救苦救難的事業上，那麼，稍一不慎，就極有可能用之不當，而導致自己（或自己所屬教派）的腐化與俗化。此所以台灣佛教幾樁醜聞，主角竟是標榜神通或苦修的僧侶。

易言之，入於「世俗」的慈悲行，不盡然就會導致庸俗，因其亦可用「無我」精神以印證「神聖」；而標榜「神聖」的神秘經驗或圖騰事物，反倒容易吊詭地趨向庸俗——這是筆者觀察台灣佛教生態，所得到的一個悖論。

證嚴法師接續筆者的話語，一連串提了三個慈濟終身志工在臨死時，雖有病苦卻灑脫自在，心不顛倒，不但不畏怯生死，反而一心發願再來世間做慈濟行的近事。她說故事一向生動，但筆者當場沒有筆記這些精彩片段，因此無法憶述個中細節。想來證嚴法師應是對於筆者所論述的「神聖性」角度，有感而發，所以產生了這樣的共鳴。法師並強調，這只是隨手拈來的例子，在慈濟人中，這類例子實在說不完。

生死自在，不正是解脫心切的佛弟子夢昧以求的神聖境地嗎？這些慈濟人生死自在的親身見證，是另一個很好的角度，可用來考察「人間佛教神聖性」的問題。筆者相信，這都是證嚴法師長期領導志工發為實踐，有了許多志工「在生時出生入死以賑疾濟苦，臨終時不畏生死且發願再來」的鮮明見證，而產生的無比自信；復以此無比自信，拿來印證經典中「不退轉於阿耨多羅三藐三菩提」的菩薩身手吧！

（四）千山競秀的「人間佛教」

筆者於二〇〇四年四月二十五日「印順長老與人間佛教」研討會閉幕式上曾說：

印度神學家潘尼卡神父將宗教對話歸為三個類型：「排他主義、包容主義與多元主義」。簡單地說，排他主義就是認為：「你們都不對，只有我最好。」包容主義就是認為：「你們都不錯，可是還是我最好。」多元主義則認為：「大家都很好，可能你們比我還更好。」「人間佛教」三大團體與我們在此相會，證明了多元主義的可能性。最起碼，今年大會中的配樂，採取了佛光山梵唄與慈濟「愛灑人間」、「普天三無」等歌曲，就讓中研院音控室的朋友告訴我們：「你們今年的配樂比去年好聽！」這證明了「人間佛教」可以多元發展，而且「萬象森羅許崢嶸」。

筆者深受印順導師思想之訓練，長於「辨異」。但這樣有感而發，絕對不是突如其來的轉變，而是立基於「緣起性空」的省思，套句導師的話：「離精嚴無貫攝」，[45]贊同有多元發展

45 印順導師：〈我懷念大師〉，《華雨香雲》，頁三〇三。

的「人間佛教」，這應是筆者在「精嚴」思辨之後，所產生的「貫攝」態度。

首先，在社會關懷的實踐過程之中，由於民主社會票票等值，因此成事的關鍵，往往不是在思想純度與學習背景上「又紅又專」，而是支持者能「求同存異」以共襄盛舉。由此而體認到：「感情的認同，也是一種彌足可貴的認同」。

再者，筆者近年觀察台灣社會，「人間佛教」的多元思想與多樣風格，在「不忍聖教衰，不忍眾生苦」的共同宗旨下，不但不是「負債」，反而是一項可貴的「資產」，它們千山競秀，萬壑爭幽，相互激盪，但也相互助成，呈現出的是總體佛法的莊嚴性。

茲以慈濟為例。也許誠如德傳法師所言，證嚴法師之思想體系乃屬「真常唯心」，而非「緣起性空」。這部分，因筆者對法師大作欠缺全盤的瞭解，所以不敢驟下定論。但是在盧蕙馨教授大作〈證嚴法師「人間菩薩」的生命觀〉中，她所提到的證嚴法師法語：「小我若能開闊成大我，『我』必將天長地久存在永恆中」，[46]確實是傾向「真常唯心」的。

雖然筆者的思想仍是「緣起性空」系統理論的類型，認為「真常唯心」只能訴諸信仰與想像，不若緣起論之可以訴諸經驗與理性。然而證嚴法師的開示與作略，與導師所述人菩薩行的要領——「緣苦眾生」、「自利與利他統一」、「以悲心而學而行世間正業」，是不謀而合的。

---

[46]《「印順長老與人間佛教」海峽兩岸佛教學術研討會（第五屆）論文集》，N十六。

證嚴法師的實踐成就，與志工不畏生死的活見證，證明了「真常唯心」思想，依然可以轉化出太虛大師與印順導師所讚歎的「人菩薩行」。

導師對真常唯心論的評價，當然不如緣起性空論，對於從真常唯心而「至圓至頓」或「秘密乘」的思想傾向，是有所批判的，而且這些批判出自邏輯的辯證與史實的考察，是強而有力的。

然而從證嚴法師的實例以觀，公道而言，中國佛教的「說大乘教，行小乘行」，也許過失不全在其「真常唯心」，而在於：宗派義學，無論是「緣起性空」或「真常唯心」的理論，到頭來都極度地玄學化了（前者如天台家的「一念三千」、「一即一切」，後者如華嚴學的「法界圓融」、「十玄門義」），變成「但坐而言，鮮起而行」的一套高妙學問了。而實修派的佛弟子，又有著極其濃厚的急證精神，所以趨向山林隱遁的風格。

因此筆者認為，感情的認同，也是一種彌足可貴的認同。「人間佛教」的多元思想與多樣風格，在「不忍聖教衰，不忍眾生苦」的共同宗旨下，不但不是「負債」，反而是一項可貴的「資產」，它們千山競秀，萬壑爭幽，相互激盪，但也相互助成，呈現出的是總體佛法的莊嚴性！[47]

---

47 以上文段，引自釋昭慧：〈千山競秀、萬壑爭幽——人間佛教的菩薩身手〉，《弘誓雙月刊》第六十九期，

十一、結語

當代台灣「人間佛教」對社會與人類的貢獻，不祇在於它的事功績效，更在於它對佛教內部與社會大眾所引發的觀念革命。它證明了利他主義的可行性，而且在以「權利」作為基調的公民社會之中，加入了「感恩」面向的思維。特別是慈濟的「感恩」文化，在布施行中，不但不以「施恩者」自居，反倒是充滿著對受施者的感恩心。

「利己主義」的思考模式，認為人必然是自私的，因此有必要以自私為出發點，來解決問題。然而事實證明，自我中心不能帶來更大的平安，只會在強弱與貧富懸殊的境遇中，增加更多的怨懟與仇恨，卒至形成社會的紛爭與不安。因此，在社會資源的分配上，「公正原則」獲得了重視，二十世紀以後，先進國家更逐漸把原屬人道、慈善的社會福利，視為國民應得的基本權利，和社會發展所應遵循的政策和措施，而非一項「德政」。然而公正原則倘無仁愛力量的推動，則將形成搶取「權利」而不重視「付出」的社會。

依佛法而言，布施者確實應該學習著以無私、無我，不求回報的心態來對待受施者。然而面對布施者的付出，受施者倘若欠缺一份「感恩」之情，理直氣壯地當作是自己應得的「權

桃園：弘誓文教基金會，二〇〇四年六月，頁四—八。

利」，好似一切獲得都屬理所當然，那麼，他的人生也將減損了幸福與快樂的泉源。「權利」導向的思考，原是爲了確保社會福利服務之提供，但少了布施者「無私」與受施者「感恩」的兩大要素，則社會福利服務熱誠的活水源頭，終將宣告枯竭。

台灣社會目前就有這種人情澆薄而社福資源拮据的隱憂。幸好台灣還有蔚爲另一主流思潮的「人間佛教」文化，調節其間，創造「以包容替代對立」、「慈悲沒有敵人」[48]的新文明。不祇如此，筆者覺得，他們也在創造一種「以感恩論替代權利論」的新觀念。這正是當代台灣「人間佛教」的最大貢獻。

此外，種種圍繞著「人間佛教」的外部挑戰（如政教關係）與內部挑戰（如性別倫理與僧俗倫理），確實非常棘手，也往往引爆極大的爭議，但倘若「人間佛教」面對此諸議題的相關主張，經得起教證與理證的嚴格檢驗，更能落實而爲改革佛教或嘉惠蒼生的有利行動，那又何嘗不可轉化而成當代台灣「人間佛教」仰契佛陀本懷，回應普世價值，引領時代思潮的重要養份！這與本文第三節所述——強鄰環伺下所激盪的憂患意識，正好可以對照理解。而「人間佛教」的思想與路線之爭，無論是出自「人間佛教」與傳統宗派之間，還是出自

48 法鼓山聖嚴法師於二〇〇〇年總統大選之後，書贈陳水扁總統云：「慈悲沒有敵人，智慧不起煩惱」，被總統懸掛在辦公室書桌正後方。

「人間佛教」各教團之間，固然讓相關當事人與教團，都被籠罩在一股緊張對立與隱約不安的氣氛之中，然而只要能從論諍的腦力激盪過程中，自我反思、自我成長，並設身處地尊重論敵的人格與主張，久而久之，自能從負面意義的「對立」，進而產生正面意義的「對話」，從論諍出發而達於無諍。

最後，從佛法化世的功能性而言，佛教總體呈現諸如緣起性空、虛妄唯識與真常唯心，漢傳、南傳與藏傳佛教，入世與出世，此世與他方；唯心淨土、他方淨土與人間淨土……的多元面向，反而能廣爲度化各類不同根基的信眾，這原未必是壞事。從佛法的「緣起」論而言，多元型態的思想與實踐，符應各種不同根機，這何嘗不是「緣起」法性的如實展現呢？因此，筆者認爲：「人間佛教」各大教團，須有「千山競秀，萬壑爭幽」的恢宏氣象，讓一切諍辯在同情共感與理性對話的前提下，善意提醒論敵，謙遜反省自己；從論諍出發，而止於「無諍三昧」的圓成。

九十四年八月五日凌晨，于尊悔樓

——發表於二〇〇五年九月一日《人間佛教的思想與實踐》研討會

（本研討會由中國社會科學院世界宗教研究所主辦）

◎參考資料

一、著作全集

太　虛：一九八〇，《太虛大師全書》，臺北：善導寺流通版（光碟版：二〇〇五年五月四日，新竹：印順文教基金會）。
印　順：二〇〇四，《印順法師佛學著作集》光碟版，新竹：印順文教基金會。

二、專書與論文

王順民：一九九五，〈當代臺灣佛教變遷之考察〉，《中華佛學學報》第八期。
王雷泉：一九九九，〈第三隻眼看台灣佛教〉，《佛教文化》，一九九九年第一期，國學網站：http://www.guoxue.com/discord/wlq/dszy.htm
二〇〇〇，〈批判與適應：試論「人間佛教」的三個層面〉，《印順思想：印順導師九秩晉五壽慶論文集》，臺北：正聞出版社。
江燦騰：一九九〇，〈論印順法師與太虛大師對「人間佛教」詮釋各異的原因〉，《現代中國佛教思想論集（一）》，新文豐出版公司。
一九九二，〈從「人生佛教」到「人間佛教」〉，《臺灣佛教與現代社會》，臺北：東大圖書公司。

一九九五，《二〇世紀臺灣佛教的轉型與發展》，高雄：淨心佛教基金會。
一九九七，《臺灣當代佛教》，臺北：南天書局。
二〇〇一，《當代臺灣人間佛教思想家——以印順導師為中心的薪火相傳研究論文集》，臺北：新文豐出版公司。
鄧子美：二〇〇四，〈當代人間佛教的走向——由宗教與社會互動角度審視〉，《「印順長老與人間佛教」學術研討會論文集》，台北：弘誓文教基金會，頁L1—L62。
楊惠南：一九九〇，〈佛在人間：印順導師之「人間佛教」的分析〉，《一九九〇年佛光山國際佛教學術會議論文集》，高雄：佛光山文教基金會。
二〇〇〇，〈「人間佛教」的經典詮釋——是「援儒入佛」或是回歸印度？〉，《中華佛學學報》，第一三期，頁四七九—五〇四。
鄭至慧：一九九六，〈存在主義女性主義〉，收錄於顧燕翎主編之《女性主義理論與流派》，台北：女書文化（二〇〇〇年九月二十日再版）。
藍吉富：二〇〇五，〈玄奘以來，一人而已〉，《弘誓雙月刊》第七五期，桃園：弘誓文教基金會。
釋如石：二〇〇一，《現代大乘起信論》，南投：南林出版社。
釋聖嚴：一九九九，《人間佛教的人間淨土》，《中華佛學研究》第三期。

釋昭慧：一九九三，〈印順導師「大乘三系」學說引起之師資論辯〉，《如是我思（二）》，台北：法界出版社。
一九九五-（一）《悲情觀音》，台北：法界出版社。
一九九五-（二）《佛教倫理學》，台北：法界出版社（一九九八年三版）。
一九九五-（三）《人間佛教的播種者》，東大圖書公司。
一九九六，《鳥入青雲倦亦飛》，台北：法界出版社。
一九九八，《「人間佛教」試煉場》，台北：法界出版社。
一九九九，《律學今詮》，台北：法界出版社。
二〇〇二-（一）《世紀新聲——當代臺灣佛教的入世與出世之爭》，台北：法界出版社。
二〇〇二-（二）《千載沈吟——新世紀的佛教女性思維》，台北：法界出版社。
二〇〇三-（一）《佛教規範倫理學》，台北：法界出版社。
二〇〇三-（二）〈佛教慈善事業的一個範例——慈濟整治印尼紅溪河之成效與意義〉，台北：《法光學壇》，第七期。
二〇〇三-（三）《活水源頭——印順導師思想論集》，台北：法界出版社。
二〇〇三-（四）〈台灣佛教之發展及其特色〉，收入《台灣漢文化與本土化》，台北：前衛出版社。（佛教弘誓學院網頁：www.hongshi.org.tw）。
二〇〇三-（五）〈當代台灣佛教現象的兩個悖論〉，《弘誓雙月刊》第六四期，二〇〇三年八月，頁四—七。
二〇〇四-（一）〈方法學上的另一錯誤示範——論觀淨比丘與呂凱文教授之「佛教聖典詮釋學」〉，台北：《法光月刊》第一八三期。
二〇〇四-（二）〈千山競秀、萬壑爭幽——人間佛教的菩薩身手〉，第六九期《弘誓雙月刊》。
二〇〇五，〈推崇，就要負起辯護的責任〉，台北：《法光月刊》第一八四期。
釋性廣：二〇〇五，〈禪觀路上，幸遇明師〉，《弘誓雙月刊》第七五期，桃園：弘誓文教基金會。
龔　雋：二〇〇二，〈從現代性看人間佛教〉，《「人間佛教與當代對話」學術研討會論文集》，台北：弘誓文教基金會。
Giddens, Anthony：一九八九，《資本主義與現代社會理論：馬克斯、涂爾幹、韋伯》，台北：遠流，簡惠美譯。
Max Weber（馬克斯・韋伯）：一九九七，《經濟與社會》中譯本，北京：商務印書館。
一九六〇，《基督新教的倫理與資本主義的精神》，張漢裕譯，台北：協志工業。

■本文凡用到光碟版或網路版論文資料之處，大都不另作紙本之頁數標註，但直接於本文之中，依參考資料所列作者與年代，註明出處，以利對照查索。

當代台灣佛教現象的兩個悖論

前言

台灣佛教呈現豐富而多元的風貌，區區短文當然無法全面照顧這些樣貌，在此只想提出兩點悖論：

一、包容性與主體性[1]

台灣佛教的一個重要特徵，是它的包容性。無論是漢傳佛教的禪、淨、密、台、賢諸宗，南傳佛教的錫、泰、緬各路禪法，還是藏傳佛教的紅、黃、白各種教派，在台灣都有它們廣大的宗教市場，各自在這塊自由的土地上大鳴大放，著書立說，有的還帶著強烈的宗派意識，難免尊自貶他。

1 本節「包容性與主體性」，全文已摘入〈當代台灣『人間佛教』發展之回顧與前瞻〉頁八十三—一五九。

美國紐約莊嚴寺繼如法師於年初（三月八日）來台時曾告訴筆者：十餘年來在美國觀察，發現漢傳佛教寺院在美國，往往不拘南傳、藏傳，什麼都學，而南傳、藏傳佛教團體則壁壘分明，絕不可能請漢傳佛教進入其道場中弘法；相形之下，漢傳佛教的主體性似嫌不足。

不但道場如此，教眾也是如此。許多台灣佛弟子，遊走於各系佛教之間，數年念佛，數年參禪，數年學密，再過幾年，又修學南傳禪法了。連一身袈裟都如同戲服，一會兒漢式僧服，一會兒喇嘛衣裝，一會兒南傳袈裟，穿穿脫脫，令人目不暇給。

十九世紀中葉以後，因中國積弱不振，漢人也就格外顯得崇洋媚外。而筆者在佛教中親眼見到的事實卻是：許多台灣佛教徒，「媚外」傾向容或有之，但所「崇」則未必是「洋」。南傳、藏傳無一是「洋」，其化區所處的社會，經濟與政治狀況，大都遠比台灣遜色；即使如此，台灣佛教徒還是以法為重，以朝聖的心情前往學法，而且絡繹於途。

學法而超越民族主義的藩籬，廣學諸家，取精用宏，這是好事；信仰宗教若還要搬出「民族大義」，那麼國人大概只能信奉唯一道教了。但有的台灣佛教徒，一邊向南傳、藏傳大師學法，一邊還向南傳、藏傳大師數落漢傳佛教的種種不是。筆者親聞有某比丘尼，連莊嚴而極具特色的殿堂梵唱，都當作告狀資料，把它說成是在「唱歌」。讓那些聽聞片面之詞的南傳、藏傳大師，對漢傳佛教不生鄙慢之想，也未免戛戛其難！

總的來說，台灣佛弟子有心胸與器度廣學諸善法，這使得台灣佛教具足更大的格局。即使是「胸無定主，有聞則變」之無頭蒼蠅，也有其廣大的生存空間，無頭蒼蠅就恰好成了不可多得的「基因變種」，得以提供有心人士觀察各種學風道貌的利弊得失，也提供了適宜佛教生存茁壯的豐富基因庫。於是，就如同生態學上的「物種多樣性原理」一般，台灣佛教反而在多元發展之中，呈現了與世界各地佛教迥異的，健康活潑的主體性樣貌。

二、人間性與神聖性

在台灣，「人間佛教」顯係主流，無論它們的系統理論（緣起性空或真常唯心）是否有異，行事作風多麼不同，但無論如何，彼此一致的目標就是「走入廣大人間，貼近苦難眾生」。

隱遁派將「人間性」與「庸俗性」劃上等號，抨擊「人間佛教」導致台灣佛教的俗化與淺化，標榜他們自己的修證路線才具足所謂的「神聖性」。筆者不想在此呶呶論述「神聖」與「世俗」在東方與西方有著多麼重大的歧義，但只敘述一個現象中的悖論：

有的教派特別標榜「神聖性」，但其事實上的表現，卻未必比強調「人間性」的教團更趨近神聖，有時反而更犯了他們指責別人的毛病：淺俗。例如：某個宣稱以「修證」取勝的大道場，因其財大氣粗、濫剃徒眾，而引起了台灣社會的極度厭憎，讓佛教的社會聲望一度重挫。何以故？愚意以爲：修證原是好事，但一旦以修證來自我標榜，就可能會出現重大問題。

原因是：「神聖性」一旦成為「賣點」，再益以某些神秘經驗，最能吸納大量的人與錢；而弔詭的是，由於不屑走入「人間」，於是這豐富的人力與財力資源，失去了更具意義的出口，往往就揮霍在富麗龐大的殿堂，窮奢極欲的享受中。長此以往，個人心性與道場風氣，就這樣掉入了淺俗乃至腐化的泥淖之中，欲振乏力。

相形之下，走入人間，貼近苦難的人間佛教教團，即使在攝受群眾的過程中，因為人力與財力的龐大需求，難免有些「先以欲勾牽」的手法，但總的來說，它們畢竟還是呈現了長江大河的澎湃氣象，縱使難免夾雜大量泥沙而下，但終究不是涓涓細流所可比況的。

只要是重大災變出現的時刻與地區，台灣人民就可看到這些人間菩薩的身影。他們以其高遠美好的願景，篤實感人的踐行，而如滾雪球般地感動並攝受了眾多美質的心靈，轉化了眾多頑強駑劣的根性。正是這些人間菩薩，以其清新的整體形象，讓台灣人民對佛教的惡劣印象大幅改觀，從而願意接近或接受佛教。他們沒有神聖性嗎？不然，他們的神聖性，是在他們「無我」以利他的人間性中展現出來。

要論「神聖」，莫如冠以「佛說」之經文懺儀之神聖，因為它們的來源是「聖教量」。但其「神聖」一旦成為賣點，經文懺儀就形成了計場次以訂價位的工具，其「神聖」也正好弔詭地形成了讓佛教滑向「淺俗」的要害。在這方面，人間佛教（與淨土宗）移風易俗的重大貢獻值得一提。它們所組成的志工團隊，大幅度地改變了經懺佛教的生態，讓佛教的臨終關懷與告別儀軌，多了莊嚴感人的氣氛，少了強烈的銅臭味。

結語

台灣佛教當然有一些宗派色彩強烈的個人與團體，獨尊己宗而無包容性；也有一些專志修證的個人與團體，孤峰獨拔而不墮淺俗；更有一些個人與團體，雖標榜「走入人間」，而實則長袖善舞，媚俗腐化。然而上述兩項悖論，無論如何宏觀地提供了一個辯證性的角度，讓我們一窺台灣佛教（而未必是普世佛教）的特質。

九十二年七月廿六日　于尊悔樓

——刊於九十二年八月十五日《弘誓雙月刊》

中編　活水源頭

——永懷集

人間佛教的殊榮

——印順導師受贈「二等卿雲勳章」原委

九十三年三月五日上午，陳水扁總統將蒞臨台中華雨精舍，爲印順導師頒贈「二等卿雲勳章」，以表達對印順導師畢生德業、學術成就與社會影響的尊崇。

印順導師著作等身，兼治佛教史學與哲學，甚至旁及神話學，以豐厚的學理基礎，提倡積極勇健、捨己利他的「人間佛教」，並對神化、鬼化、俗化的佛教傾向、囿於一宗一派的思想見地，以及教條主義而保守、封建的僧團陋習，作過全面的檢驗與批判。其卓絕思想與研究成果，嘉惠了無以計數的後學。

他的學術成就，被譽爲「玄奘以來第一人」，執佛教學術牛耳的日本，一向以其學術成就睥睨全球，唯對印順導師的學術成就，卻是贊譽有加，大正大學甚至破例在他從未到過日本的情況下，由牛場真玄教授將其著作《中國禪宗史》譯爲日文，並依該書的學術價値，而主動頒贈博士（而非「榮譽博士」）學位。

印順導師與史學大家錢賓四先生，以及哲學大家方東美、唐君毅、牟宗三諸先生，都是同一時代的「國之大儒」，在他們身上，可看到前輩知識份子的人格典範——他們都具足深切的憂患意識，念茲在茲的是國家社會乃至人類前途；另一方面，他們又都不慕榮利，遠離權貴而澹泊自處。較之此諸大儒不同的是，印順導師的影響力，不祇是在知識菁英層與大學校園中，他的讀者跨越各個階層，他的追隨者更是深受其精神感召或是思想啓發，蔚爲全面性的「人間佛教」運動。

特別是台灣佛教，強而有力的幾個大教團（佛光、法鼓、慈濟），即使在理論的建構方面略有出入，但總還是不約而同提倡著「人間佛教」，並積極展開慈善、教育、文化事業；哪裡有苦難眾生，哪裡就會出現救護並安慰他們的菩薩身影。而筆者近年建構「佛教倫理學」與戒律學的思想體系，並從事關懷生命的社會運動，這也無非是在印順導師思想的基礎之上所作的進一步開展。

早在陳總統就任之初，佛教史學者江燦騰教授就已建議筆者，宜請總統拜訪導師，並頒授國家獎章，以表國家元首對「國寶級」高僧之尊崇。筆者雖曾請友人老包代向總統轉達江教授之建議，自己卻遲至翌年（民國九十年）三月五日方纔上書總統。總統雖國事繁忙，但極重視此事，見函立即邀筆者陪同，於三月十五日搭機前往台中，在印公長老九秩晉六嵩壽前夕拜會他，贈以「佛國瑰寶」之賀幛，推崇他「不但是國家的瑰寶，也是佛教界的瑰寶」。

導師很謙虛地表示慚愧，也勉勵總統，改革不是一件容易的事，既有的傳統已是既成的事實，不是可以立刻切斷的。所以總統從事改革，也只能一點一滴、一天一天慢慢的來，但終究是會成功的。這一番話，真是長久推動思想改革的過來人語。

導師的勉勵，對極力推動改革卻面對著重重障礙的總統，鼓舞至深。總統於離開華雨精舍之後，在南投訪視災區工程時，還特別將導師對他的期勉周告現場大眾，並於當晚總統府幕僚會議中，再度提起導師有關「改革不易」的話，與諸同僚互勉。

然而頒贈獎章部分，筆者始終沒有積極進行。原因是，當年日本大正大學贈與博士學位，導師都曾一再辭卻，最後還是時在日本留學的聖嚴長老代他受贈，然則國家獎章之有無，對他也應是不增不減的。

不料江燦騰教授並不死心，三年來，他對筆者催促了好幾次，甚至極力說服筆者，不要從「導師需不需要獎章殊榮」的角度，而要從「國家應不應該表彰國寶」的角度，來思考此事的意義。也因此，遲至去年七月二十三日，在客委會葉菊蘭主委與郭榮宗立委造訪之時，筆者方纔提起頒贈國家獎章之議。葉主委非常積極，回台北後，立刻向陳總統報告此事，總統乃請一向與佛教界感情深厚的勞委會主委陳菊，與中華佛寺協會林蓉芝秘書長作後續之聯繫，並選在導師百歲嵩壽之前，親自蒞臨華雨精舍，向導師頒授勳章。

據總統府網站資料顯示，截至目前爲止，本國宗教界人士只有三人獲頒勳章，三人分別是臺灣天主教主教團前任主席羅光總主教、慈濟功德會創辦人證嚴法師與「人間佛教」倡議者印順導師。

此中，羅總主教與證嚴法師都是頒贈二等景星勳章，但因爲印順導師爲證嚴法師的師父，因此總統是以比「景星勳章」高一等級的「卿雲勳章」授與印順導師的。而截至目前，本國只有三人獲頒卿雲勳章，那就是總統府前國策顧問陶百川、行政院前院長張俊雄以及印順導師三人；易言之，宗教界就只有印順導師獲此殊榮。

佛教界唯一兩位受贈勳章的印順導師與證嚴法師，竟是一對師徒，而且同是「人間佛教」的精神領袖。因此贈勳一事，或可看作是「人間佛教」思想與事功，受到國家表彰的一份殊榮吧！

九十三年三月四日　于尊悔樓

——刊於九十三年三月五日《自由時報》「自由廣場」

【附錄】

頒授勳章總統致詞

（九十三年三月五日上午於台中華雨精舍）

我們最敬愛的印順導師、中國佛教會理事長淨良長老、各位大德、以及在場觀禮的各位朋友：大家早安、大家好！

今天，本人謹代表中華民國政府和人民，向國際欽崇的佛教高僧、百歲高齡的印順導師提前祝壽，並致贈一份很特殊的祝壽賀禮——「二等卿雲勳章」，以表達對印順導師畢生德業、學術成就以及社會影響力的高度尊崇。

印順導師人格潔淨，智慧高超，悲心洋溢，他生長於動蕩戰亂的時代，見到社會失序，佛教衰敝，眾生痛苦，心生不忍之情，於是窮其畢生心血，透過深湛的學理分析與綿密的歷史研究，探究人類和平與佛教興盛之道，並提出「人間佛教」的主張，反對隱遁獨善與怪力亂神，倡導入世關懷與自力超脫。

走在群眾前面的改革者與先知者，通常是寂寞的，也難免被誤解，有時甚至遭受打壓與迫害，然而印順導師無怨無悔，一往直前，對外在的毀譽，淡然處之。

印順導師曾說自己是「冰雪大地撒種的癡漢」，他在所播撒下的種子，現在已是綠意盎然。他的等身著作，嘉惠了無數的佛弟子與後進學者。在「人間佛教」思想啟發或感召下，他的入室弟子們，有的成就了舉世欽崇的濟貧救苦事業（證嚴法師），有的推動了敏銳犀利的社會改造運動（釋昭慧法師）。他的「人間佛教」思想，蔚為當代華人佛教的風潮，並深刻影響國際上佛教的發展。

印順導師在佛教學術思想方面也有巨大貢獻，他被學者公推為「玄奘以來第一人」，上溯一千五百年，學術成就無人能及。未曾到過日本的他，竟然獲頒日本大正大學博士學位，可見他是如何受到國際學界的高度推崇。

印順導師是佛教界的瑰寶，也是國家的瑰寶。本人謹代表中華民國政府和人民，親自前來向印順導師頒贈二等卿雲勳章，表彰他對人類社會的貢獻。祝福印順導師身體健康，也祝大家萬事如意！

奉讀導師手諭，憶昔深重恩義

六月七日，印公導師圓寂後的第三天，《慈濟月刊》總編輯王慧萍居士已經致電並致函，要我寫一篇追思文章。當時心裡不免遲疑，忙碌倒還在其次，真正的原因是：痛失恩師的心情，尚未完全調適過來，哀思深切，反而無言，一旦承諾，怕會辜負所託。

六月十九日晚間，忙碌暫告一段落，與性廣法師及志工惠曼、麗雲喝杯清茶，不免由近日導師圓寂大事的點點滴滴，溯及個人與導師之間的深厚法緣。一時興起，取出了珍存已久的寶藏，那是二十二年前初識導師，與導師之間的幾封往覆信札。我一邊帶著他們閱讀信函的內容，一邊敘述信函背景的每一段溫馨故事。忽然想到，針對《慈刊》邀稿，既然無法表述當前哀思，何妨將塵封在歲月底層的記憶掏取出來，與讀者分享初識導師時的喜悅心情呢？

四人立即到導師紀念室裡，將信函小心翼翼地攤在地板上，逐頁照相掃描，然後依日期先後編存電子檔，以備我寫作本文之需。

依第一封信，憶首次會晤

我給恩師的第一封信，簽押的日期是「七十二年二月十八日」。信裡還只是稱他爲「老法師」，信中說道：

「元月十六日與致中法師及三位居士驅車拜訪，得以親聆 法音，一償宿願。對 您老的慈藹顏容及殷切教誨中的悲智流露，留下深刻的回憶。」

這封信無形中提示了一個我生命中的重要日期——與導師在台中華雨精舍的第一次會晤，是在民國七十二年元月十六日。那年，導師七十八歲，我二十六歲，距離我的出家之期，已有四年半了。

原來，出家之後的我，對現況有著說不盡的失望之情。無論是在思想還是規制方面，一些冠冕堂皇的說詞，總是讓我隱約嗅到一些反人性的因子，而深感不安與不妥，但我不知道正確的佛家思想與規制究竟是什麼？應當作何詮釋？我因身心無法安頓而深深受苦。

七十一年底，妹妹的精神疾病，衝擊著我的良知，我知道自己再也無法用「修道比什麼都重要」之類託辭，來安慰自己的良心了，於是毅然離開了剃度常住。這樣一來，進德修業有了較爲寬闊的選擇空間，於是我開始研讀印順導師的著作，讀著讀著，許多長久無解的困惑，竟然在書中找到了答案。「踏破鐵鞋無覓處，得來全不費功夫」，這句話，差堪比擬我那時的無限法喜！我曾以叔本華對《奧義書》的讚語，拿來讚歎導師的著作：「它是我生前的安慰，也是我死後的安慰。」

推介我看導師著作的，是青年比丘致中法師，他那時贈送給我出版未久的巨著《初期大乘佛教之起源與開展》，這是我所研讀的第一部導師著作。我讀得歡天喜地，思想有了活水源頭，對一代大德有著無限景仰之情。致中法師鼓勵我，不妨把握因緣拜會導師。那時我只風聞「導師不太會客」，實不敢奢望與一位心目中如此崇高偉大的人物見面。

日後與導師更為接近，方才理解他當時「不太會客」的原因。導師對人慈和平等，沒有尊卑高下的分別心。但最令他牽繫的，是正法的久住，是佛教的復興。那時他已常年駐錫華雨精舍，算是大隱於市，每天生活的重心就是寫作、寫作、寫作。念及自己體弱衰病，生命危脆，惟恐時日無多，在自己還「寫得動」的歲月裡，他當然要把握每一分光陰，將他游心法海的研究成果，完整呈現給世人。因此，他婉辭應酬，更避開任何閒岔，這些「閒岔」，當然也包括一般性的「會客」在內。

然而緣自致中法師的熱心促成，讓我得以在七十二年元月十六日，以「朝聖」的心情，鼓起勇氣隨同他與三位居士，拜望印公導師。

初次晤面，直道「見過？」

猶記得那一天，我們在華雨精舍大廳中禮佛已訖，靜候導師。一會兒，他從二樓書齋緩步下來，眼睛清亮有神，身形清瞿，容顏慈藹，在訪客中乍見到我，就帶著詢問的眼神與口氣輕輕地說：「見過？」我不禁大感驚訝！當時座中誰都不知道，我確實見過導師。

確切時間我已忘記，大約是在民國七十年前後的某一天，地點是台北市汀州路聖靈寺，住持今能法師迎請導師爲該寺佛像開光。由於導師一向深居簡出，竟會破例應邀主持開光大典，這當然是佛教界殊勝難得的大事，因此家師帶我前來參加這項盛會。

是日到來之時，印公導師早已抵達寺裡，被迎到會客室休息。諸山長老法師雲集，信眾人山人海，將聖靈寺裡裡外外，擠得水洩不通。我只知道印公導師與諸長老在客廳中坐，那種地方，小尼師怎麼可能有機會進去？心裡想：「看來可能會緣慳一面。」因此我只是無目的地在寺前廣場閒逛，到處看看熱鬧。

忽然家師從會客室出來，把我找了進去。一進入客廳，家師就向導師介紹：「這是我的小徒弟，師範大學國文系畢業。」我匆匆抬頭望了導師一眼，立刻行禮如儀，旋即告退，忙忙亂亂之中，就這麼一個照面，前後不到十秒鐘的時間。

這樣的一次眾中會遇，讓我從不敢認爲那是與導師的「首次見面」，因此罕向人提此事。

但在七十二年二月十六日的此時此地，光陰忽然停格，導師的一句「見過」，讓我對他老人家，產生了難以言喻的殷重心與親切感。

我已不記得當天在華雨精舍，與他有過些什麼樣的對話，因爲他的身體不好，一般的會客時間不會太長。但是導師的那句話「見過」，使我歡喜心持續不退，不斷閱讀他的著作。因此才會在一個月後（七十二年二月十八日），寫了前述寄給導師的第一封信。

那封信以三百字稿紙撰寫，洋洋十頁之多，針對導師的〈僧裝改革評議〉（收錄於《教制教典與教學》），提出了許多不太成熟的看法。我實不敢奢望他會回信，只當作是一篇繳呈作者的「讀書報告」。不料導師或許是感覺「孺子可教」，竟然在將近二十幾天之後（三月十三日），回了一封兩頁的親筆函，詳細說明自己對僧裝改革的看法。這封回函的信封，也由老人親自執筆，收信地址寫著「高雄縣崗山鎮前峰路一〇〇巷一號」。回憶那時，我已離開了剃度常住，借住在崗山的「大願精舍」，逐部拜讀導師著作，同步並研閱《阿含經》。

五頁請益，十二頁覆函

手邊第二份與導師之間的往覆信函，是在收到導師首封覆函之後一個月才寫的。

七十二年四月十七日，我夾問夾議寫了一封五頁信函，談的是有關他在《佛法概論》中所提到「淫欲不是生死根本」的問題。因爲這與我過往所理解的《楞嚴經》義（所謂「婬心不除，塵不可出。縱有多智禪定現前，如不斷婬，必落魔道」），似有極大差異。那封信裡，我已恭敬稱他爲「導師」，但是現在看來，還真有點啼笑皆非，因爲我竟然在第一段寫道：

「弟子真是個不懂事的孩子，明明知道您多病、忙碌，偏是又去信、又往訪的，干擾您的生活。但自入佛門以來，再沒有比讀您的著作更喜樂的事了！長期接受這無聲的懇切教誨，使您在弟子心目中，無疑是永遠的舟航。明師難遇，在學道過程中的疑惑，若不把握時機切問近思，以後將會造成怎樣的遺憾啊！因此，請　原諒弟子再『不懂事』一次，慈悲啟迪弟子的愚蒙！」

擺明了自己就是要「不懂事」地纏著他問問題。是這份「跟定了善知識」的愚誠打動了他的心，還是自己提出的問題，讓他覺得很有答覆的價值？不得而知。總之，這封共計五頁的請益函，竟然換得了一封長達十二頁的導師親筆掛號覆函。而我在當時，只不過是一介籍籍無名的小尼師而已。

在覆函之中，他詳細而完整地，向我解釋了有關「淫欲與生死根本」的法義。現在看來，我的信是在四月十七日完成，即使翌日寄出，最快也得在十九日以後，才能遞送到他的手中。

而他回函的信封，郵戳蓋的是「四月三十日」；信函中所押的日期，則是「四月廿六日」。可見他是在四月二十日到廿六日的一星期之間，抽出空檔寫就了這封讓我視若至寶的歷史文獻。

十年之後（民國八十二年四月），導師八十八歲，將尚未集結出版或發表的作品，編輯成五冊《華雨集》出版。該封長函，就編到【華雨集】第五冊中，題爲〈答昭慧尼〉。

不合時宜？時不合師宜！

導師的著作，已讓我浸淫在無邊法喜之中；導師的來函，更是深深地鼓舞著我。對一個善於寫作的人來說，把法喜化約爲文字，與人分享，是一個很自然的蘊釀過程。早先是寫些研修佛學的感想，以及面對生活而作佛法思維的片段心得，陸續發表於朱斐居士所編的《菩提樹月刊》。沒想到就這樣，竟也引起了一些教界法師居士的注意。

其中有一篇是〈永遠的青年〉，還有一篇是論〈關於《四分戒本》眾學法次第之商榷〉，寫完之後，分別於五月四日與五月三十一日，寄呈導師過目。這是我寄給老人的第三封與第四封信（第三封信始末，後詳）。但這兩封信已沒有導師的回函，因爲那時我已領受到導師對我的歡喜接納，不再有「不敢打擾」的生疏、客氣，每隔一段時日，就會去華雨精舍向他請益。因此他收到我的信，會在晤面之時再行開示，回函的必要性遂減。

我的第五封呈導師函，信末押的日期是「七二、十二、二十四」，也就是認識他的第一年年底，那時我已住進高雄市興隆淨寺。記憶中，在寫那封信之前不久，我到台中華雨精舍，言談之中，導師輕喟他實在「不合時宜」。我感受到他的孤峰獨拔，先知寂寞，但不知要如何接腔，只能默然以對。回到寺裡，好似要給老人「打氣」一般，我不自量力地寫了如下的一封信函：

「聽到 您自歎『不合時宜』，弟子也不免感慨係之，直下覺得：應說是時不合 師宜，非是 師不合時宜。『古來聖賢皆寂寞』，孔子何嘗不興『乘桴浮於海』之歎？釋尊成道之刻，不也對轉法輪的大業，頗費一番躊躇嗎？先知的寂寞，未必在於缺乏擁戴者，而是往往擁戴者與反對者同樣罕能體會（尤其是體現）他們所宣教的真理。『黃鐘廢棄，瓦釜雷鳴』，這大概就是世間的常態吧！

「您把畢生的心血耗注在經論的研究整理上，解決了許多教證上的疑難，也鋪設了後來者便於深入教法的康莊大道，弟子何幸，晚 導師半世紀生，得以沐浴膏澤。面對這些體大思精的，一部又一部的論著，真希望能在此後的歲月裡，一面擷取您已栽成的豐碩果實，一面賡續您所未完成的志業。雖然事關智慧才情，但那怕是在您已踏出的百千步之外，再踵繼一小步，總也算是對您、對三寶、對眾生的一份小小的報答吧——您看到這裡，大概要笑弟子是『初生之犢』了。」

讀到「初生之犢」這麼一封幾乎是以「薪火相傳」毛遂自薦的來函，內斂的老人會有什麼反應呢？可能是在莞爾之中，帶著些許欣慰之情吧！

悲智莊嚴，永遠的青年

在這之前半年，七十二年四月間，讀完導師《青年的佛教》一書，內心深有所感，寫了一篇題為〈永遠的青年　印順法師——『青年的佛教』讀後感〉，破題即稱：

「在研讀這本書之前，我一直不知道：除了長於析理、詳於考證、力於護教、懇於建言……外，老人還有這般輕巧富麗的文思，將青年佛教的園地，點綴得如此多采多姿、生意盎然！」

文末，我引了該書中的一句話來盛讚導師：

「文殊師利讚歎善財：『你將要和我一樣的被人稱美為永久的童年！』

「我也不自禁禮讚老人：『您將被世人稱頌為永遠的、悲智莊嚴的青年！』」

眼前讀著這篇文章，也就趁便檢視了一下作品目錄，很意外地發現到，它竟然沒有被我收錄到第一部文集之中。沒有別的理由，只能說是編輯過程中的重大疏失吧！原稿影本旁標

「七十二年四月二十日」，那是寫作的日期。十天後（四月三十日）方才收到老人的十二頁長函。串掇著信函的點滴線索，回想當時，應是在文稿寫訖並投到《菩提樹月刊》之後，忽然收到老人的十二頁長函，歡欣鼓舞之餘，才會在五月四日，將該份文稿補寄給他，並呈第三封函云：

「慈誨恭悉，敬謹受教。既沐浴以法化，深恩不言謝。迺呈近日習作『「青年的佛教」讀後感』乙篇，聊表孺子景慕之忱。所願不至流為庸俗之歌功頌德耳！」

這封信沒有導師的回函，半年之後（十二月底），他又收到了前述那第五封「初生之犢」的自白，顯然我對法的愛樂，與對善知識的孺慕真情，應該是很讓老人感到欣慰的。

導師在香港的大弟子慧瑩長老尼（現已八秩晉七高齡），在《菩提樹月刊》讀到了〈永遠的青年〉，七十三年初返台之時，問到導師對這篇文章的看法，他竟向老徒弟說：「這是我的小知音！」沒想到就因導師這句話，讓慧瑩長老尼帶領信眾僕僕風塵，南下高雄尋訪，而改變了我一生的命運。

慧瑩長老尼到來的確切日期，我已經忘記了，但應該已是七十三年新曆三月或四月間的事，因爲興隆寺每年農曆二月初二請職，我是在那之後，才領「典座」一職。那一天，慧瑩法師突然來到，看到甫自大寮（廚房）趕來，連圍裙都來不及解開的我，第一句就是：「我特別來看導師的小知音！」

這句話對我的鼓舞，非比尋常！試想：如果我聽到的是她轉述印公老人說：「那小子文章不值一讀！」我還有勇氣寫下去，而且一寫二十多個年頭嗎？

在那之後不久，我去拜望導師，他忽然問起我的生活情形，聞後靜默不語。這是我第一次與他談到自己的「生活」。在此之前，我拜望他，一向只詢問法義。雖然我也知道，他若知悉我忙碌的生活情況，可能會幫我改善，但我從不曾向他談到自己的處境，原因是：在我的道德意識中，一向不允許自己將別人當作達成自己目的的「工具」；更何況導師還是我心目中崇仰的大德，對一位大德的景仰，必須是全然純淨的「法之嚮往」，而不宜夾雜一丁點兒圖己的私心。

過不了多久，他給我寫了一封親筆函，信中寫道：

「你從閱藏而到現在住處，從一位可以向學，願意向學的人來說，似乎不是很理想的。新竹福嚴佛學院，繼續辦理（初級）招生。我想你如願意到新竹，住在學院，每週先授幾點鐘國文，其他時間，可以自己修學佛法。環境也許不完全符合你意思（完全滿意是難得的），但至少有充分的時間，對佛法作進一步的深入。你如有意的話，我當代向學院負責人介紹，再由負責人進行洽聘。希望你接信後考慮一下，就給我回信。我想你的信息，會使我歡喜！」

信末署名並押日期「五、廿一」，這已是認識他的第二年了。他在我心目中，是這樣的高不可仰，但這封手諭的字裡行間，卻又是這樣的謙和溫厚，含蓄地表達著長者對後生晚輩的深切關懷。特別是「我想你的回音，會使我歡喜」這句話，讓我心裡湧生著無比的歡欣之情。我捧著信函一讀再讀，感覺自己簡直像是童話故事中，衣衫襤褸而驟得金縷鞋的灰姑娘！

五月二十一日的手諭，我可能是在五月二十三日才接到的。當時商得住持心淳法師的同意之後，我立即雀躍函覆云：

「奉讀手諭，內心的感激與歡喜是難以言喻的！

「雖然沒有到過福嚴佛學院，對該處的環境一無所悉，但是能夠在您領導的學團中自修，並得學以致用，這是再好不過了。

「目前弟子已徵得住持同意，提早（在學院開課前）請辭執事，至於其他應辦事項，還請　導師惠示一切，畢竟弟子對佛學院的情況，還是很陌生的。」

老人收到之後，五月二十八日即覆一函：

「來函悉，允為福嚴佛學院授課，為快！

「福嚴學院設於福嚴精舍，精舍住持廣善法師，年逾七十。學院則為與福嚴、慧日有關諸法師所贊同，由真華法師任院長；而院內一切，概由女法師負責。前二屆，由能淨法師師負責，訓導管理，尚稱穩當。現由依道（台中佛教會館，壽山佛學院第一屆畢業）法師負責，當將來意轉達，以便聯絡。

「印以為，佛教女眾教育，以女眾能自為教、訓，為最後理想（減少問題）。宗教教育，應治生活教育與知識教育為一，不應僅為知識之傳介也。」

就這樣，在印公恩師的提攜之下，我與福嚴精舍結下了不解之緣。貴人相助，改變了我一生的命運。

老人手諭的最後一段話，語意深長。

民國八十八年九月間，出現了社會轟傳的佛門醜聞，某尼師向社會公開喊話，將舊帳話說從頭，說是十幾年前，她在福嚴精舍發生過不幸遭遇。在沸沸揚揚的新聞熱潮中，老人正因「胃泌素瘤」而日瀉數十次，住在慈濟醫院，面對這項「家門不幸」，他只能萬分無奈地保持緘默。我則不忍聽從師友勸告以明哲保身，反而不計毀譽，奮力護衛僧伽尊嚴。

如今想來，無論整個事件孰是孰非，如果導師所認定的，「女眾能自爲教、訓」之最後理想，能夠在那時早日實現，當不至於在他的有生之年，發生這麼重大的憾事啊！

慈蔭後學，恩深義重

七十三年九月，我揹著行囊，承載著印公上人的關切與祝福，到了新竹市明湖路觀音坪上的福嚴佛學院教書。這一跨步，就是三年山居清修生活的開始，也是我人生命運的轉捩點。

直到很久以後，偶爾在導師座下其他弟子的轉述中，我才知道自己來到福嚴精舍的因緣：當日慧瑩法師南下尋訪我之後，回到華雨精舍，基於護念與不捨，而向導師報告了我的忙碌情形。難怪導師會在其後垂詢我的生活狀況。導師是一位相當內斂的人，待我報告之後，他當場靜默不言，但想來那時他心中已有定見。

不久後，正在籌備第四屆招生事宜的福嚴佛學院副院長依道法師與訓導主任慧潤法師去拜望導師，他垂詢國文老師的人選，潤法師還很訝異地問道：「不就是慧璉嗎？」（慧璉法師是導師的徒弟，成大中文系畢業，是第三屆執教國文的教師，教學成績非常優異，很受到學生的歡迎。）老人神秘地笑笑，搖搖頭說：「我給你們介紹一位！」話就到此爲止。可能就是這樣，不久後，他寫了那封被我珍藏至今的親筆函，然後才在我立刻雀躍覆函之後，下一次與慧潤法師他們見面時，點名介紹了我。

一直到民國九十年，江燦騰教授出版新書《當代臺灣人間佛教思想家——以印順導師為中心的薪火相傳研究論文集》，附錄導師給他的一封親筆函，我從該一信函之中方才得知：自己竟然是他生平唯一親自推介到佛學院教書的人。

也許有人會不理解，辦學的人都是導師的追隨者，對他無不殷切敬重，所以他若要推介人進去，也不算是唐突。他到底有何顧慮？為何除我之外，不曾介紹人到學院任教呢？我想，他老人家是非常客氣的人，既已依福、慧兩道場的規章，授權主事者，將辦學重責託付給他們，導師就不願意在人事方面掣手掣肘，好讓他們放心辦事。總之，自從引退之後，他早已把自己定位為福、慧二道場的諮詢顧問，而不是決策人了。而我受到推介，只能算是特例。想到這些，我的內心有著說不出的感恩之情，而且深覺無比榮幸！

還有一次，慧潤法師在閒談之中告知：「導師特別交代我們，不要把行政工作分攤給你，好讓你除了教書之外，得以全心做學問。」

知道了自己來到學院的背景，以及導師對自己的期許之後，我格外感念到師恩深重，所以在這樣一個靜謐的環境裡，除了準備國文教材，批改學生作文之外，其他所有時間都專心研讀教典，並儘量拒絕各方邀約演講之類的外緣。

也幸好在導師的指導之下，有系統地研閱三藏，扎下了厚實的學術基礎，這使我得以展開佛學專業論文寫作的生涯。七十五年五月，在慧瑩法師的愛護支持下，出版了第一部書《如是我思》論文集，時年三十歲。此後迄今二十年間，我共寫了二十三部書，還有許多論文與時論，無暇整理付梓。可以肯定的是：如果沒有那三年的沉潛修學，是不可能產生爾後這些學術成果的。

出山泉水，依然澄湛

常言道：「在山泉水清，出山泉水濁」。民國七十七年初，我跨出了清幽的山門，投入了滾滾濁流的塵寰之中，自此就是一條生命的不歸之路。我相信那時導師會隱約擔憂我學術生命的夭折，也會擔憂我禁不起世間的誘惑而變質。但是差堪告慰的，我的學術生命不但沒有夭折，反而在研究議題方面，更有了「柳暗花明」的廣闊視野；我不但沒有在名利場中面目全非，反而在諸多的人事歷練之中，心思更爲純淨而豁達，任事也更爲勇猛而俐落了。

離開福嚴精舍之後，我雖然只能在忙碌的事緣之中偷閒治學，但是從來也不曾後悔邁出這一步。時節因緣使我不得不探出學術的象牙塔，體會時代的脈動，對社會作更多積極的參與。但有了三年山居歲月的學養基礎，其後的忙碌生涯，就好似提供了各種層面的實踐機會，好讓我以實務經驗來一一印證理論，又依此而拓展視界，將佛法拿來與當代對話。於是佛法不但沒有離我遠去，反而更深刻地銘印在我的心中。

近二十年來所有面對佛教與面對社會的人生經歷，以及十餘年來成立學團、統理大眾的經驗，不但不是我原先所擔憂的「打閒岔」，反而是給我一遍又一遍依「八正道」而操作人生的機會。

但是話說回來，如果沒有導師慈悲的引薦與智慧的指引，讓我有三年在福嚴精舍山居研教的基礎，我能在人生澗道無數個峰迴路轉之後，依然保持一潭湛然澄清的「出山泉水」嗎？是故對印公恩師，對福嚴精舍，以及這段生命歲月中所會遇的師友們，我至今仍有著刻骨銘心的感恩之情。而這份心情，或許就是讓我誓願盡形壽孜孜矻矻以護持正法、利濟有情的最大動源吧！

九十四年六月二十日，于尊悔樓

【後記】

本文全文約八千字，受限於期刊篇幅，故摘錄四千餘字，刊於九十四年六月第四六三期《慈濟月刊》、九十四年七月第七十五期《弘誓雙月刊》。茲將原文全部收錄於本書之中，以饗讀者。

「印順學」已在成形

——主辦印順導師思想學術會議感言

在台灣，以「印順導師思想」爲主題所舉辦的研討會，就筆者記憶所及，除了弘誓文教基金會近七年來所主辦（或與其他單位共同主辦）過的五場（民國八十八、九十、九十一、九十二、九十三年）之外，就個人記憶所及，另有印順文教基金會贊助現代佛教學會主辦過兩場，佛教青年會也曾主辦過兩場。爲一位思想家，前後共計舉行過九場規模頗大的學術會議，這在台灣，無論如何已算是「空前」的紀錄了。

即以弘誓文教基金會所主辦的上項研討會爲例，五屆會議下來，總計有四場專題演講（演講人都提供一篇論文作爲講稿），並發表過九部新書、六十二篇論文以及二十篇座談會引言（引言人有的只提供大綱，但大部分也提供全份論文）。若再加上今年五月即將舉行的第六屆研討會，則新書共計十二部，論文共計九〇篇，座談會引言資料二十三篇，其累積成果實不可小覷。若再加上中國大陸方面的相關會議論文，以及相關博、碩士論文、學術專書與學術期刊論文，則藍吉富教授所說的「『印順學』已在成形」，洵非虛譽。

研討會中，法師與學者們共聚一堂，深層探索導師思想，並討論「人間佛教」的內涵與理念。此外也有過一些歷史性的創舉，發生在民國九十年第二屆研討會開幕式上那場「驚濤裂岸，捲起千堆雪」的「廢除八敬法運動」即是一例。

那一年，中央研究院李遠哲院長與台灣人民尊敬的民主運動領袖林義雄先生，也正巧在同一樓層，參與另一場座談會，因此臨時應邀蒞會致詞。這是時代偉人在時空交會中的巧遇！未曾信仰任何宗教的李遠哲教授，第一次在公開場合，憶述自己過往在歐洲與人辯論佛教的輪迴觀，表達了他對佛教「眾生平等」義的認同與讚歎。

此外，兩次與其他單位的合作經驗，也都是令人難忘的。

一、九十二年的第四屆研討會，與現代禪文教基金會共同主辦，第一次將研討會的規模擴大爲「海峽兩岸學術思想交流活動」，那時，現代禪領導人李元松居士皈投於導師座下未久，神采奕奕，意興風發，宛若天真赤子，期盼能爲印公導師盡其孝思，在求同存異的原則下，帶領弟子們全力弘揚導師思想。未料好事多磨，他個人也因積勞成疾而英年早逝。至今思之，依然不勝唏噓！

那次的研討會，其重要性即是與大陸佛教學者之間，於會內、會外所作的深度交流。中國社會科學院世界宗教研究所副所長張新鷹教授，在那次研討會結束後拜會印公導師，深受高僧風範的感動，發心排除萬難，傾全力促成了兩年以後在中國大陸首度舉行的（以研究印公導師思想為主的）「人間佛教的思想與實踐」研討會。

二、九十三年，導師過去在文化大學執教時親炙座下的老學生——中華佛學研究所所長李志夫教授，同樣是排除萬難，全力促成了佛光、法鼓與慈濟等「人間佛教」三大教團，與弘誓學團共同主辦第五屆同一主題的研討會。這段合作往事，至今回憶起來還倍覺溫馨！李所長就像一位慈悲睿智的老爺爺，帶著我們這群小朋友開籌備會，鉅細靡遺地推敲工作內容與公告文字；四個主辦單位則輪流提供場地與餐飲，讓大家得以觀摩不同道場的景觀特色與行事風格，這比特地舉辦一場「參訪之旅」，還來得親切而深刻！弘誓只是小小學團，弘揚導師思想亦屬義不容辭的份內事，重要的是「人間佛教」三大教團的攜手合作，這在台灣畢竟還是前所未有的創舉，因此也引起了媒體的高度關注與報導。

回顧過往，驚訝地發現，這一系列研討會，原本是在紀錄、研究、檢討以印順導師思想為主軸的當代「人間佛教運動史」，竟在上述一些「破紀錄」的壯舉之中，共同締造著當前未來的「人間佛教運動史」。

一般而言，學術會議是專業學者將其學術成果提供出來，與同行之間互作交流的場域，參與者大都是學者、教授與研究生，因此往往「談笑有鴻儒，往來無白丁」。但筆者觀察前述五場研討會，參與的來賓，人數總是維持在五百人以上，他們來自各行各業，未必見得都是「鴻儒」。中研院學術活動中心的第一會議室只能容納兩百二十人，爲了不忍讓報名者產生向隅之憾，主辦單位不得不租借同一樓層中可容納三百人左右的演講廳，全程轉播會議時況，以供三百多位來賓觀看。而那些可愛的來賓，竟也可以兩整天自得其樂地枯坐在演講廳的冷板凳上，盯著投影螢幕，觀聽日後在**DVD**裡同樣可以觀聽的畫面與聲音，時而配合第一現場的發言內容，發出歡愉的笑聲、鼓舞的掌聲與激昂的喝采聲，與第一現場的朋友們聲息相通。

重要的是，每一屆的五百餘位來賓，並未經過任何動員。文書組調查發現，歷屆研討會的報名人士，大都是看到刊佈於《弘誓雙月刊》、佛教弘誓學院網站與電子報的相關啓事，或是主辦單位寄贈各寺院的研討會活動海報，而主動報名參與的。本院的學眾雖多，但由於逢遇假日，各常住道場大都有共修法會或其他宏法活動，學院一向叮嚀同學，要以常住事務爲重，因此參與會議的學僧不多。

再者，連續參加數屆的來賓也不在少數，顯見他們在參與過一次以後，因爲認同研討會的意義，所以樂意持續參加。研討會過程中的討論非常熱烈，會外互動的氣氛也十分溫馨、活潑，以筆者時常參加各種國內外學術會議的經驗來看，這樣的情形實不多見。

作爲主辦單位的主事者，筆者絕對不敢往自己臉上貼金，聲稱是主辦單位工作人員的努力成果。因爲前述種種（包括會議場次、論文數量、參與熱情等等），絕非主辦單位一廂情願就可以促成的勝緣。這應是作爲被研究或討論的對象——印順導師，其人格風範令人景仰，其思想與學問，有極大的廣度與深度，影響層面十分深遠，這才能引起學界與教界的持久重視與高度共鳴。筆者認爲，這才是以他老人家爲研究主題的學術會議，可以一場又一場舉辦下去，並獲得廣大迴響的主因。

前已略述，自從九十二年於華雨精舍拜會導師之後，張新鷹教授一心想在中國大陸，籌辦一場以導師思想爲主題的研討會，而且全力促成此事。九十四（二〇〇五）年八月三十一日與九月一日，他終於圓成了這項大願——中國社會科學院世界宗教研究所於承德舉行海峽兩岸「人間佛教的思想與實踐」研討會，參與大會的兩岸佛教學者二九人（張新鷹與曹中建兩位副所長分別主持開幕式與閉幕式），共計發表二十三篇論文。這是在導師圓寂之後首場——也是中國大陸首度——以印順導師思想爲主（兼研太虛大師與趙樸初居士之思想、行誼）所舉辦的研討會，對於一心繫念中國佛教教運的印順導師而言，其意義格外深長。

總上所述，台灣九場再加大陸一場，印順導師思想已促成了十場學術會議。對一位智慧卓絕如印順導師這樣的高僧，無論是過往的祝壽還是爾後的紀念，最有意義的莫過於「以法供養」。而大家以文會友，發表或聆聽相關主題的佛學新書與佛學論文，正是「以法供養」，用報師恩的其中一種形式，因此我們將在導師圓寂週年，持續舉辦第六屆「印順導師思想之理論與實踐」研討會。截至本文完成爲止，本次研討會的三本新書正在編輯、排版之中，二十八篇論文，已收到了十六篇，其餘十二篇與三篇引言，料亦將在近期竣稿。筆者大約瀏覽已收稿件，發現這些論文所討論的主題非常豐富、多樣，內容也很精彩。

茲舉曾在本院參學的澳洲華藏寺能融法師爲例，筆者鼓勵她以「妙雲編譯委員會」工作團隊的經驗，撰爲專文以饗讀者，她果然不負所託，以一萬五千字左右的篇幅，敘述他們在藏慧法師的領導之下，發心從事《妙雲選譯》工作的緣起、工作團隊成立的宗旨與組織特質、選譯內容優先順序的考量、翻譯工作的程序、譯語在用詞選擇方面的多重考慮、翻譯過程所遭逢到的困境，以及從事《妙雲選譯》工作的個人體驗與感想。這點點滴滴，都是非常難得的現身說法，而且也是當代佛學英譯工作極其可貴的經驗傳承。特別是在導師圓寂週年，發表這樣一篇在英語世界弘揚導師思想的工作報告，意義格外深長。

其他論文的精采內容，無法在此一一介紹。敬請諸位師友同道於五月二十、二十一日大駕光臨，讓新書與論文發表人，向大家分享他們研究或推廣導師思想所獲得的法喜，讓引言人帶領大家神遊人間佛教的藝術空間，並且相互打氣，讓「印順學」得以發揚光大，讓導師以他畢生心血所點燃的智慧之光，在弟子門生與私淑艾者的共願同行中，燈燈相續，薪火相傳！

九十五年四月二日，于尊悔樓

——刊於九十五年四月第八十期《弘誓雙月刊》

中編　活水源頭

—序跋篇

《妙雲集導論》自序

民國七十五年底，陽明山妙德蘭若的能淨法師，邀請筆者爲其所創「慧觀學處」的學生講述「妙雲集導讀」課程。時筆者於福嚴佛學院任教國文，已在印順導師的指導下，研讀唯識經論與諸律典，並細心地逐一研讀導師著作；研習法義而有所領會時，不免在佛教刊物上發表一些佛學文章，以向讀者分享法喜，因而受到教界前輩的鼓勵與讚賞。也許是這個原因，所以能淨法師會考慮邀請佛學研究資歷與人生閱歷都如此其淺的筆者，擔任起印順導師思想教學的艱鉅工作。如今回想起來，「小毛孩子」談大思想家博大精深的學問，簡直像是「小孩在拖大車」，真是太不自量力了！

無論如何，這一教，就起了個頭。緊接者，七十六年初，福嚴佛學院第四屆在最後一學期，加開同樣課程，亦由筆者擔任講學；七十六年九月，福嚴佛學院成立高級部，「妙雲集」的研修不輟，繼續了三年時間。此後，由於筆者下山從事護教護生之運動，事緣漸忙，於是慧觀學處的課程暫時告一段落，學生轉而到福嚴佛學院，與高級部學生一齊旁聽此一課程。

七十九年九月，第二屆高級部開學，筆者依然帶領著同學研讀「妙雲集」，而作第二度為期三年的「妙雲集」教學。一直到八十二年六月，這個持續六年又半的教學工作，才暫時劃上了一個句號。

有道是：「有意栽花花不發，無心插柳柳成蔭。」筆者忙中不退，努力教學，原是想報答印順導師的厚恩，栽培出一些福嚴佛學院的人才，好讓他們在未來擔負起學院的教學工作。然而到後來真正苦讀成材，並且在佛教界展現亮眼之弘法成績的，反而是以「印、中佛教史」與「部派佛教」之教學與寫作著稱的悟殷法師、以及以「阿含經」與「禪學」之教學與寫作著稱的性廣法師；而信慧法師與清德法師，如今也已擔任起「妙雲集導讀」的接棒工作。這四位，通通都是「旁聽生」！

在教學期間，同學們分組輪流將筆者上課的錄音帶逐字記錄了下來，並將文字稿輾轉傳印於教界。由於學生程度參差不齊，所以這些文字稿經常是錯誤百出的。印象最深的是：有一次，學生誠惶誠恐拿文字稿給筆者過目，請教此中「交通嬌小教育」是何密意。筆者乍看一頭霧水，無法想像自己是在何等「神智不清」的情況下，說出這番「夢囈」的。再仔細端詳上下文，險些笑破肚皮！原來那是「教忠、教孝、教義」之訛。

也因文字稿的精確性實在令筆者太不放心，所以民國七十九年間，傳道法師好心告知：願意讓妙心寺義工整理此一篇幅龐大的講稿，予以出版。但筆者卻因無暇仔細校訂此諸文字稿，而不得不予以擱置，不了了之。

這一擱就是十年。學生習學《妙雲集》，常不得不借助於當年課堂上錄下來的錄音帶，於是第二屆高級部學生維融法師就發心剪接成一百四十四卷錄音帶，並將上課要點製作成小本講義，由法界出版社予以流通。這一套錄音帶，原只是學生拿來複習與筆記之用，並未預期要予以流通，所以只用普通手提式錄音機錄下，其音質實在很差；展轉剪接之後，就更是不忍卒聽了。

也因此筆者心頭總是非常不安，很想讓文字稿快快成書，好取消錄音帶的流通。這樣既能同樣幫助後學研讀導師著作，又不用讓他們的耳根忍受劣質音聲之苦。但是筆者教學、寫作、護教、護生，諸事繁冗，早已忙翻了天，哪有可能處理此一龐大工程？

不料去年元月起，從妙心寺來弘誓研究部就讀的呂姝貞同學，卻與諸妙心寫作讀書會及高雄法印講堂義工，悄然開始進行文字稿的整理、鍵入與初步潤飾的工作，並預訂於每期《妙心雜誌》中予以連載。從此以後，筆者「被迫」每月抽出時間，限期看完初稿。往往為此不得不強打精神，熬夜趕工，以免耽誤了雜誌的出刊之期。

筆者向來視修訂演講稿為畏途，因為由鬆散的口語要改為精確的文字，實在不是一樁易事。而且思路為細碎修訂之所切割，無法如寫稿般一氣呵成，所以往往改稿所費時日，較諸直接寫稿，要花上兩三倍的時間，改出來的文章，還是沒有直接寫稿來得流暢。

而修訂「妙雲集講稿」，就更是痛苦不堪了。原來，這畢竟已是十餘年前的思想遺痕。十餘年來，無論是對佛法、對人生、對佛教、對世局，都已有了更深刻的體會。如今步入中年，再回頭來看這些「年輕時代」的成品，許多想法還是不夠成熟，許多立論也太過粗糙，未能將出處明確指出。這些都有待細心補強，但時間的分配有限，已不允許筆者做到這一點了。筆者所能做的，只是儘量讓文句的組成更富邏輯性，更通暢一些，至於許多當年隨口談論的觀點，卻已無暇翻查其背後之典籍依據。還有，許多對人事物的臧否，也已因心境轉變而觀感不同，這些更是不知從何改起，只能一刪了事。

無論如何，在匆遽而忙碌的弘法生涯裡，額外多了這一份改稿工程，這實在是計劃外的事，卻因姝貞的不斷催促，而「糊裡糊塗」地一篇一篇修訂出來了。

由於今年四月五日，將是印順導師九秩晉六嵩壽之期，姝貞告知：將於傳道法師的四冊《妙心文集》出版之同時，也將筆者此一講稿整理成書，先行出版《妙雲集教學講座》第一冊《妙雲集導論》，以後再依進度逐冊出書。

付梓在即，忽然想到，似乎應向讀者交代一下當年不自量力而作《妙雲集導論》的教學緣起，故此簡敘如上，並順爲感謝傳道法師、姝貞、妙心寫作讀書會與法印講堂諸義工朋友，以及當年為筆者逐字謄稿的福嚴佛學院學友們。沒有他們悲心願力或勤勉合作的眾緣成就，這部書是肯定不能問世的！

是為《妙雲集導論》序。

九十年二月二十日 于尊悔樓

——刊於九十年五月第六十三期《妙心雜誌》

清德法師《印順導師的律學思想》序

作爲一個對成員的道德要求極高的宗教，佛門的「戒律」，無論是針對僧團所設計的制度，還是針對個人所制訂的規範，都是不可忽略的重要學門。此中，尤其是攸關僧團制度與僧尼規範的律籍，部派眾多，篇幅龐大，豐富的素材，自然受到研究者的特別重視。

再者，戒律之實踐，是僧團和樂清淨、僧尼品格端正之必要條件；僧團和樂清淨、僧尼品格端正，又是「正法」得以「久住」世間的必要條件。然則僧伽戒律的研究，對佛門中的修行人而言，也就更形重要，因爲那已是「實務之學」。

佛陀時代，在家眾皈依三寶，依例大都進受五戒以爲言行軌範；其後因有僧團之建立，佛又爲無緣出家的居士們，制訂短期習學出家生活的「八戒齋」法。僧團初創時期，原無成文軌範，比丘們但隨佛而學，不覺在耳濡目染之中，端正言行，調整威儀，自然形成一種「望之儼然，即之也溫」的沙門氣質，不但自利（可以進修定慧之學），而且利他（可以令世人對佛教生起信心與好感）。

律典記載：自佛創立僧團以後，十二年來僧中無事，大致維持著和樂清淨的良好道風。

十二年後，漸有比丘之言行不軌——或則敗壞品德，形成自身修道之障緣；或則貽世譏嫌，形成弘法利生之障緣。於是佛乃「隨犯而制」，逐漸形成一整套附帶重輕罰則的成文法（波羅提木叉）。其他一向隨佛而學的威儀法（原本只是不成文法），與因應僧團運作之需要而不斷擴增的規制（所謂「作持」），這些原未附帶罰則，但等到成文法陸續編出之後，這些威儀法與規制，其中一部分也逐漸化約為成文法，連帶編派了較為輕微的罰則。

而女眾、兒童出家，也都因應其根機與需求，在比丘毗尼（成文法與不成文法）的基礎上，酌予增減條目與內容。

這些規制，如果無關乎個人德行，有時佛陀會因應實際狀況而調整內容（開緣或重制），有時也會因「邊地弘法得配合風土民情」之實務考量，而作重大的改變。總之，它們從來就不是一成不變的教條！但改變也不可能漫無章法，原來，制戒也好，重制也好，開緣也好，背後莫不依於「十種利益」。

這「十種利益」，會歸到「一大理想」，即是「令正法久住」或「梵行久住」。印順導師慧眼獨具，在律籍之中爬梳出這十大「制戒秘笈」，嘉惠後學良多！筆者稱此為「佛門憲法」，並認為：一切規範之制定，都以積極達成此「十種利益」，或消極不牴觸此「十種利益」為原則。終佛之世，為使僧團能建立符合「十種利益」的正確而清淨的生活，立法權一直在佛陀手中，至於行政權與司法權，則佛陀早已下放到僧團會議之中，顯然他是既要維持良好的道風，又要培養弟子們獨立行使僧團規制的能力。

佛滅之前，在戒律方面對弟子的重大叮嚀有二：一、僧團不要有「接班人的迷思」，要依波羅提木叉爲師，以建立法治（而非人治）的精神。二、立法權將有限度地下放到僧團之中，只要是無關乎個人德行的「小小戒」（雜碎戒），不妨因時因地制宜，而作適度的修正。

不料第一次結集大會中，當阿難向大眾據實報告佛陀曾有「小小戒可捨」的遺言之後，保守上座而又有教條主義傾向的大會主席摩訶迦葉，竟以「小小戒的衡量標準不易拿捏」爲理由，否決了佛陀的遺言，而裁定一切「率由舊章，不得增刪」的結論。即便是邊地弘法的富樓那趕來，告知佛世對邊地弘法的比丘，在部分戒律上已依實際需要而有所開緣時，摩訶迦葉依然置之不理。所以，表面上，他極度奉行佛所制戒，不敢有絲毫變更，實際上，他卻是兩度以自己的想法，推翻了佛陀的遺教。

此後，教條主義的保守派與實務主義的開明派，一直是並存於佛教之中，無法說服對方，卻也無法消滅對方。但由於保守派從一開始就主導著毗尼的結集權與解釋權，無法顧全邊地佛教的需求，也無法忍受開明派在規範方面務實作風的若干調整，這就埋藏下了第二次結集與部派分裂的種子。

保守上座不但因教條主義而無以因應多方變局，而且許多保守派僧侶，有著濃厚的階級意識，儼然把比丘尼、年少比丘、沙彌與白衣都當作是「第二等人」。此中白衣由於擔負財力上的支援角色，僧侶們也不得不禮讓三分；年少比丘與沙彌總有「媳婦熬成婆」之日，也不會永遠承受壓迫；卻唯獨比丘尼，如同《西遊記》中的孫悟空，被套上了那頂「八敬法」緊箍——即非屬「隨犯而制」（所以來源可疑），而且內容與罰則自相矛盾，對女性也極不公道的八項「不平等條約」，只要比丘們一祭起「八敬法」的緊箍咒，就得痛得抱頭滿地打滾。

而且比丘尼的這頂緊箍，至死無有出脫之期，所以不似年少比丘與沙彌，還可以捱得到「媳婦熬成婆」，等得到出頭天之日！於是，受到男性沙文主義比丘們制度性壓迫的比丘尼僧團，很早就絕跡於印度佛教的場域之中。此後在南傳與藏傳佛教地區，凡有「復興比丘尼僧團」之倡議，也一概被比丘們以「傳承已斷」爲藉口，予以封殺出局。佛陀欲令「梵行久住」而制訂戒法，卻被掌握著發言權的比丘們量身改裝，令世界一半人口不得「梵行久住」，這真是絕大的諷刺！

待到大乘興起，仰讚佛菩薩的聖德，令人興起了「有爲者亦若是」的奮發之志。然而千里之行，始於足下，要效法偉大的佛菩薩，也應從基礎做起。於是，發菩提心，持菩薩戒，成爲菩薩行人奉行六波羅蜜的「初階學習科目」。

起先只依「十善」而爲軌範，漸漸地，出現了專門記載「菩薩戒法」的大乘經論。但是，由於出家菩薩多寄身在聲聞僧團之中，在家菩薩也以個人爲主，終印度大乘佛教之世，始終沒有出現一個純依「菩薩戒法」而成立的「菩薩僧團」。於是，「菩薩戒」之於比丘僧尼，變成是在既有聲聞毗尼基礎上的個人道德要求，它無法完全取代聲聞毗尼「團體共治」的功能。

佛教傳到中國之後，諸部廣律陸續譯出，男女二衆也先後建立了僧團。爲了實踐的需要，戒律的研究變成刻不容緩的一件大事。中國傳統佛教對戒律的研究方式，大都依諸廣律版本而作抉擇，先作部派認同，然後以所屬部派之廣律爲標準本，分門別類展開解義、注疏的工作；依此研究結論，形成行爲依據。

然而，毗尼依古印度之時空背景而制訂，古德縱使再以殷重心，意圖全盤移植到中國來，都因時空、文化因素丕變，而勢必不得不面對著無法「率由舊章」的困境。於是，開明派不免參酌舊制，修訂一套「在中國社會行得通」的新制——禪門清規即是在這情況下的歷史產物。保守派則呼應摩訶迦葉之論，認爲律乃佛制，不宜作任何增刪；而行有不得，只能反求諸己，認定是「時丁末法，吾人業障深重」所致。

好在中國文化中一向有「通權達變」的處世哲學——窮則變，變則通！達到「令正法久住」的效果，當然比斤斤計較「小小戒」來得更形重要。所以保守派在中國，也只能困守一隅，縮爲一宗，無法與「臨天下，曹半邊」的禪門兒孫分庭抗禮。

然而開明要開明到什麼程度？會不會因標準太寬鬆而形成僧格的低落？中國社會的大環境也與時俱移，禪門清規難道就能全盤適用於今之漢傳佛教地區嗎？還有，中國佛教僧團之中，也已不自覺地承襲了某些來自印度文化與中國文化的封建氣息（如歧視女性與宗法世襲的階級意識），卻與佛陀平等無我的精神有所扞格，這些難道都應概括承受，而奉行於今之漢傳佛教僧團之中嗎？

還有，中國佛教既名之爲「大乘佛教」，當然不會不重視菩薩戒法，但是行諸僧團之中的菩薩戒法，一樣是在聲聞毗尼基礎之上而增益之，無法取聲聞毗尼而代之。故受戒登壇，在中國發展出了所謂「三壇大戒」的特殊戒場文化。然則當代志在行菩薩道的僧眾，是否可以圓成龍樹未竟之志，創立理想的菩薩僧團呢？

面對這些困惑，民初高僧太虛大師已開始尋求答案了。他並以雄心壯志，全盤規劃中國佛教「整理僧伽制度」的願景，試圖展開霹靂手段的教制革命與教產革命。

大師的改革精神雖受到歷史的肯定，然而在事功上，他是失敗了。原因不外乎保守勢力反撲，舊習積重難返，改革亦本非易事。除此之外，也與他未能充分理解律制形成之曲折原委及戒律學的關鍵法理有關。所以他但憑一股充沛的熱情與高遠的理想，衝鋒陷陣，既未能關顧現實因緣，又欠缺對保守派在學理上的說服力，這樣的教制改革，先天不足，後天失調，業已註定了失敗的命運。

印順導師承太虛大師「入世關懷」之精神，提倡「人間佛教」，並觀察現實，回顧歷史，展開了多面向的教史、教理與教制之研究，在每一領域裡，都可說是成果斐然。藍吉富教授曾盛讚他是「玄奘以來之所僅見」的大成就者，此點絕非虛譽。

在教制方面，他的成就也是多面向的，從律典的部類與內容，到戒律的法理與條文，他無不細心爬梳原典，挖掘關鍵性的文字紀錄，而提出眾多前所未見卻又有所依憑的卓越見地。

這些卓越見地，區區短文，當然無法詳備，茲舉其犖犖大者：

一、他依於「緣起中道」的根本見地，主張「眾生平等」，檢討佛教發展史上男女、僧俗、大僧與小眾處於不平等地位的偏差現象，特別為女眾作了篇幅極多、說服力極強的不平之鳴。

二、他直截了當地點出了佛法之思想與制度，都是「世諦流布」，不能脫離「三法則」的事實。這三個檢驗法則，在戒律方面的提撕有三：一、提醒著那些教條主義者，戒律不可能脫離「諸行無常法則」，所以不可能一成不變！二、提醒著那些宗派兒孫，戒律不可能脫離「諸法無我法則」——所以研修戒律，在主觀上不宜獨尊己宗；在客觀面，也要善觀不同時空背景所呈現的不同因緣，以作最切當的對應。三、提醒著那些陷於戒禁取見的人：不要忘了「涅槃寂靜」的法則，應時時檢視自己所自以爲是的「持戒」行爲，看它們是否能帶來利己利人的「解脫」效應？要善能簡擇這些「持戒」內容，究竟只是無謂的「禁忌」，還是真有「令梵行久住」或「令正法久住」的效用？

三、此三法則，也是戒律的研究法則，他以此三法則爲前提，融合了人文社會學門的一些研究方法，突破了傳統戒律研究法的窠臼，建立了新的戒律學研究方法論。

他雖沒有太虛大師全盤「整理僧伽制度」的雄心壯志，也自謙欠缺「建一個道場，樹百年規模」的祖師身手，但是，他默默掀起的，是影響層面更加廣大深遠的「思想革命」。此一影響，至今方興未艾，而且已看到了一些實際成效。

筆者早年的出家生活，深受「戒禁取見」之害，思想與行爲沒有出路，心中真有說不出的苦悶。所以一接觸到導師的律學文章，心中的無明迷障豁然洞開，深有「踏破鐵鞋無覓處」的珍惜之情。以後在導師的指導下研讀律典，也印證了：導師在戒律方面的看法是「鑿鑿有據」，而非自由心證的。近數年來，在倫理學與戒律學的研究方面，筆者業已建立了一套邏輯嚴密的觀念體系，並產生了若干研究成果，這都是受惠於導師的律學研究方法論與戒律思想之啓發。

另外，筆者雖同樣欠缺「建一個道場，樹百年規模」的祖師身手，卻在因緣際會中，將導師的戒律思想付諸實踐，與一群學友，揚棄了任何致令男女、僧俗、大僧與小眾處於不平等地位的教條與慣例，回歸佛陀慈悲、平等、民主的精神，成立了「四眾平等」的菩薩學團，而且成功地在和樂清淨、如法如律的僧團中，「依煩惱身，行菩薩道」，在一次又一次僧事處斷與生活應對的矯正之中，逐漸形成了慈憫孤弱、善觀因緣、培固忍力，自信而又不失謙和的道風。

姑不論筆者在各方面所承受到印公導師的法乳深恩，即便是在「戒律思想的啓蒙」一端，印公導師之於筆者，也是恩深義重，難思難量的！

在這樣的情感因素與認知前提下，任何研究或弘揚導師思想的人，都被筆者當作無比親近的良師益友（當然，這種一廂情願的想法，有時也會產生「熱臉貼人冷臀」的尷尬，但更多時候，我們是真能相互珍惜，相濡以沫的）！更何況是導師戒律思想的研究者呢？清德法師，就是筆者心目中勤懇弘揚導師思想不遺餘力的好學友。

清德法師早年畢業於靜宜大學，從淨行法師出家，在常住服務數年之後，爲充實弘法利生的能力，就讀於中華佛學研究所。他生性謙和溫厚，對正法有著強烈的好樂。爲此他對善能抉擇正法，出入諸家而立破無礙的印順導師，有著無比的欽敬孺慕之情；又因他作爲一介比丘尼，自問無論是爲了自利還是爲了利他，對戒律之理解奉行，都有刻不容緩的需求，於是，在他就讀中華佛研所時，決志以印順導師的戒律思想，作爲論文題目，並曾不恥下問，與筆者研議論文的研究方向與研究方法。

若依最嚴格的學術規範而言，倘要研究印順導師的戒律思想，首先必須將它置於古今中外佛教發展的時空座標之中，將其內容拿來與南傳、漢傳、藏傳的戒律思想作一比較研究，方能看出他在這方面的卓越知見。其次最好廣爲涉獵當今中外學者有關戒律研究的學術著作，方能正確評量他在這方面的特殊見地與學術成就。還有，史家如要評斷其戒律思想的人間價值，更會觀察：奉行此一思想的弟子門生與私淑艾者，能否成功地在現實社會中，建立符合此一戒律思想的僧團典範與實際事功？

然則這三方面的研究，都必須建立在對「緣起、中道」的堅固正見上，方有格量諸家高下的本事，而且這樣的研究方向，有的涉及繁難的經典語文與學術語文，有的關係到個人人生閱歷的限制，對於初入研究領域的學人而言，都絕非易事。

很難得的是：清德法師並沒有因此而打退堂鼓！他很清楚自己的局限，但他「求法」的熱切意念，遠遠大過於「寫一篇傑出論文」的雄心，於是，他甘冒「無法符合學術要求」的風險，義無反顧地維持了他的研究計劃。而且在寫作期間，他還謙虛地大老遠到新竹福嚴佛學院旁聽筆者的課程「妙雲集導讀」，希望充實他對研究對象印順導師的認知。這種不計利害、不恥下問而又認真勤勉的精神，給筆者留下了極其深刻的印象。此後，他不但順利寫完了論文，從佛研所畢業，而且加入了「弘揚導師思想」的行列，在佛教弘誓學院與其他佛教單位授課。

如今這本畢業論文，終於在江燦騰教授的鼓勵之下，趕在今年為導師慶祝九六嵩壽的前夕出版了。慶喜之餘，爰將戒律在古今中外之發展梗概、印公導師的戒學研究成果及其影響實例，以及清德法師撰寫本書的經過，作一簡要回顧。

筆者一向相信：凡努力過的，必留下痕跡！回顧這些過往的戒學研究，希望讀者能循著大德智慧與後學勤勉的足跡，在「戒律的理解與實踐」這條修道必經的途徑上，圓滿成功地走完全程——這將是本書出版的最大意義！

九十年二月十六日凌晨四時　于尊悔樓

《諸說中第一——力挺佛陀在人間》序

林建德居士新書《諸說中第一——力挺佛陀在人間》，即將在十月下旬出版。蒙作者不棄，請筆者爲本書寫序。筆者略讀全書之後，有兩種心情，一則欣慰，二則不忍。

何以會有欣慰之情？原因有三：

第一、建德仁者是筆者在佛教中所看到少數「好打不平」、爲他人可以「不平則鳴」（如作者序文所自況）的人，這與筆者的性格，實在是「臭味相投」的。由於這種人在「以和爲貴」的漢民族中，實屬少數，物以稀爲貴，所以出現了與筆者同樣的「異類」，筆者當然是非常欣慰的。

第二、筆者早年總是爲了維護印公導師思想（在筆者來看，是維護筆者所理解也認同的真理），而不免爲導師打抱不平，一一回應挑戰。讓教中許多大德，相當側目，視筆者爲「好戰份子」。然而隨著歲數漸長，諸事繁冗，已經無暇閱讀那些「批印」之論，更遑論「回應挑戰」！如此長期下來，難免讓「批印」人士以爲有機可趁，於是變本加厲，大寫特寫起來。

而筆者由於時間不足，也只能抱持「不以上駟對下駟」的原則，來個相應不理，並深信歷史洪流，可以沙汰這些言論泡沫。

然而「忍者默然，不忍者說」，這句律典金言，是筆者早年拿來證成自己「寧鳴而死，不默而生」之言行有理的「教證」，且前述「時間為我罩門」的苦衷，以及「不以上駟對下駟」的原則，並非人盡皆知（也有人明知而裝糊塗），於是一竿不入流之刀筆吏，乃一口咬定「印老門人釋昭慧一定是無話可說了，否則為何會這麼沉默」，然後達成「沉默就等於默認」的結論；不明究理的旁人，竟也展轉引用那些說法，把它們當作是定論。這樣對於不知情的讀者，是有可能產生「黃鐘毀棄，瓦釜雷鳴」的效果，而不容小覷的。

然則建德仁者竟然將筆者已無時間負荷的，大大小小「回應挑戰」的工程，奮力單挑起來，這讓筆者如何能不深慶老幹新枝，代代相拓，「弘印」法將，後繼有人呢？

第三、從建德仁者的論著以觀，筆者認為：他的辯證能力很強（可能因為受到英美分析哲學的專業訓練影響），對佛法的體會也切中要領，假以時日沉潛於內典之中，則其學術前途或道業前途，當必不可限量。以此筆者為建德而喜，為印公導師思想後繼有人而喜，為「法王座下又添孫」而喜！

但是在另一方面，讀完全書內容之後，筆者又不免有著一股深切的不忍之情，原因有二：

一、略讀本書，發現其中內容，大部分是針對現代禪教團的主張或溫金柯居士的大作而發的。然而無論是現代禪教團的創始人李元松老師，還是溫金柯居士本人，筆者都將他們視爲朋友。我們都很堅持各自的觀點，並不是那種爲了友誼而犧牲「真理」的人，由於彼此之間異質性極高，所以我們也時常會相互作直言諫諍。

然而具足友誼的諫諍，畢竟還是與將對方當作「論敵」，在語調與態度上，有極大的差異，因此，作爲李老師與溫居士的朋友，在讀本書時，看到建德仁者用極端銳利的方式表達其看法（針對溫居士的回應文最爲明顯），內心自是深爲不安與不忍。

二、「忍者默然」之「忍」，不祇是「忍心」之義，也被當做是「認同、認可」義。筆者在大方向上，贊同建德仁者對印公導師思想的闡釋，不認同諸如「印老不重視修證」或「印老所提倡的『人間佛教』，導致佛教淺化與俗化」的說法，這些均已表達在筆者所著《世紀新聲》一書[1]之中，茲不重贅。然而，筆者卻認爲，對現代禪、李老師與溫居士，我們要珍惜他們的另一種認同，亦即對印公導師思想與人間佛教理念，在異中求同的深摯情義。

年紀越大，在宗教界觀察越久，越發現哲學大師休謨（David Hume）說的有理：「理性是，而且應當只是情緒的奴隸。」當筆者體會到此一微妙的人性法則以後，在理性思辯之外，開

1 拙著《世紀新聲——當代台灣佛教的入世與出世之爭》，台北：法界出版社，民國九十一年四月初版。

始珍惜另一種認同，是即情感的認同。

特別是筆者十餘年從事社會運動，不斷地向社會與教界，展開理性說服的過程，會發現到：有些人雖然想法與我們不同，但卻往往基於感情上對筆者認同的緣故，而願意站在筆者這一邊。反之，滿口佛學術語的人，照理說應該較能與筆者產生同樣的觀點，卻往往只因對筆者個人甚覺側目（或是妒恨），於是連攸關佛門榮辱的事，都可以袖手旁觀，甚至隨時落井下石。民主社會票票等值，即使那些票源來自基督徒與一貫道道親，也有助於達成筆者的運動訴求。到那時節，你就會發現：情感的認同，也是一種彌足珍貴的認同。

基於以上的體會，針對現代禪朋友，筆者同樣珍惜他們對印公導師思想「情感認同」的可貴，認為在人間佛教的菩薩行伍中，多了一些可愛的朋友。說他們「打著紅旗反紅旗」，應非公允之論；因為現代禪一向自立門戶，而且有著自己鮮明的看法、主張與行事風格，反倒是李老師皈投「印公門下」，對於「在野外求生長大」而又重視師門倫理的現代禪人，是難免掣手掣肘、動輒得咎的。

然而這些世事人情的體驗，是急不得的。筆者在建德仁者那樣的年歲，還不一樣是橫衝直撞，得理不饒人的呢？再加上筆者身為學術中人，對任何一種學術思想，總是有一份尊重，因此只能誠懇表達自己的想法，而無意強力說服建德仁者來改變本書的內容。

無論如何，佛教學界的後起之秀林建德居士，即將出版他的第一本新書了！人生的每一項成果，在第一次面世的時節，對當事人而言，總是份外值得欣慶的大事。誠願分享建德仁者的這份慶喜之情，也期待他能以「不忍聖教衰，不忍眾生苦」的高潔心志，著作更多如理、如法的作品，向讀者分享他豐富的法喜！

是爲序。

九十二年十月三日下午，出發至印度龍城龍樹學院弘法前夕

中編　活水源頭

——對話篇

寒潭清水，映月無痕

——印順導師圓寂「焦點訪談」錄

主持人：楊憲宏
受訪者：釋昭慧
節目策畫：溫金柯居士
時間：民國九十四年八月二日
地點：中央廣播電台
節目：「為民服務——楊憲宏時間」焦點訪談
整理：德發、德風

近日檢閱電腦，尚有十餘篇演講或訪談紀錄，早經學生或義工逐字整理，卻因筆者無暇潤稿而暫予擱置。其中一篇訪談紀錄，是九十四年八月二日，筆者應溫金柯居士之邀而至中央電台，於楊憲宏先生所主持的「爲民服務——楊憲宏時間」節目裡接受訪談，向觀眾介紹印順導師其人、其事、其思想的訪談紀錄。錄音時間約一小時，全文長約一萬字。溫居士嗣後寄贈錄音資料，德發與德風兩位居士乃發心逐字聆聽，整理為文字稿。

筆者於十餘年前，與楊憲宏先生及其愛妻蔣家語女士，因動物保護的理念相近而成為至交。楊先生是虔誠的基督徒，思想非常敏銳，言談的內容，時常閃耀著慈悲與智慧的光芒，除了擔任媒體工作之外，亦兼任大愛電視台顧問，於大愛電視製作「印順導師傳」時，即曾與新聞部何建明主任蒞院錄影，與筆者展開深度訪談。他所提出的問題，極其精采而深刻，他的觀察也極其細膩，令筆者在回答時，有著遇到「善問者」，而能「扣之以大則大鳴」的喜悅！

本次節目中亦復如是，因此筆者思之再三，認為本文可以讓讀者瞭解到：一位智慧敏銳的基督徒，從佛門之外，對印順導師或中觀智慧，竟能作出如此細膩的陳述與高度的推崇。因此雖極忙碌，依然在許多篇有待整理的演講文字紀錄之中，優先將本篇講記作了一番潤稿，於印順導師一〇一歲誕辰前夕，交由《弘誓雙月刊》刊載。

昭慧記

■楊憲宏

今天我們來談印順導師——佛教近代以來，最具批判性的思想家，他的一生以及他的影響。我們非常歡迎昭慧法師來到我們的節目。

法師好！

■**釋昭慧**

楊先生您好！各位聽眾朋友大家好！

■**楊憲宏**

我們今天要談的是，今年六月四日，以一百歲高齡圓寂的，台灣佛教界最具有批判力的佛教思想家印順導師，他的一生和他的影響。

昭慧法師可以說是印順導師生前最親近的學生之一，他現在是玄奘大學宗教學系所的教授，是佛教弘誓學院的指導法師，同時也是社會團體關懷生命協會創會理事長，跨足學術界、宗教界和社運界，是台灣青壯年一代出家人中的重要人物。

我先來簡單介紹一下印順導師的生平。

印順導師是中國浙江海寧人。一九〇六年出生，一九三〇年出家。導師出家以後，很早就展露他在佛學研究方面的長才。當時佛教革新的倡導者太虛大師非常賞識他，也讓他協助講學。一九五二年受邀來臺灣以後，數十年來著述不斷，至一九九三年八十八歲才停筆。導師提倡重新認識佛教的真面目，主張開展出具有現代性、理性與人文精神的人間佛教，並對漢傳佛教的思想和信仰形態，提出溫和但是犀利的批判。印順導師的思想在台灣影響非常深遠，許多佛教學術界的領袖，以及宗教界的大德，像是慈濟功德會的證嚴法師，活躍在學術界、宗教界、社運界的昭慧法師，都是印順導師最著名的學生。

昭慧法師！容我先回憶一段往事。在他九十九歲的時候，我曾經在花蓮慈濟靜思精舍裡，見過印順導師，我見過他兩次。這中間有一次，是證嚴法師帶領一起去看他的。非常有趣，當場有這樣的一個局面：第一、導師非常和善，他開口說話，可是他的浙江口音非常重，所以我很尷尬，因爲他的話我大概只能聽懂三、四成。因此一下子沒能聽懂他說什麼。他其實是在告訴我，他小時候，在海寧，有著錢塘潮。他講那錢塘潮如何如何！他是思鄉的，是想家的，所以他才會講這些話。

我是沒聽懂太多，但「錢塘潮」三個字，我總算是聽懂了。證嚴法師問我：「你聽懂多少？」當著印順導師的面問我聽懂多少，我說：「我真的聽不懂。」（這時候不能假裝說我聽懂）證嚴法師忽然告訴我一句話，她說：她也沒全聽懂。那時我產生了兩個疑問——後來我也以此請教過證嚴法師。

我說：「印順導師是你的老師，他的話你沒聽懂，這師生關係是怎麼建立的？」她聞言笑而未答！我想，佛教可能不祇是運用言傳，身教可能更爲重要吧！

我今天要請教妳的是另一個疑問。當時我聽他講這些話，忽然發現：這個大和尚，其實是很想家的。可是他不回去，他以台灣為家。那麼，佛教是否必須離鄉背井，進入一種修為？可是人還是人，那一本《平凡的一生》，文字非常簡練，我看了很感動！印順導師到最後，……我沒有機會講他這件事情，是因為怕有所不敬。不過現在他已圓寂，我可以說說自己的感覺！他在六十歲寫了這本書，當時他就說：有一天，有人會這樣記載，某年某月某日，這人就這樣死了。就這樣結束，像落葉在流水中一樣。落葉落在流水中，不知飄到何處？

這段話，看起來好像蠻虛無的，可是他又是這麼重要的佛學導師。這樣的一個意境，所代表的是什麼？我很想知道！昭慧法師，我們過去在談到印順導師的時候，因為他的人還在世，有些話我彷彿不方便多問。可是這個時候，我覺得可以總結他的一生，你怎麼看呢？你怎麼去蓋棺論定他這樣的一生呢？

■釋昭慧

如果光從呈現他的人生意象的那一段話，拿來「蓋棺論定」，可能是不足的。對他的蓋棺論定，牽涉到的層面很廣。

至於他以「落葉」自況的心境，個人以為，一方面他本身一向謙遜為懷，他以因緣觀照此生，感覺到諸多不可思議的因緣，推動他走著這段人生旅程。所以他不會以個人的成就而自豪，反倒謙遜地以「落葉」自況。

另一方面，在他這一生當中，身體不好，再加上戰亂頻仍，所以他認為，個人健康因素與時勢因緣都推移著他，連生死也由不得他做主。抗日戰爭時，他沒有想要逃難，可是因緣推移著，他也就很自然的到達大後方。國共戰爭時，他也沒有想要走避，卻被因緣推移著，離開大陸而到達香港。他沒有想要居住在台灣，卻又被因緣推移著，竟也就定根台灣。所以他會覺得，一生宛若被流水推移著漂泊的一片落葉。

再一方面，他的佛學成就非常偉大，但是整個大環境的佛教傳統，還是非常保守，他走到那麼前面，一般佛弟子，乃至追隨他的學生，都很少能理解他的思想。尤其是在那個時代（在他六十歲寫《平凡的一生》的時代），還是很少人聽懂他真正在講什麼，更遑論身體力行。他在書中很感慨地說，他離中國佛教愈來愈遠了。他又曾說，新義如故，講與沒講還是一樣，無足輕重。可以說是先知寂寞！也許在這樣的情況下，他有這樣蒼涼的感懷吧！

■楊憲宏

我們把話題回歸到他的出家——他很努力想出家，差一點出家不成，到最後終於出家成功的那段往事。那時候出家真難啊！當時的中國社會，是戰亂社會，佛教一般幫人唸經送亡的經懺僧，相當程度可以說是一種墮落。那是做一種身份，過一種生活，然後賺一點錢來糊口。我想，他是在那個時代裡，憬悟到這樣的佛教，已經離釋迦牟尼佛的本懷太遠。所以他要回到那佛之本懷。

這個過程，他憑藉著一己之力，熟讀整部藏經，有所領悟，然後將他的領悟寫了出來。那樣的意志力，影響了整個佛教與社會。他曾經有過很重要的思想辯證，包括回應當時儒家人士[1]對佛教的批判。他將這份憬悟最後定調爲「人間佛教」。我知道，昭慧法師妳也曾經有一段時間，非常親近印順導師，有這樣的因緣，你怎麼看這一段——他思想的轉折，以及非常批判性、革命性的想法？

■釋昭慧

我親近他的時間，算是相當長。一直到他圓寂之前，我都時常親炙座下。從民國七十一年認識他，一直到他圓寂的民國九十四年，算起來足足有二十四年之久。我看他的情形是這樣的：他從來沒有改變自己的中心思想，那就是：對於佛教在印度趨向神化，在中國趨向鬼化，在兩個國度裡，被兩種文化拉扯著而幾近面目全非，他不但極表關切，而且深不以爲然。但是，要跟文化對抗，簡直像是跟空氣對抗一樣！文化是無所不在的。爲什麼中國佛教

1 編按：在此應是指新儒學者梁漱溟先生。

會導致（你剛纔所說的那種）經懺佛事盛行的局面？其實也跟中國「厚葬久喪」的儒家文化有關。也就是說，文化的頑強力量，拉著一群出家人，不知不覺或是自甘墮落地，不斷往這條應赴僧之路沉淪。

他像他的老師太虛大師一樣，都想在強大的文化慣性中力挽狂瀾。兩人最大的不同是生命特質：太虛大師是革命型的人物，氣象恢宏，有過「大鬧金山寺」的革命紀錄，想要讓整個佛教改革體質，因此喊出教制革命、教理革命、教產革命的口號。這位革命和尚不但意志堅強，而且情感澎湃洶湧。

印順導師呢，我曾形容他「寒潭清水，映月無痕」。他是一個感情非常平靜，生活非常淡泊的人，思想深邃而行動務實。他看到了太虛大師改革失敗的殷鑒，深深知道：改革不是那麼簡單的。一下手就牴觸那麼多人的既得利益，人家當然會爲了維護利益而來個大反撲，這樣還不是等於在原地打轉！因此他從更根源處著手。

思想問題正是根源問題，必須讓人從心靈深層來作改造，也就是從思想與觀念來下手改革。所以終其一生，他並沒有實際在制度層面，展開革命的霹靂手段，但是他幾乎革了所有人的命——就佛教界而言。他可以說是把佛教大地全面鏟了一層表土，把漢傳佛教、南傳佛教、藏傳佛教，所有他看得到的錯誤，通通給它捅了出來。這可說是搗了好幾個大蜂窩，難怪會讓許多宗派徒裔與利益人士錯愕、驚駭、反彈、攻擊！

■楊憲宏

他不停做著精密的經典訓詁工作。回到經典，其實正是「正覺」。我看他的文稿，時常出現「正見」這樣的字眼。無論是佛教界或學術界，常常不求甚解。一個不求甚解，兩個不求甚解，一百個不求甚解，這樣下來，就容易以訛傳訛。其他宗教也有這樣的問題。

基督教在過去很長的一段歲月，也很重視所謂「叛教」的問題。所謂「叛教」，並不是背叛原始的基督教，而是背叛那個教會。因爲那個教會裡頭，所傳所言已經不是真實的基督福音了。馬丁路德就是這種「叛教」精神的代表，他其實是要回歸到基督的本懷。在這個過程中面對著很多的爭戰，也產生很多思想的暴衝，到最後大家才有機會回到「基督的本懷」。

我常常在閱讀印順導師的著作時，用不同的方式，看到了另外一個馬丁路德的形象。同樣的，佛教系出多門，有著很多不同的教義解讀與修行方法。當「無量法門悉現在前」的時候，一般人是無法選擇的——並不見得通達諸法，得大智慧。我在讀他的書籍時，認爲這對很多人而言，是「當頭棒喝」。例如針對天國化的「西方淨土」，他提出了「諸佛世尊皆出人間，終不在天上成佛」這樣的主張，其實是很重要的，因爲這正是「人間佛教」的基礎精神。

昭慧法師，妳可不可以跟大家談一下妳學佛的過程？有這麼一段經文的解釋，回歸到人間佛教，這對你個人的意義是什麼？

■釋昭慧

我常常在想，現在許多學生跟著我學法，他們起步踏入佛門，就跟著我聽課，那些思想，宛若空氣與水那般自然。當然這樣也好，一開始就培養出了「回歸佛陀本懷」的正見。但也因爲如此，他們會將一切答案，視作理所當然，所以「思想會遇」的珍惜感沒那麼強烈。

回顧我自己出家的年代，那還是佛教剛剛由弱轉強的時期。佛教僧尼長期以來被社會藐視，僧團內部也充滿著僵化、保守而令人窒息的空氣。無論是在思想面還是制度面，很多的「佛言佛語」，讓我感受到的不是智慧與慈悲，而是「不很人性」，可是以我那時的佛學素養，也沒有辦法找到思想的出路。也就是說，雖然感覺它不正確，但到底什麼才是正確的答案？我自己也搞不太清楚，我只是在尋尋覓覓。

當時印順導師的著作，在傳統的佛教圈，是被很有默契地封殺的，我不太有機會讀到它。等到我終於有緣接觸導師著作，真覺得是「踏破鐵鞋無覓處，得來全不費功夫」，是生命境界的豁然開朗，是傳道法師所說「忽然間打通了任督二脈」的那種感覺。

正因爲導師的智慧，是我們在生命無數個跌跌撞撞，尋尋覓覓之後悄然會遇的，所以珍惜感總是油然而生。他們這一世代跟在我們身邊的人，反倒不容易產生這樣強烈衝擊與突破困境的感受。可以說，導師思想之於我個人的生命，不是一聲遙遠的呼喚，一個不切實際的願景，而是在佛門歲月的生命探索過程中，在「此路不通」的懸絕心境中，峰迴路轉的無限風光。

「此路不通」的情況有兩種，一種是屬於個人任情發揮的思想觀念，完全不管原典在說什麼，一味裝神弄鬼，或是自由心證。另外一種人也很討厭，他自認為抱住了經典，可是卻完全沒有經典中再三申明的「緣起」智慧，因此陷於「依文解義，三世佛寃」的險境。

經典的流傳，與聖經一樣，是經過很多世代，不斷在結集過程中沉澱下來的文字紀錄。裡面難免會摻雜佛弟子的個人意見或學派觀點，並且映現部分社會文化的價值觀。如何可以把這其中的每一個字、每一句話，都當作是佛陀的遺言呢？讀過佛教文獻史就知道，我們是無法這樣「掛保證」的。

可是這第二種人，往往一口咬定一切經語皆是佛說，聲稱教制不能有絲毫變動，這就形成基督宗教所說的「法利賽人」，死在教條底下，讓人感到沒有人性，冷酷無比。

這自由心證與不知變通的兩種人，落於兩個極端，打造的都是「不通之路」。可是印順導師卻不落入兩極，直下把握「中道」。一方面他極其嚴謹地解讀原典，另一方面，他依據佛法的精神，以更高廣的視野來看待原典內容。凡諸不符合根本佛法（緣起、無常、無我等）的言詞，即使信誓旦旦指是「佛說」，吾人都不可不善加揀擇。我認爲他這樣的治學態度，在佛教界是一項很大的突破。當然，這樣也會觸惱一些認爲「經典就等於聖旨」的人。

■楊憲宏

我們知道，印順導師整個佛教思想的核心，可以說是相當程度地認同龍樹中觀。中觀的核心思想是「緣起性空」，我們在他的著作中，常常讀到這種精神，其實這正是最深刻的佛教哲學反省。就台灣來看，這些思想到目前爲止，對新生一代的佛教信仰者，依然是深重的衝擊。另一方面，印順導師的圓寂，在文化界也引起了非常鉅大的震撼。我們談論他的思想，都會觸及到龍樹、中觀，可是中觀似乎在佛教思想中，又是一個很艱深的概念，它的思想層面甚至超過了宗教層面。我想請教昭慧法師的是，妳怎麼去理解印順導師跟龍樹中觀之間一脈相承的關係？

■釋昭慧

這是很有意思的問題！我想，一般宗教的生命探索，會承認現象界是有些虛幻而不美好的成份，於是要去尋求真實而美好的境界。在這樣的探索過程之中，總認爲，應該有一個實在的、本質的X，無論要把它叫作上帝，還是叫作神我、大我、真心、本體。大都會認爲，如果沒有那個更真實的本質作爲依據，又怎麼會出現這些虛幻的現象？那就是「假必依實」的方法論——承認現象界虛假不實，相信它來自更高的真實，於是從而探索真實。

可是，龍樹哲學卻是逆向思考的。他認爲虛幻的現象，本就不必來自更爲本質的實體。如果有一個所謂本質的X，那就表示這個X是不須依靠因緣條件而就存在的。如果這樣，那麼X在過去、現在與未來永不變易，一個人倘若是凡人，他將永遠是個凡人，而不可能轉凡成聖。

他的辯證非常犀利，他也確實回歸佛陀的本懷——直指諸法是來自因緣和合，所以呈現或此或彼的現象，並且忠告吾人，不須依於現象來尋求永恆不變、獨立自存、真實不虛的「自性」（svabhāva）。性空，即是自性空，這不是空空蕩蕩，也不是虛無主義。他反倒提醒我們：當你能夠打破尋求自性的迷思時，才能夠真正的掌握現狀，改變現況，並且對諸如實體、本質之類的事物，不再心存幻想。

■楊憲宏

我自己讀這部份的意外收穫，倒不是佛學上的問題，也不是思想上的問題，而是非常基本的，人的大腦的問題。昭慧法師把這樣一段哲理，用這樣淺白的方式講出來，我相信很多聽眾，聽了以後就會似有若無的感受到那樣的存在。雖然中觀的境界不曾體悟，可是彷彿可以理解。

從龍樹中觀思想的形成，一直到我讀到印順導師有關中觀的論證，我時常不免驚歎：這麼複雜的思維，人的大腦竟然可以想得出來！這是了不起的邏輯連繫，看起來好像一堆神經眼與神經線在連來連去，虛實之間有非常多可以論證的東西。

達賴喇嘛從一九八七年以後直到現在，每兩年一次，他就著佛學理解，與許多意識研究、認知科學研究、精神醫學研究的科學家，針對意識與心靈問題（包括西藏「靈童轉世」的觀念）來作對話。當然，論證到目前爲止，都還沒有答案，可是他已經在那個方向往前邁進了。

我看龍樹的中觀概念，其實已觸及到人類意識流的深層。很多看起來有點表演性質的事情正在發生。有些高僧能夠完全用意識來控制自己的呼吸、心跳等等，然後慢慢把它放下。這證明人類的思想，是可以直接指揮肉體的。但思想又是什麼呢？思想不是一個很具體、真實的東西。要描述思想是怎麼一回事，其實非常困難。意識是怎麼回事？有一塊叫做「意識」的粒子，在細胞內穿來穿去嗎？不是，但它又真的存在。我的學習背景是大腦研究，所以對它非常有興趣。我們今天談到龍樹與印順導師思想一脈相承的中觀，它開啓了一個在科學上非常值得探究的內容。兩千年前它竟已存在，這不是用科學方法獲得的答案，而是用另外的思維方式，貫串出了一套解釋現象的體系。在這裡我請教昭慧法師，中觀這樣的思想內涵，是怎麼吸引著佛教的信仰者，包括昭慧法師你自己呢？

■釋昭慧

在諸多的信仰形態裡，照理說，追求真實，認爲有一個本質的東西是至善的，是深深在內或高高在上的，這樣在我們心裡，會有一種比較踏實的感覺。例如說：人性本善，只要回歸到原點就好。這給人的激勵是很強大的。龍樹這把手術刀卻極其猛利，他讓這樣踏實的感覺瞬間粉碎！你確實問到了關鍵——中觀思想爲什麼會吸引人？

就我個人的生命經驗而言，有兩個原因，一是在理性層面，一是在經驗層面。就理性層面而言，我體會到佛陀所說的因緣生法——確實沒有「終極實在」可言。這是一個很高明的方法，而且是一個如實觀察世間的忠誠態度。原來，只要你以任何一個X作爲「終極實在」，那將不是一般常識所能經驗到的，往往須要透過想像與信仰來接受它。這種東西你只能說：要信，不能不信！等到你信了以後，心裡接受這個答案的暗示以後，它很有可能會忽然間呈現在你的心中，於是你就更是視爲真實不虛的美妙見證，證明「那就是了」。

但是對那些沒有相同經驗的人而言，這些見證永遠是「鷄跟鴨講」，無法對焦。佛說「緣起」，龍樹接著講「緣起性空」，印順導師將它作爲佛法綱領，這套思想體系有一個好處：理解它不須透過想像與信仰——這是在理性方面的思辯。

在經驗的層面，我深深感受到，世間有許多的苦難，來自意識形態的鬥爭。意識形態往往使人覺得：真理站在他這一邊，真理就在他的身上。至於對方所說的，他會認為，那不是真理，有時甚至會很粗暴地意圖征服對方，強迫對方接受這個「真理」。意識形態往往產生人與人間、國與國間、族群與族群之間，非常殘酷的鬥爭。

回到原點來看，佛說「緣起」，這提醒著我們：你、我，我們每一個人，我們的生命經驗都是有限的因緣生法。例如，我們跟中國大陸土生土長的人，很難有完全相同的生命經驗、歷史情懷與思想訓練，許多因緣是不一樣的。我們被拋在各自接觸的眾多因緣裡，就宛若水面落葉，各自不知飄向何方。在這諸多因緣之中，我們要怎樣自處？彼此之間要怎樣互動？這正須有觀照因緣的智慧。否則動輒將自己視作真理，一定要把對方全盤否決。由於對方未必見得會從地球上自動消失，那麼，他的存在，豈不就永遠礙著你的眼目！若要處心積慮讓他消失，那你肯定會跟他產生激烈的鬥爭；縱使你把對方消滅掉了，到頭來也會遍體鱗傷、面目全非。

中觀智慧提醒了我：意識形態正是一種虛幻的「自性見」，因此佛法帶給我無比平安的感覺，讓我有能力與統派和獨派這兩極意識形態的人士真誠共處。讓我能跟基督宗教的教徒，或是主張「真常唯心」而不認同「緣起性空」思想的佛教徒成為好友。原因是，在因緣推移之中，你、我，我們都是緣起性空的相對穩定個體。所以我不要把自己或他人加以定格，而要時時易地而處，尊重對方的歷史情懷與生命經驗。這樣，我們之間自會開啓一道明朗的溝通渠道，它搭建在雙方善意的平台之上。以上這種思維的本身，同樣是很好的因緣生法。這是中觀智慧在經驗層面帶給我的啓發。

■楊憲宏

這可說是中觀思想的實踐。我自己是透過印順導師的著作，方纔認識到龍樹中觀，如果不是透過印順導師，我沒有辦法完整地透視整個中觀思想。剛剛我們的那一段對話，其實透露了我自己的思想訓練。即便到今天，我認爲這套思想，還是二十一世紀最爲先進的思想，而它竟然出現在幾千年前的佛教之中。然而就我的理解，龍樹的中觀思想，在兩千年來中國佛教的主流是並不重視它的，到了印順導師以後才又受到重視，是不是這樣呢？

■釋昭慧

認爲「個體生命內在有一種真實本質」的如來藏思想，確實是中國佛教的主流。

■楊憲宏

在中國佛教而言，中觀的想法，是到了印順導師以後才被重新認識的，現在的情況如何？

■釋昭慧

印順導師的思想逐漸普及，知識份子思考力比較敏銳，相當能接受這套「立破無礙」的辯證方式。所以他們大都歡喜導師思想。再加上世界佛教交流的資訊豐富，西藏佛教有大量中觀論疏，南傳佛教則一本「緣起」以貫徹佛法要旨。他們會在文獻之中互相印證，發現印順導師的思想確實比較接近佛陀本懷。但「回歸佛陀本懷」不等於「回歸佛陀時代」。印順導師拒絕復古，思古幽情往往無視於時空差異，障蔽了觀照因緣的能力；把復古視作真理，已經又落入自性見了。

■楊憲宏

這個思想是很珍貴的！很多人是借古說今，不免訴諸古老的權威。我們不能將古早狀況完全置之不理，因爲古人有他們的智慧。可是幾千年前的現況要完全復原，這也未免是一種愚昧。

想來最可貴的不是復古，而是善念吧！善念被集中，就產生了一種力道。這股力道最後還是要在俗世之中獲得伸展。印順導師因低俗化的中國佛教現況而受到衝擊，於是進行一種對社會貢獻鉅大的思想改造工程。當然那是俗世，是「即人間而淨土」的俗世工程。所以，昭慧法師可不可以跟大家介紹，如何從亙古以來的中觀思想，化作一種善念，發爲實踐而兌現在當前？

■釋昭慧

楊先生，你提問題高明而切中要害。對導師個人而言，本來是研修佛法的喜悅，使他選擇過出家生活，但佛教現狀又使他深覺困惑。他在學院的象牙塔裡其實是很平安的，因爲他淡泊自甘，悠遊於學術之海，大可自我滿足，法喜無量。

新儒學的開山祖師梁漱溟先生有一次在漢藏教理院演講，提及「此時、此地、此人」的觀念。他爲自己的「棄佛入儒」而現身說法，他看到民生凋敝，國難方殷的現況，這使他不但選擇了重視現實事功的儒家，而且實地進入基層的農村，想要施行社會改造。這段與新儒大家的思想會遇，給印順導師帶來很大的思想反省。如果說，這麼傑出的思想家竟然會棄佛入儒，那佛教必須痛下決心，反省到底問題出在哪裡。這對導師是一個很大的增上善緣，激發了他力挽狂瀾的善念，使他提供了「人間佛教」的理想藍圖，讓眾生得到更多佛法的饒益，讓佛教能夠更爲健康而寬廣地幫助廣大眾生。

■楊憲宏

昭慧法師談到「此時、此地、此人」，六個字看似簡單，可是卻像三根利劍，直穿佛法真義的三根利劍。想來釋迦牟尼佛，正是依「此時、此地、此人」，而建立了悲天愍人的教法，相傳數千年而延續至今。

今天非常高興，有這樣的機會訪問昭慧法師，來談論印順導師其人其學。我們正是在此時、此地，討論此人——虔敬地追思印順導師的生命故事！

——刊於九十五年四月第八十期《弘誓雙月刊》

有關「慧解脫阿羅漢」有否「涅槃智」之討論

——與開印法師論法函

一、開印法師致悟殷法師函（副本致昭慧法師）二〇〇三年八月十四日

悟殷法師您好！

印公導師的「慧解脫阿羅漢沒有涅槃智」，我也認爲是與原來經論有出入的論斷。第一次讀該書時，我就有一種感覺，覺得它與在南傳道次第不合，也與《瑜伽師地論》有出入，因兩者皆認爲：必依法住、涅槃二智方證得慧解脫。實際上，南傳佛教「種姓智」是以近分定見涅槃，之後，即使純觀行者也必以相當初禪的出世間安止速行所證得涅槃。現在福嚴研究部同學是以《大毗婆沙論》的未至定與根本定的分別來支持導師的論斷，我覺得不夠明確直接，且對這部論著有誤解之處。據我所知，至今爲止，還沒有直接又明確的論據支持該一觀點。

慧解脫阿羅漢只有法住智，在南傳佛教論義中是極不可思議的！還有導師對見井水喻的

判斷也與南傳覺音的註釋及《瑜伽師地論》攝事分中的註解不同。也許，這是導師爲了施設人間菩薩行的忍而不證有些關連。

這是多年前發現的，兩年前也曾與呂勝強老師大概討論了一下。這次是因福嚴研究部同學論文提及，我希望同學勿先入爲主以爲導師的這論斷已是佛教界定論，導師說的「在佛教界」四個字，讓不少同學以爲是定案（說不定還是諍論的開始？）。我現在能做的，是就所知的「異見」與同學分享而已。

我贊同，這一問題不必昭告大眾說是導師有誤，不妨「保留」，或私下先討論，待日後擁有更肯定文獻及研究成果呈現時再說，說不定到時導師是「另有密意」？

不知昭慧法師和性廣法師所收集到的資料如何？我樂於恭聽！

敬頌

禪安！

開印合十

二、覆開印法師函（一）二〇〇三年八月十九日

開印法師法鑒：

您八月十四日致悟殷法師，並將副本轉寄給我的大函敬悉！由於近日非常忙碌，所以只能延到今（十九日）晚，方才詳細拜讀大函，並且逐一答覆。敬祈諒察是盼。

大函指稱：「印公導師的『慧解脫阿羅漢沒有涅槃智』，我也認為是與原來經論有出入的論斷。第一次讀該書時，我就有一種感覺，覺得它與南傳道次第不合，也與《瑜伽師地論》有出入，因兩者皆認為：必依法住、涅槃二智方證得慧解脫。實際上，南傳佛教「種姓智」是以近分定見涅槃，之後，即使純觀行者也必以相當初禪的出世間安止速行所證得涅槃。」「慧解脫阿羅漢只有法住智，在南傳佛教論義中是極不可思議的！還有導師對見井水喻的判斷也與南傳覺音的註釋及《瑜伽師地論》攝事分中的註解不同。」

大函提及您在福嚴佛學院研究部與學僧們討論此一看法，而產生異議之時，說道：「我希望同學勿先入為主以為導師的這論斷已是佛教界定論，導師說的『在佛教界』四個字，讓不少同學以為是定案（說不定還是諍論的開始？）。我現在能做的，是就所知的「異見」與同學分享而已。」

我認為，整個問題出在，您自己錯解了印順導師的意思。導師在此一議題上，並沒有說

過「在佛教界」四字，也沒有說過這是「佛教界定論」或「定案」，乃至於，《空之探究》的原文，也並沒有「慧解脫阿羅漢沒有涅槃智」的說法。導師該書在相關議題上的原文是這樣的：

> 須深出家不久，聽見有些比丘們說：「生死已盡，……自知不受後有」，卻不得禪定，是慧解脫prajn~ā-vimukti阿羅漢。須深聽了，非常疑惑。佛告訴他：「彼先知法住，後知涅槃」。慧解脫阿羅漢，沒有深定，所以沒有見法涅槃drṣṭidharma-nirvāṇa的體驗，但正確而深刻的知道：「有無明故有行，不離無明而有行」；無無明故無行，不離無明滅而行滅」（餘支例此）。這是正見依緣起滅的確定性——法住智，而能得無明滅故行滅，……生滅故老死滅的果證。這樣的緣起——依緣而有無、生滅的法住性，怎能說是無為呢！（《空之探究》頁二二一—二二二）

因此我認爲，導師於《空之探究》中，之所以會肯定地說慧解脫阿羅漢「沒有見法涅槃的體驗」（注意：不是「沒有涅槃智」），其「見法涅槃」者，是專指有滅盡定而相似於涅槃的經驗而言。因爲有滅盡定經驗而未得阿羅漢果的聖者名之爲「身證」，可得不還果，但慧解脫阿羅漢並無滅盡定之經驗。因此，導師認爲他們沒有「現法涅槃」的經驗，可是並不是說他們沒有「涅槃智」。請注意，慧解脫阿羅漢知法寂滅之智（涅槃智）當然是有的，但「現法涅槃」的體證，卻因滅盡定之不具足，所以尚未有之。您將「涅槃智」等同於「見法涅槃」，其實，此二名相的意義，是不相等的。但我也不否認：由於導師數度將「涅槃智」緊鄰於「見法涅槃」而作論述，所以讀者確實容易產生「兩者相同」的錯覺。您就是因此而以爲導師說「慧解脫阿羅漢無涅槃智」的。

在《印度佛教思想史》（頁七二—七三）中，導師如此分別兩種阿羅漢：

> 佛法中的阿羅漢arhat，有慧解脫prajn~ā-vimukta與俱解脫ubhayatobhāga-vimukta。慧解脫者是以法住智dharma-sthititā-jñāna，知緣起的因果生滅而得證的。俱解脫者能深入禪定，得見法涅槃dṛṣṭadharma-nirvān!a，也就是以涅槃智nirvāṇajñāna得證的。阿羅漢如此，初見諦理的，也就有此二類：以法住智見道的，與次第見四諦得道相合；以涅槃智而證初果的，與一念見滅得道相合。修學者的根性不同，修證見諦，也因師資授受而形成不同的修學次第。

此處重在談：重慧學派承認有不得禪定的阿羅漢，但並沒有說他們在依「法住智」而得證之後，依然沒有涅槃智。在《印度佛教思想史》（頁二八—二九）中，導師就對慧解脫阿羅漢是否有「涅槃智」作了明確的分別：

從釋尊的教說中，可見阿羅漢智有先後層次，也有二類阿羅漢。一、法住智dharma-sthititā-jñāna知：緣起法被稱為「法性」、「法住」，知法住是知緣起。從因果起滅的必然性中，於（現實身心）蘊、界、處如實知，厭、離欲、滅，而得「我生已盡，梵行已立，所作已辦，不受後有」的解脫智。雖沒有根本定，沒有五通，但生死已究竟解脫，這是以慧得解脫的一類。二、涅槃智nirvāṇa-jñāna知：或是慧解脫者的末「後知涅槃」；也有生前得見法涅槃dṛṣṭadharma-nirvāṇa，能現證知涅槃，這是得三明、六通的，名為（定慧）俱解脫ubhayatobhāga-vimukta的大阿羅漢。雖有二類不同，但生死的究竟解脫，是一樣的；而且都是「先知法住，後知涅槃」的。

請注意：導師談「涅槃智」時，提到兩種，一種是「慧解脫的末後知涅槃」（當然也是「涅槃智」），一種是「生前得見法涅槃，能現證知涅槃，這是得三明、六通的，名爲（定慧）俱解脫的大阿羅漢」。他特別說：這兩類阿羅漢都是「先知法住，後知涅槃」（亦即「先得法住智，後得涅槃智」）的，怎麼會說過「慧解脫阿羅漢沒有涅槃智」呢？「末後知涅槃」絕不等於「不知涅槃」。此點敬請三思。

您說：「我贊同，這一問題不必昭告大眾說是導師有誤，不妨『保留』，或私下先討論，待日後擁有更肯定文獻及研究成果呈現時再說，說不定到時導師是『另有密意』？」我不認爲您先行肯定「導師有誤」是妥當的。而事實上，如果真的是「導師有誤」，也不是什麼見不得人的事，大家論法，又有什麼不能「昭告大眾」的呢？又有什麼「私房享用」的法義，是只能「私下先討論」的呢？依我看，問題沒這麼複雜，實不必等「**待日後擁有更肯定文獻及研究成果呈現時再說**」。

至於您所謂「另有密意」的看法，我覺得是不必要的，導師從來就重視把話說得清楚明白，而不崇尚所謂的「密意」。

您或許認定了法住智是有漏的，所以對於無漏解脫之阿羅漢，竟然證得法住智，不敢置信。然而愚意以爲：有關法住智是有漏還是無漏之智，在論典中已有爭議。您所引的，都是說一切有部、分別說部與大乘瑜伽行派之「重定學派」的看法，導師所說「慧解脫阿羅漢沒有見法涅槃」，並非無有所本，而且是本諸重慧學派論師之見地，此一見地，還可上溯至根本契經（《雜阿含經》），故有確鑿之聖教量依據。

該經卷一四（大正二，九六中—九八上）述及外道須深至僧團中出家盜法之事。以下是與大函所問相關經文（九七上—下）：

爾時世尊知外道須深心之所念，告諸比丘：「汝等當度彼外道須深，令得出家。」

時諸比丘願度須深，出家已經半月，有一比丘語須深言：「須深當知，我等生死已盡，梵行已立，所作已作，自知不受後有。」

時彼須深語比丘言：「尊者，云何？學離欲、惡不善法，有覺有觀，離生喜樂，具足初禪，不起諸漏，心善解脫耶？」比丘答言：「不也。」須深復問：「云何？離有覺有觀，內淨一心，無覺無觀，定生喜樂，具足第二禪，不起諸漏，心善解脫耶？」比丘答言：「不也，須深。」復問：「云何？尊者離喜捨心，住正念正智，身心受樂，聖說及捨，具足第三禪，不起諸漏，心善解脫耶？」答言：「不也。」須深復問：「云何？尊者離苦息樂，憂喜先斷，不苦不樂捨，淨念一心，具足第四禪，不起諸漏，心善解脫耶？」答言：「不也。」須深復問：「若復寂靜解脫起色，無色，身作證具足住，不起諸漏，心善解脫耶？」答言：「不也，須深。」

須深復問：「云何？尊者所說不同，前後相違。云何不得禪定而復記說？」比丘答言：「我是慧解脫也。」作是說已，眾多比丘各從座起而去。

爾時須深知眾多比丘去已，作是思惟：「此諸尊者所說不同，前後相違。言不得正受，而復記說自知作證。」作是思惟已，往詣佛所，稽首禮足，退住一面，白佛言：「世尊！彼眾多比丘於我面前記說：『我生已盡，梵行已立，所作已作，自知不受後有。』我即問彼尊者：『得離欲、惡不善法，乃至身作證，不起諸漏，心善解脫耶？』彼答我言：『不也，須深。』我即問言：『所說不同，前後相違。言不入正受，而復記說自知作證。』彼答我言：『得慧解脫。』作此說已，各從座起而去。我今問世尊：云何彼所說不同，前後相違？不得正受，而復說言自知作證？」

佛告須深：「彼先知法住，後知涅槃。彼諸善男子獨一靜處，專精思惟不放逸法，離於我見，不起諸漏，心善解脫。」須深白佛：「我今不知先知法住，後知涅槃。彼諸善男子獨一靜處，專精思惟不放逸法，離於我見，不起諸漏，心善解脫。」

佛告須深：「不問汝知不知，且自先知法住，後知涅槃。彼諸善男子獨一靜處，專精思惟不放逸法，離於我見，不起諸漏，心善解脫。」

須深白佛：「唯願世尊為我說法，令我得知法住智，得見法住智。」佛告須深：「我今問汝，隨意答我。須深，於意云何？有生故有老死，不離生有老死耶？」須深答曰：「如是，世尊。有生故有老死，不離生有老死。」「如是生、有、取、愛、受、觸、六入處、名色、識、行、無明，有無明故有行，不離無明而有行耶？」須深白佛：「如是，世尊。有無明故有行，不離無明而有行。」

佛告須深：「無生故無老死，不離生滅而老死滅耶？」須深白佛言：「如是，世尊。無生故無老死，不離生滅而老死滅。」「如是乃至無無明故無行，不離無明滅而行滅耶？」「須深白佛：「如是，世尊。無無明故無行，不離無明滅而行滅。」

佛告須深：「作如是知，如是見者，為有離欲、惡不善法，乃至身作證具足住不？」須深白佛：「不也，世尊。」

佛告須深：「是名先知法住，後知涅槃。彼諸善男子獨一靜處，專精思惟不放逸法，離於我見，不起諸漏，心善解脫。」

佛說此經已，尊者須深遠塵離垢，得法眼淨。爾時須深見法得法，覺法度疑，不由他信，不由他度，於正法中心得無畏。」

從該經文之中，明顯可以見出，是有所謂的「慧解脫阿羅漢」，並沒有證得四禪八定，也沒有「身作證具足住」（得滅盡定），卻依法住智之慧力，而證得阿羅漢果（這時當然也有涅槃智，但依然沒有「見法涅槃」）。

《大毗婆沙論》之論主本身在定義法住智時，確實是將它當作體悟「有因有緣世間集」的智慧，故名之為「知因智」，相對而言，論主認為涅槃智是體悟「有因有緣世間滅」的智慧。如說：

> 謂法住智是知因智，故知三界下、中、上果法所住因故。彼智即此四智所攝，謂法類世俗集智。涅槃智是知滅智，彼智即此四智所攝，謂法類世俗滅智。」（《阿毘達磨大毘婆沙論》卷一〇六，大正二七，五四七上）

> 法者是果，住者是因。知果法所住因故，名法住智。謂知三界下、中、上果所住之因，名法住智。此智唯知因之別相，非聖行相，故唯世俗智攝。（《阿毘達磨大毘婆沙論》卷一〇六，大正二七，五七二上—中）

然而論主在述說自己的主張之後，隨即舉證了三家異說於後，並且在下評斷時，肯定了第一種說法（法住智通於無漏），然後舉須深問法之同一教證為例，以證明法住智確通無漏：

> 有作是說：「此通四智，謂法、類、世俗集智。」問：「若爾，何故說是一世俗智？」答：「實通無漏。此中且說是有漏者，此多分知因別相故。」

復有說者：「前六智是知因智，故名為法住；緣彼起智，名法住智。此智知道，非知集因，亦四智攝。謂法、類世俗道智。」問：「若爾，何故作如是說：『遍知此是無常有為，思所作，從緣生，盡法、滅法、離法、滅法？無漏豈得名離法耶？』」答：「此中但應作如是說：「遍知此是無常有為乃至滅法」，不應說離法。而說離法者，欲顯聖者亦厭無漏，不生欣樂，故說離法。

有餘復說：前知因智是四智性，今知彼智，名法住智。故此法住智知彼世俗智，亦名知離法。

評曰：應知此中初說為善。如世尊說：「蘇尸摩當知，先有法住智，後有涅槃智。」

問：此中何者是法住智？何者是涅槃智耶？

有作是說：知集智是法住智，知滅智是涅槃智。

有餘復說：知苦集智是法住智，知滅道智是涅槃智。

或有說者：知苦集道智是法住智，知滅智是涅槃智。

問：若爾，何故說先有法住智，後有涅槃智耶？

答：雖有法住智在涅槃智後，而有法住智在涅槃智前，故作是說。

復有說者：知流轉智是法住智，知還滅智是涅槃智。復次，知緣起智是法住智，知緣起滅智是涅槃智。復次，知生死智是法住智，知生死滅智是涅槃智。

有餘師說：近分地智是法住智，根本地智是涅槃智。云何知然，經為量故。如契經說：有諸外道共集議言：「佛未出時，我等多獲名譽利養。由佛出世，名利頓絕。如日既出，爝火潛輝。設何方便名利如本？然憍答摩有二事勝，謂善經論，形貌端嚴。雖形貌難移，而經論易竊。我等眾內有蘇尸摩，念慧堅強，堪竊彼法。若得彼法，名利如本。」既共議已，告蘇尸摩。彼由二緣，遂受眾請——一愛親友，二善根熟。便出王舍城，詣竹林精舍。謂苾芻曰：「我欲出家。」時諸苾芻將往白佛，佛知根性，遣諸苾芻，度令出家，與受具戒彼。後未久，誦三藏文，亦少解義，竊作是念：「欲利親友，今正是時。」遂從竹林出，欲還王舍城。然佛有遍照護法天眼，恒觀世間誰能竊者。時有五百應真苾芻，蘇尸摩前自讚己德：「我生已盡，梵行已立，所作已辦，不受後有。」蘇尸摩曰：「仁等所證，依何定耶？為初靜慮？為乃至無所有處耶？」諸苾芻言：「我等所證皆不依彼。」蘇尸摩言：「若不依彼，如何得證？」諸苾芻曰：「我等皆是慧解脫者。」時蘇尸摩聞已，忙〔茫〕然不識所謂。便作是念：「脫我親友問此義者，我當云何？」還詣佛所，問如是義。世尊告曰：「蘇尸摩當知，先有法住智，後有涅槃智。」蘇尸摩曰：「我今不知何者法住智，何者涅槃智。」佛言：「隨汝知與不知，然法應爾。」時蘇尸摩不果先願，然彼五百應真苾芻依未至定得漏盡已後，方能起根本等至。由此故知近分地智是法住智。根本地智是涅槃智。（《阿毘達磨大毘婆沙論》卷一一〇，大正二七，五七二中—下）

準上所引，確實有一種情況是「法住智在涅槃智後」，又有另一種情況是「法住智在涅槃智前」的。後者即是「依未至定得漏盡已後，方能起根本等至」的慧解脫阿羅漢。您說：「福嚴研究部同學是以《大毗婆沙論》的未至定與根本定的分別來支持導師的論斷，我覺得不夠明確直接，且對這部論著有誤解之處。據我所知，至今為止，還沒有直接又明確的論據支持該一觀點。」這點我是不同意的，我不認爲他們誤解了《大毗婆沙論》。因爲該論針對法住智的定義，提出了諸多異說，其中確有您所認定的說法，但是福嚴研究部同學所提出的意見，也在該論之中信而有徵，而且由於該論所引之教證，就是同一契經，所以我也不認爲您的「至今為止，還沒有直接又明確的論據支持該一觀點」是正確的，相反地，論據應該是非常明確，而且較諸重定學派的論師意見，可能會有更大的權威性（除非我們能透過考據，證明該契經非佛所說，純屬揑造。

同本異譯，而由浮陀跋摩共道泰等所譯的《阿毘曇毘婆沙論》卷五九（大正二八，四〇七下—四〇八中）亦有同樣的記載，茲不贅舉。

不祇是《大毗婆沙論》，即如經部隨教行派所宗的《成實論》，亦有同樣看法：

又《須尸摩經》中說：先法住智，後泥洹智。是義不必先得禪定，而後漏盡，但必以法住智為先，然後漏盡。故知除諸禪定。除禪定故，說須尸摩經。（《成實論》卷十六，大正三二，三六八上）

事實上，訶梨跋摩也知道法住智指的是知諸法生起之智，涅槃智指的是知諸法滅盡之智，如說：

知諸法生起名法住智，如生緣老死，乃至無明緣行。以有佛無佛，此性常住，故曰法住智。此法滅名泥洹智，如生滅故老死滅，乃至無明滅故諸行滅。（《成實論》卷十六，大正三二，三六八下）

但他依然堅持不必先得禪定方能漏盡解脫，可見得確實是有未得四禪八定乃至滅盡定的阿羅漢聖者。

您說：「也許，這是導師為了施設人間菩薩行的忍而不證有些關連。」也許您是好意爲導師的看法而作解人，但事實上，此處導師完全是在辨明「阿羅漢」而非「菩薩」，所以我不覺得有什麼關聯。

反而是在《印度佛教思想史》（頁九四—九五）中，導師確實是提到與菩薩有關的思想：

大乘甚深義，從「佛法」的涅槃而來。但在「佛法」，見法涅槃——得涅槃智的阿羅漢，是「不再受後有」的，那菩薩的修「空性勝解」，直到得無生忍，還是不證入涅槃，怎麼可能呢？

我曾加以論究，如『空之探究』（一五一——一五三）說：

「衆生的根性不一，還有一類人，不是信仰、希欲、聽聞、覺想，也不是見審諦忍，卻有『有（生死）滅涅槃』的知見，但不是阿羅漢。如從井中望下去，如實知見水，但還不能嘗到水一樣。……（絕少數）正知見『有滅涅槃』而不證得阿羅漢的；不入滅盡定而有甚深涅槃知見的，正是初期大乘，觀一切法空而不證實際的菩薩模樣。……有涅槃知見而不證的，在崇尚菩薩道的氣運中，求成佛道，利益衆生，才會充分的發揚起來」！

此處「見法涅槃——得涅槃智的阿羅漢，是『不再受後有』的」一語，似有將「見法涅槃」等同於「涅槃智」之虞，然而，緊接著後面有言：「（絕少數）正知見『有滅涅槃』而不證得阿羅漢的；不入滅盡定而有甚深涅槃知見」，這正是具足涅槃智（「正知見『有滅涅槃』」）而卻沒有「見法涅槃」的一類聖者。可見得，導師很清楚「得涅槃智」與「見法涅槃」（得滅盡定）的分別，「見法涅槃——得涅槃智的阿羅漢，是『不再受後有』的」一語，並未將「見法涅槃」等同於「涅槃智」，只是表示：見法涅槃的阿羅漢，當然也得「涅槃智」。

導師著作中，凡談及「法住智」者，主要都是要表達「先得法住智，後得涅槃智」的意思。我們大可不必把導師文章當做完美無缺之聖教量，但他對治漢傳佛教空疏不講求次第之病，而重拾經論古義，強調「先得法住智，後得涅槃智」，此一提撕之功德，實莫能名！

耑此奉覆，並請

法安

昭慧　合十

三、開印法師覆昭慧法師函　二〇〇三年八月二十日

昭慧法師法鑒：

（附檔：悟殷法師）

覆函收悉，感謝您百忙中抽空解答，非常感恩！

您說：「導師著作中，凡談及「法住智」者，主要都是要表達『先得法住智，後得涅槃智』的意思。我們大可不必把導師文章當做完美無缺之聖教量，但他對治漢傳佛教空疏不講求次第之病，而重拾經論古義，強調『先得法住智，後得涅槃智』，此一提撕之功德，實莫能名！」

我很認同，也極感動！

您說：「因此我認為，導師於《空之探究》中，之所以會肯定地說慧解脫阿羅漢『沒有見法涅槃的體驗』（注意：不是「沒有涅槃智」），其『見法涅槃』者，是專指有滅盡定而相似於涅槃的經驗而言。因為有滅盡定經驗而未得阿羅漢果的聖者名之為『身證』，可得不還果，但慧解脫阿羅漢並無滅盡定之經驗。因此，導師認為他們沒有『現法涅槃』的經驗，可是並不是說他們沒有『涅槃智』。」

「從該經文之中，明顯可以見出，是有所謂的『慧解脫阿羅漢』，並沒有證得四禪八定，也沒有『身作證具足住』（得滅盡定），卻依法住智之慧力，而證得阿羅漢果（這時當然也有涅槃智，但依然沒有『見法涅槃』）。」

慧解脫阿羅漢沒有四禪八定（但有滿分不滿分慧解脫之異）及滅盡定等經驗，但有涅槃智，這看法我也贊同，沒有異議，覺得從經論所理解的應該是這樣。但將「見法涅槃」與「涅槃智」分開處理，可否進一步說明之？

我們還沒把討論問題寄給悟殷法師，也還未與法師她討論，我第一封請示她參與討論的函件是如此寫道：「有事請教：我和福嚴厚觀院長、廣淨法師及研究部同學正在討論有關印順長老提出『慧解脫阿羅漢沒有涅槃智』的相關課題，尤其與一部分《大毗婆沙論》有著密切的關連。我想邀請您提供一點寶貴意見，不知意下如何？若可，將寄上我們正在討論了三回合的 e-mail 給您。候佇回音　頌禪安！　開印合十」就這樣幾行字而已。

附檔給您回函提及的話：「昭告大眾」、「導師有誤」等字眼，這些盡是順著悟殷法師來函轉述一段您的話而來的，她說：

「記得數年前，昭慧法師曾經告訴悟殷：印公導師《空之探究》關於「慧解脫阿羅漢沒有涅槃智」等問題，性廣法師發現了導師的解說是有問題的（意思是與原典的解說是有差距的），但性廣法師不會特地把這些渲染出來，也覺沒有必要特別昭告大眾導師說錯了。

悟殷當然能體會您們「論法」以及「好樂於法」的真誠，但最近悟殷的功課很趕，剩下一個月了，還有很多中國佛教史的範疇還沒準備好，是心有餘而力不足。不過，悟殷還是覺得，或許您可以找性廣法師，當初是他先發現了而向昭法師報告，昭法師再轉述給悟殷，但當時我只是聽聽並沒有特別留意。」

我從轉述的話中回應悟殷法師，表示一點個人淺見說：「我贊同，這一問題不必昭告大眾說是導師有誤，不妨『保留』，或私下先討論，待日後擁有更肯定文獻及研究成果呈現時再說，說不定到時導師是『另有密意』？不知昭慧法師和性廣法師所收集到的資料如何？我樂於恭聽！」前因後果是這樣子的。

至於，福嚴同學論文的問題，我是針對一些問答作出回應，「慧解脫阿羅漢沒有涅槃智」是其中一項，這一項，我表示了異議。我們還討論到「盡漏」與「漏盡」的關鍵字，以及「一切聖道」和「無漏道」等問題，此不贅述。慧解脫阿羅漢沒有滅盡定或四禪八定等看法，如「依未至定得漏盡已後，方能起根本等至」我是持贊同意見的。

最後，您說：「我認為，整個問題出在，您自己錯解了印順導師的意思。導師在此一議題上，並沒有說過『在佛教界』四字，也沒有說過這是『佛教界定論』或『定案』，乃至於，《空之探究》的原文，也並沒有「慧解脫阿羅漢沒有涅槃智」的說法。」

我給悟殷法師的回函（有附檔給法師您）中說：「我希望同學勿先入爲主以爲導師的這論斷已是佛教界定論，導師說的『在佛教界』四個字，讓不少同學以爲是定案（說不定還是諍論的開始？）。」這「在佛教界」是出自《空之探究》（頁一五二）：「在佛教界，慧解脫聖者是沒有涅槃智的；俱解脫者有涅槃智，是入滅盡定而決定趣涅槃的。」

「在佛教界，慧解脫聖者是沒有涅槃智的」，不知法師您的看法如何？

謹此頌

禪安！

開印合十

四、覆開印法師函（二） 二〇〇三年八月二十日

開印法師法鑒：

謝謝您告知我「昭告大眾」是悟殷法師的話。因為在此之前，我並不知諸位在此一議題上談論的情況，也不知悟殷法師與您說過些什麼，所以匆忙覆函時，以為這些都是您的說法。

您舉的《空之探究》該段引文，我昨天查閱導師著作時，確實獨漏了這一段，所以不知「在佛教界」語從何來，謝謝您的提醒！導師說：「**在佛教界，慧解脫聖者是沒有涅槃智的；俱解脫者有涅槃智，是入滅盡定而決定趣涅槃的**」云云，這段話乍看之下，確實容易讓人產生誤解，以為導師認定「慧解脫阿羅漢無涅槃智」。

但此處的「聖者」二字，並沒有特指「阿羅漢」，所以不妨將它縮小範圍，指依法住智而預入聖流，卻尚未證阿羅漢果的聖者而言。精準一點說，應該是：慧解脫聖者依法住智而證

入初果（如須深，即是得法住智而證法眼淨），但這種慧解脫聖者依然是會「後知涅槃」的，亦即，依無漏的法住智預入聖流之後，若是要進一步證得阿羅漢果，他們依然必須「後得涅槃智」，但由於他們沒有得滅盡定，所以是沒有「見法涅槃」的。

除了前揭說明之外，應該要補充一點：在導師年歲較大之後，有時記憶力退失，用詞也漸漸沒有早先那麼精準了。這是生理年齡的限制使然，也是無常法則的展現。如果換作是在中壯之年，我想他會更精確地表達其相關論述。因此，我認為研讀導師著作，碰到這種情況之時，還是從他所有相關論述的整體脈絡中來解義，可能比較妥當一些。例如：既然他在別處已指慧解脫阿羅漢是末後知涅槃的（《印度佛教思想史》頁二八—二九），那麼，此處「沒有涅槃智」的「慧解脫聖者」，就儘量不要把它完全等同於「慧解脫阿羅漢」。

您說「**將「見法涅槃」與「涅槃智」分開處理，可否進一步說明之？**」茲依漢譯經論說明如下（因時間所限，目前還未進一步翻查南傳經論的說法，也許這部分，嫻熟南傳經論的您，正好可以提供更豐富的資料）：簡單而言，涅槃智是心正解脫之妙慧；見法涅槃（現法涅槃），則是伴隨滅盡定而起的心正解脫之證境。慧解脫阿羅漢當然有涅槃智，但因定力弱故，未能住於需（滅盡）定力扶持的現法涅槃。如說：

> 法住智者，謂能了知諸行自相種類差別，及能了知諸行共相過患差別。謂於隨順若苦、若樂、不苦不樂三位諸行方便，了知三苦等性。涅槃智者，謂於如是一切行中，先起苦想，後如是思：即此一切有苦諸行，無餘永斷。廣說乃至名為涅槃。如是了知，名涅槃智。即此二智令見清淨及善清淨。（《瑜伽師地論》卷八七，大正三〇，七八七中）
>
> 云何名涅槃智？謂彼法爾若於苦集滅道，以其妙慧，悟入信解是真苦集滅道諦時，便於苦集住厭逆想，於滅涅槃起寂靜想。所謂究竟寂靜微妙，棄捨一切生死所依，乃至廣說。如是依止彼法住智，及因於苦，若苦因緣，住厭逆想，便於涅槃能以妙慧悟入信解為寂靜等。如是妙智，名涅槃智。（《瑜伽師地論》卷九四，大正三〇，八三六上）

至於「見法涅槃」，則不祇是「於涅槃能以妙慧悟入信解爲寂靜等」，而是於五蘊「生厭，離欲，滅盡，不起諸漏，心正解脫」。如《阿含》所載：

> 有異比丘來詣佛所，頭面禮足，卻住一面。白佛言：「世尊！如世尊所說得見法涅槃，云何比丘得見法涅槃？」佛告比丘：「善哉！善哉！汝今欲知見法涅槃耶？」比丘白佛：「唯然，世尊！」佛告比丘：「諦聽，善思，當為汝說。」佛告比丘：「於色生厭，離欲，滅盡，不起諸漏，心正解脫，是名比丘見法涅槃。如是受、想、行、識，於識

生厭，離欲，滅盡，不起諸漏，心正解脫，是名比丘見法涅槃。」（《雜阿含經論》卷一，大正二，六上）

「見法涅槃」，又名「現法涅槃」。現法，即是「當前」義；這是指在尚未入無餘涅槃之前，就可於當前受用寂滅解脫之境地。這要有入滅盡定的經驗，因此唯有三果以上的俱解脫聖者方能「見法涅槃」。在《大毗婆沙論》中，簡別外道所認定的「現法涅槃」有五種：受妙五欲樂，以及得四種靜慮（卷一九九，大正二七，九九四下－九九五中；卷二百，一〇〇二上），因為那些嚴格而言，只能算做是世間的「現法樂住」，而非出世間的「現法涅槃」。真正的「現法涅槃」，是阿那含與阿羅漢尚有餘依身而未入滅時，當前就能受用的寂滅體證，此在入滅盡定時最為明顯，如《俱舍論》卷五云：

「此滅盡定唯聖者得，非異生能起，怖畏斷滅故，唯聖道力所能起故，現法涅槃勝解入故。」（大正二九，二五上）

其實我也要感謝您提出疑問。我一向「因愛真理而敬吾師」，所以對於導師闡揚正法的論述，在無限感恩並盡力宏揚之餘，也不敢曲意強解。過往講學之時，偶而也會針對部分內容，提出不同的看法；有時導師晚期的看法，與早期不同，但我反而覺得早期講得更好。

我也曾向導師請示：導師認為「一乘究竟」，但我依緣起性空之根本見地，只能推出「三乘究竟」的結論。亦即：「緣起性空」只能推論出「成佛的可能性」，卻推論不出「成佛的必然性」。反而是「佛性本有」的真常唯心論，容易推出「一乘究竟」的結論。他老人家聞言也只是微笑，仍然表達他主張「一乘究竟」的一貫立場。我認爲，彼此只要是真誠地好樂於法，而無競勝爭鬥之心，即使意見不一，其論法過程，都有正面意義。

但有關「慧解脫阿羅漢」與「涅槃智」的問題，我過往是怎麼向悟殷法師說的，可能年紀已大，事情又多，自己已經完全不記得當時情境了，所以無法針對您所引述的悟殷法師大函，而作任何回應。至於性廣法師，近期因忙於學習巴利語，哲研所功課壓力又大，實在無法加入論法之列。但他請我代爲轉告：有關其對「法住智」與「涅槃智」的看法，在其大作《人間佛教禪法及其當代實踐》（頁二四六—二五一）中有之，聊供　卓參爲荷！

耑覆並請

法安

昭慧合十

——刊於九十四年四月第七十四期《弘誓雙月刊》

【後記】

本文之中，共有四封論辯法義的函件，這是開印法師與筆者之間，在民國九十二年八月間的往覆函。開印法師是馬來西亞沙巴寂靜禪林住持，曾研究印順導師思想，並受學於帕奧禪師，不定期來台弘法。

方法學上的另一錯誤示範

——論觀淨比丘與呂凱文教授之「佛教聖典詮釋學」

壹　前言

《法光》第一八一期（民九三年十月出刊），以全三版外加頭版社論的方式，刊出呂凱文教授論觀淨比丘著作《復歸佛陀的教導（一）》的三篇大作（以下簡稱呂文爲「觀文」，簡稱觀淨比丘說法爲「新詮」）。[1]由於近年印順導師思想在佛教學界與教界，儼然成爲顯學，正反兩方之文章極多，筆者近年又日益忙碌，所以很少拜讀。偶有友人轉告，說有一些對導師思想不表同意的書籍或論文，但略事瀏覽，總覺得大部分程度實在太差，因此鮮有回應。

本次亦差一點因忙碌而錯過了拜讀「觀文」之機會，更遑論拜讀「新詮」。不意日前友

[1] 共計三篇：（1）呂凱文先生大作〈從抉擇裡見法喜〉（頭版）；（2）〈試論觀淨比丘《復歸佛陀的教導（一）》——略述與初步評論該書試擬與試用的「佛教聖典的解釋之學」〉（二、三版）；（3）〈訪觀淨比丘——新時代的方向：學習佛陀的教導〉。

人來函告知：本期《法光》有呂教授大作，呼應觀淨比丘之「新詮」，對導師思想有所批判。筆者雖不知觀淨比丘是何許人也，也不知觀淨比丘究竟寫過些什麼，但基於一向對呂教授治學嚴謹之良好印象，乃撥冗略事瀏覽，而且相信：以呂教授的學術功力與流暢文筆，「觀文」的三篇大作，應已充分掌握了觀淨比丘著作的精華。

拜讀之餘，筆者不禁想起了另外一位比丘：如石法師。觀淨比丘與如石法師，兩人著作的立場與結論，可說是南轅北轍——如石法師維護以禪宗與密教爲主的中國傳統佛教與藏傳佛教，觀淨比丘維護以南傳上座部爲主的聲聞佛教。但兩人都以學術規格來論究法義，兩人都以印順導師爲批判對象，而且兩人的作品，竟都不約而同地犯了方法學上的嚴重謬誤。這兩者屬於筆者所瀏覽過「較有水準」等級的批印作品，雖然前提、推論與結論都大有問題，但較爲值得回應。筆者曾針對如石法師的大作，寫過〈方法學上的錯誤示範〉，因此針對觀淨比丘同一類型的錯誤，姑名其爲「方法學上的另一錯誤示範」罷！

附帶說明：本文謹就本期《法光》「觀文」中所提及之「新詮」內容，略事回應。至於「新詮」之全書，則恕筆者無暇閱覽，暫置不論。

貳　檢視觀淨比丘「新詮」的謬誤

一、誇大高估「新詮」定位之謬誤：

依「觀文」全篇以觀，觀淨比丘之所謂「新詮」，一言以蔽之，不外乎以南傳巴利藏為本而兼採漢譯原始教典，用以證明上座部佛教的唯一正統性，以及「大乘非佛說論」。果爾如此，充其量「新詮」只能算是「新瓶裝舊酒」，不過是將華語的原始教典，也納入了尊重與解讀的範圍，較諸南傳佛教學者的文獻選材，尺度較為寬鬆而已。

兩千年來，聲聞學者無論是本諸南傳的《尼柯耶》與《毘奈耶》，還是本諸北傳的《阿含》與《律部》，從來就沒有「鬆動與解構」過大乘法義，藉以說服大乘學人來「棄大就小」；相反地，筆者只看到龍樹、無著、世親、鳩摩羅什等聲聞部派中的傑出論師，在精研聲聞教法之後，竟還「棄小向大」的歷史記載。

更且，筆者也從不曾見部派論書，有哪一部已經有效地回應並推翻了大乘論書中的滔滔論述，卒致大乘佛教思想席捲印度本土與北傳佛教的化區。這不能不說是以「佛說正統」自居的聲聞佛教，眼睜睜看著大乘教說「典範轉移」而無能為力的一大挫敗。

大小乘之爭，既已屬於佛教內部兩千餘載的陳年舊帳，如今「觀文」卻引述孔恩的「典範轉移」論，隱然將「新詮」比況爲「新典範轉移與革命之先聲與預兆」。然而，新瓶裝舊酒的「新詮」，充其量不過是繞著聲聞佛教的結論「原地踏步」而已，「觀文」竟聲稱此一「新詮」係「典範轉移」，實有誇大並高估「新詮」之嫌！

二、「以偏概全」與「過度推論」的謬誤：

承上以論，「新詮」直下排除了大乘教典，但取原始教典，設定此爲「佛陀的教導」，以作爲文獻取樣的範疇，進一步鎖定一個小小問題（《須深經》的「先知法住，後知涅槃」，是否就等同於「兩類阿羅漢的先後次第」），然後用了半本書的篇幅，來建立他在此一小小問題上，不同於印順導師的說法。

「觀文」則據以認定，這樣是「鬆動與解構」了印順導師的「大小共貫的性空論」，甚至認定他的這套詮釋方法，方爲「追隨佛陀」、「復歸佛陀的教導」。這不啻是宣稱：「否決印公著作中的一項說法，就等同於否決印公的整體思想，更等同於否決掉整個大乘佛教。」然而事情有這麼簡單嗎？這種「以否定局部等同於推翻全體」的懶方法，與如石法師意圖否決印公導師的一句「對佛陀的永恆懷念」，據以視作否決了全體印公思想，乃至推翻了「人間佛教」的正當性，其「懶惰」恰恰如出一轍，已犯了哲學上「以偏概全」、「過度推論」

的謬誤。這種心態與方法上的極端錯謬，筆者已於批駁如石法師大作時一一指出，[2]沒想到「新詮」依然犯了同樣的謬誤。

吾人試想：

1. 即使在這個小小問題上，「新詮」與導師的結論不同，他人又何足以認定「新詮」的結論是正確的？筆者甚至認爲，「觀文」並未能有效證明：觀淨比丘在這個小小問題上，費盡氣力所達成的結論，較諸印公導師的說法更爲正確。而且筆者早在去（九十二）年八月間，就已針對《須深經》的該一議題，答覆過開印法師，全函約計一萬字。但由於這部分的辨證可能會過於繁複，而且此一小小問題，絕非如「觀文」之所高估，亦即，並非在印順導師思想系統中，居於何等重要或關鍵性的地位，因此爲節篇幅，有關該一問題爲何被筆者界定爲「小小問題」，以及「新詮」結論爲何並不必然正確，這些部分，假以時日若有空閒，或可撰擬另文以詳加說明之。

2. 退一萬步言，即使在這個小小問題上，觀淨比丘的結論，真的是比印順導師的說法來得正確，那也並不足以證明：因此就可達成「鬆動與解構」印公學說的效果。因爲自古科、

---

[2] 詳見拙著〈方法學上的惡劣示範——評如石法師「大乘起源與開展之心理動力」〉，《世紀新聲》，台北：法界，民九一，頁七—二六。

哲學家之著作，局部發現錯誤者比比皆是，但並非個個都因其局部錯誤而被全盤「鬆動與解構」。

筆者個人，就是一個常對導師說法提出異議的「叛逆小子」，老人不但不以爲忤，有時還笑呵呵地說：「有道理！」去年四月間，筆者才在印順導師百歲嵩壽研討會上，針對「三乘究竟」與「一乘究竟」問題而作表述，不贊同導師所說的「一乘究竟」——「所有眾生類，皆共得成佛。」[3]

針對「真常唯心」與「隱遁獨善」之間的必然性，筆者也提出了不同意見，認爲佛教信仰者，無論是「緣起論」還是「真常論」，各自都有隱遁者與入世者，分別在各自的系統理論中，尋求學理依據。公道而言，中國佛教的「說大乘教，行小乘行」，也許過失不全在其「真常唯心」。[4]

像這兩則直向導師思想的重要觀點所表達的「異議」，較諸「慧解脫阿羅漢究竟有沒有涅槃智」之類小小議題，其重要性實不可以道里計（不信但看導師著作中，爲前述二項觀點

3 詳見拙著〈「三乘究竟」與「一乘究竟」——兼論印順導師由緣起性空論以證成「一乘究竟」的可能性〉，《玄奘佛學研究》第一期，民九十三年七月，頁二一—五二。

4 詳見拙著〈千山競秀、萬壑爭幽——人間佛教的菩薩身手〉，頁四—八。

花了多少篇幅而作討論；爲「慧解脫阿羅漢」與「法住智、涅槃智」的關聯，又花了多少篇幅而作闡述。依其篇幅之懸殊比例，即可洞明其孰輕孰重）。然而即使如此，筆者從不敢自詡爲「典範轉移」，「觀文」卻就一小小議題的看法不一，即高推「新詮」爲「鬆動與解構」印公思想之「內在穩定性與統一性」的一種「典範轉移」，無乃太過「自我膨脹」乎！

何以筆者依然認定自己只是印公思想的闡揚者，而非「鬆動與解構」者？因爲，筆者之所以服膺印公思想，不在於他主張「一乘究竟」，也不在於他直指「真常唯心」與隱遁思想的關聯性，更不在於他所詮釋的「慧解脫阿羅漢」是否符合任何部派之論義；服膺之關鍵在於，他直依「緣起、性空、中道」這套「大小共貫」的基本原理，用以證明「利他精神」的大乘學說，是既契理又契機的。因此，「觀文」除非能夠證明，印公思想主軸的「緣起、性空、中道」論，有其根本性的引證謬誤或推論謬誤，並且證明大乘「利他精神」，有著本質性的說法錯謬，否則引孔恩「典範轉移」的理論以比況「新詮」，實在是引喻失義！

3.再退一萬步言，即使「觀文」的這種懶方法，真能「瞎貓碰上死耗子」，達成「鬆動與解構」印順導師「大小共貫的性空論」之效果，但這也絕不等同於「鬆動與解構」了大乘佛教的義理與行門。

從「觀文」來看，觀淨比丘對於大乘三系廣大甚深的大乘學統（而不祇是「觀文」所數數指稱的「中國傳統佛教」），好像它們根本就不存在似的，完全不作義理上的全面回應——或最起碼針對諸如「性空」、「利他」、「六度」、「菩薩願行」、「佛與阿羅漢正覺之差異」等等大乘不共法中之重要理念，提出強而有力的反駁。「觀文」所引「新詮」之第二章，只不過是針對「聖證階位」這個自古就已有種種異說的部分，拿來大作文章。如果這樣就可達到目的，那麼大乘佛教不待觀淨比丘來批駁，理應早就「禍起蕭牆」而自取滅亡了。

然而大乘並未因此而自取滅亡，可見得大乘之可貴，大乘之具足強大說服力，恰恰不是「聖證階位」，而是其堅固的理論與篤實的願行，以及其回應普世價值與佛子願景的偉大面向。「新詮」卻迴避這些真正重要的理論、願行與實效不提，竟以近乎神學的手法，來談述超乎學術方法所能處理的「修證階位」問題。以此斷言它能達成「典範轉移」之效，這樣以偏概全而過度推論的手法，實在是太懶惰了。

三、「復古」前提之謬誤：

「新詮」設定了一個好像不容置疑的前提。它反覆告知讀者：觀淨比丘的「新詮」，是爲了要「復歸佛陀的教導」、「重現佛陀的教導」。

要知道，「復歸」與「重現」的前提，已經就大可詬病，而非不容置疑的自明真理。服膺「緣起性空中道義」的學者，深知謹守基本原理（契理）而善能通權達變（契機）的重要，他們不會接受這種「復古」氣味濃厚的說法，因爲這較諸「觀文」所貶抑的「教條式的聖典至上主義」，只是五十步與百步之差而已。

「觀文」所指「新典範」的印順導師，就明確地說：「我不是復古的，也決不是創新的，是主張不違反佛法的本質，從適應現實中，振興純正的佛法。」爲何如此，因爲他認爲：「佛教創始於印度釋迦牟尼，乃釋尊本其獨特之深見，應人類之共欲，陶冶印度文化而樹立者。」[5]

筆者認爲，對於「陶冶印度文化」的部分，由於早已時移境異，我們可以放在歷史脈絡之中，同情理解其階段性功能，但沒有理由硬生生將其「復歸」與「重現」於現實生活中。因此，除非「觀文」竟能大膽堅稱，原始經律中完全沒有「陶冶印度文化」的成份，否則吾人沒有理由將其視作「原貌」或「實態」，而予以全盤兜收。

由於筆者正是研究原始經律的一介學者，對於其中「陶冶印度文化」的部分，一向甚感興趣，但是爲了節約篇幅，茲先略去此諸例證不談。如果「新詮」竟然一口否認原始教典之中存在著「陶冶印度文化」的成分，那時筆者將會負起舉證的責任，讓讀者知道：將原始教典等同於當代可以「復歸」或「重現」的「佛陀教導」，是多麼粗糙而不切實際的說法。

---

5 印順導師：《契理契機之人間佛教》，【華雨集】第四冊，頁二；《印度之佛教》，頁一。

四、文獻採證上過度粗糙的謬誤：

「觀文」說：「『經』與『律』正是判斷『什麼是佛陀的教導』的方法與標準。佛陀所說的『經』與『律』，正是後代佛弟子集結的南北傳佛教的『經藏』（尼科耶、阿含）與『律藏』（毘奈耶），它們呈現出『釋尊在世時期的佛法實態』。」[6]

然而筆者以為，納入南北傳之原始教典而作「新詮」，雖已較諸南傳學者對文獻之取材，來得更為寬廣，但這樣是否就等同於「復歸」與「重現」佛陀的教導，等同於呈現出「釋尊在世時期的佛法實態」？這可就另當別論！

「觀文」數數提及詮釋學。依詮釋學（Hermeneutics），無論是左派理論還是右派學說，都脫離不了「文本」。然而佛教文本的詮釋學，若不加入教典文獻史的考量，則一切經典的宗依者，各自宣稱其是「佛說」，大、小乘教必將回到傳統的判教路線，爭吵不休。如果加入了教典文獻史的考量，那麼，事情就更複雜了。

原來，即使是原始教典，都在其自身之記載中，透露了一個訊息：在結集之初，即已面對著保守派與開明派的路線之爭；爾後面對源源出現的「佛說」，更不得不依「三法印」或「四

6 呂凱文：〈從抉擇裡見法喜〉，《法光》第一八一期第一版。

大廣說」的標準而去取其間。南北傳佛教的「經藏」（尼科耶、阿含）與「律藏」（毘奈耶）中，有眾多的傳說、偈頌、本生、譬喻，更是被說一切有部直指其「或然不然」，「不可為依」。[7]

因此，即使是拋開大乘經，鎖定原始教典，依文獻學來看這個連聲聞學者處理起來都頗為棘手的問題，要說原始教典等同於「釋尊在世時期的佛法實態」，這實已犯了文獻採證上過度粗略的嚴重謬誤。

五、過度簡化問題之謬誤：

依於「復歸」或「重現」所謂「佛陀的教導」之前提，「觀文」將源遠流長而面向深廣的大小乘學派之爭，歸納為「三選一」的命題：「究竟要追隨佛陀？或是要追隨導師？還是要追隨傳統中國佛教？」試問：每一個人生命中對於真理的尋尋覓覓，跌跌撞撞，可以簡化為「究竟要追隨誰」這樣的命題嗎？

7 《阿毘達磨大毘婆沙論》，卷一八三：「諸傳所說，或然不然。」（大正二七，頁九一六中）；《薩婆多毘尼毘婆沙》卷一：「凡是本生、因緣，不可依也。此中說者，非是修多羅，非是毘尼，不可以定義。」（大正二三，頁五〇九中）。

更且這樣的命題，實已深陷在自性見的泥淖中，將「佛陀」、「導師」或「中國傳統佛教」的語詞與該三語詞所指謂的對象，作了定型的必然聯結。

1. 首先，「佛陀」究竟是誰所詮釋的「佛陀」？這就是一個令人頭大的老問題。姑不論「人間佛陀」還是「泛神傾向的佛陀」這些已被談到泛濫的老問題了，從「性別平等」的當代普世價值以觀，如果這位「佛陀」，竟只不過是保守封建的男性結集者所勾勒出的「佛陀」影像——竟然以種種惡毒言詞來醜詆女性，竟然認定女性有「五種不能」，竟然作了「女性出家導致正法早滅五百年」的錯誤預言，竟然要求尼眾嚴行男尊女卑之「八敬法」，竟然要求比丘可說尼過，尼不得說比丘過，竟然要求百歲尼應頂禮剛成年的小伙子比丘……那麼，包括所有洞燭男性沙文主義之罪惡的兩性佛子以及教外人士，不但會拒絕「追隨」這種「佛陀」，甚至可能會對這樣的「佛陀」之慈悲心與正義感，予以嚴重的質疑。

在這方面，最起碼大乘經典中活躍的天女、勝鬘、龍女、「入法界品」中的諸位女性善知識，以及「傳統中國佛教」之諸位傑出女禪師，特別是「新詮」所欲解構的「新典範」印順導師（印公曾對女性之修證潛能持以肯定態度，對「八敬法」之公正性予以審慎質疑，對千百年來佛教掌握在男性手裡所產生的男尊女卑論予以解構），都算是在男性沙文主義的氛圍下，善盡了「典範轉移」之責。觀淨比丘自詡爲「典範轉移」的「新詮」方法，面對著佔有世界一半以上人口的女性，倘若未能提出更為開明且更符合「緣起中道」義的「一個說法」，吾人憑什麼認定「新詮」口中的「佛陀」，是較諸「導師」或「傳統中國佛教」乃至大乘經中的傑出女性，更值得追隨的人？

2. 其次，把學佛簡化為「追隨佛陀」，這未必是「重現佛陀的教導」，反而悖離了佛陀的教導。佛陀教導弟子，不是要他們「追隨佛陀」，而是要他們學習掌握證悟真理的要領，佛陀認為，信服一種學說，切忌流於盲從，一定要經過理智的審慎思維；即便是對他所傳授的法義也不例外：

「無論何時，只要你自己發現……『這些東西是不好的、可斥責的、受智者所譴責的、不能適當接受的，以及導致傷害和痛苦的』，你就應當放棄它們。……無論何時，你自己發現『這些東西是好的、無可斥責的、受智者所贊賞的、能適當接受的、並導致利益和幸福的』，若你已經獲得這個，就應當保持。……不要由於傳言、傳統、傳聞，或聖典上的言辭、邏輯推理的結果、觀念上的容忍、表面上的相似、對師長的仰慕，而接受任何東西。」

「如同智慧的人把金子用作試金石來燒煉、琢磨一樣，你們這些比丘，應該研究之後，再接受我的話語，而不要因為尊敬我就接受。」[8]

因此，把佛弟子尋尋覓覓、跌跌撞撞以追求真理的過程，簡化爲如上「三選一」的命題，並反反覆覆以西方權威學者的言論來證明「佛陀」的權威性，拿他人之雞毛來當己宗之令箭，用以貶抑中國傳統佛教或「新典範」，這不但是依自性見來操弄著「誰更具有權威性」的文字遊戲，而且早已嚴重違反了「新詮」自身的根本前提——「復歸佛陀的教導」。

3. 因此，「觀文」說是「新典範擁護者的批判與反彈，應該可預期」，不客氣地說，這是過度高估了「新詮」，也過度矮化了質疑「新詮」的所有對手。難不成筆者批判「新詮」，是因爲筆者是「印順導師的擁護者」，是「追隨導師而不追隨佛陀」嗎？不然！「依法不依人」，筆者不是任何「人」的無條件追隨者，只是「因愛真理而敬吾師」的一介真理尋覓者。筆者雖在部分細節或重要議題上，間或有不同於導師的看法與想法，但並未因此而自命爲「新詮」或「新典範」，因爲導師本諸「緣起、性空、中道義」的佛法智慧，「學尚自由，不強人以從己」，這種包容精神，就已足以海納百川了。

---

8 《增支部》（Anguttara-Nikaya）一，一八九—一九五，南傳十七，頁三〇四——三一七。《真理要集》（Tattvasangraha）卷二，Gaekward Oriental Series. 第三十一號，Baroda，頁九二六，第三五八八頌。

如果批判印順導師思想的「新詮」，完全符合「緣起、性空、中道」的正理，筆者當然願意「追隨」這種「新詮」（即使它不符合任一學派所勾勒的「佛陀」影像）。同理，如果印順導師的說法不符合「緣起、性空、中道」的正理，筆者不但不會「擁護」，反而會加入批判反省的行列。筆者這種隨時不排除「自我解構」之可能性的一貫立場，正是源自「諸法無我」精神，以及印順導師「學尚自由」典範的感召！但依「觀文」以視「新詮」，在一個「法住智、涅槃智」的小小議題上，就捏捏弄弄了半部書，筆者實在看不出它在諸項舊議題與新局面上，符合「緣起中道」義的功力在哪裡。

六、將「獨尊己宗」視作「追隨佛陀」之謬誤：

事實顯而易見，無論是聲聞部派還是初期大乘佛教，諸論師莫不祖述《阿含》，於《阿含》中尋求教證，進以推出其理證；也無不認爲，自己的說法更符合「佛陀的教導」。從整體佛教思想史之流變以觀「新詮」，它不過是巧用了當代文獻學的手法，用以包裝部派佛教一家之言的論述。如果說，這就叫作「復歸佛陀的教導」，那又將其他「一類經爲量者」置於何地？

不要說是諸部派了，即使是中觀大乘之開祖龍樹與瑜伽大乘之開祖無著，亦無不依原始教典而證成大乘學理。「新詮」在此是偷懶不得的，它必須真誠地面對同樣本諸《阿含》與《尼柯耶》的部派與學派爭議，然後老老實實告訴我們，他有什麼更好的理由，取聲聞部派的其中一家之言，而捨其他部派與大乘論師的諸家之言？即使不採證大乘的任何說法，他又有什麼更好的理由，不依有部、經部、正量部或大眾部的詮釋書，而採用南傳佛教的詮釋書？如果「新詮」辯稱他可以廣採博納諸家說法，那更好辦，熱衷於聖證階位之觀淨比丘，必須一項一項告訴我們，在諸如「佛身是否有漏」、「阿羅漢有退無退」、「菩薩是否必為異生」、「聲聞是漸次見諦還是頓見滅諦」……的這些爭議中，「復歸佛陀的教導」之「標準答案」，到底是什麼？又何以是這樣而不是那樣？

還有，聲聞禪觀確實有明晰的位階可循，但它與大乘佛教同樣要面對「異說」的問題。「新詮」為何未經好好比對南、北傳聲聞「聖者位階」說法的重大差異，而就認定他的一宗之見，代表著「追隨佛陀」的標準答案呢？

就以南傳佛教聖者位階來說吧！筆者所屬弘誓學團師友們，本諸印順導師「學尚自由」、「廣納善法」的學風，曾經廣學錫蘭、泰國、緬甸等三個國家所風行的四種南傳禪法。值得玩味的是，每一南傳學派都告訴我們：他們的禪法是源自「佛陀的教導」，而且彼此間「自尊己宗以貶抑餘說」的較勁，較諸「大小乘之爭」也不遑多讓。

然而在實際操作上，不但四家禪法的理論南轅北轍，而且四者對哪一禪境等同於哪一種「聖者位階」的領悟，也都是各說各話。若依「新詮」的邏輯，豈不最起碼有三家說法是「落空而模糊」的了？那麼請問觀淨比丘：哪一家禪法的位階才是「佛陀的教導」？「新詮」又是依什麼判準，在這些聲聞禪法與位階理論上作「法的抉擇」，並據以認定這才是「明確的位階」，而別人的就不是？

在學習過南傳禪法的人跟前，請「新詮」且慢嘲弄「無生法忍菩薩」或「第四類聖者」的道階是「落空而模糊」的！同病相憐的南傳佛教，在勾起「隨學者的迷惘與疑惑」方面的實例，筆者也看過不少呢！

參　結語

「觀文」最令筆者詫異的，還不是其過度高估「新詮」的「典範轉移」論，而是其將「新詮」視同於「蘊蓄於新典範『接著說』的啓蒙與發揚」。如果此一邏輯可通，那麼，以《新唯識論》而與佛教一舉決絕的熊十力，其揚儒抑佛論，豈不也算得上是「蘊蓄於支那內學院『接著說』的啓蒙與發揚」了？「接著說」總不能接到這麼離譜、變調吧！

筆者一向宗本「緣起、性空、中道論」，因此而服膺印公導師思想（請注意：這可不等同於「追隨導師」）。然而近年心境，無論是對中國傳統佛教，還是對南傳、藏傳佛教，乃至與神道合流的民間佛教，都樂於「與人爲善」，而鮮作凌厲之批判。因爲，「一切世間微妙善語皆是佛法」；從「緣起、性空、中道」的恢宏角度，來看待諸家異說，只要其中無有挑釁佛教或傷害眾生的成份，只要它能少分或多分利益世間，那麼，順應各種根器與各種文化的佛教，原本就必然會出現多樣風貌。過度強調「定於一尊」必然導致排他心態，即使此「一尊」是貨真價實的「至尊」，但這樣也絕不可能「把餅做大」，不可能增益各類眾生親近佛教的機會，而只是在排他論述的過程之中，多了黨同伐異的見諍而已。

再者，印順導師依據佛法之本質，證明佛陀、教法與僧伽的人間性，用以淨化業已「鬼化」與「神化」了的現實佛教，這不但是鄭重回應了新儒學者的嚴重質疑，更且其所揭櫫的「人間佛教」，已在台灣出現了不全然與印公思想相同的多元論述。理論依據不同，行事風格各異的「人菩薩行」，共同爲佛教的復興，作出了實質上的巨大貢獻，這使得龐大人口的民眾，因欽敬菩薩典範而樂於親近三寶。這即是「把餅做大」的明證。而印順導師本諸龍樹、無著的一貫家風，「大小共貫」以包容聲聞的立場，也使筆者在內的眾多漢傳佛教僧信二眾，對南傳佛教多了一份同情的理解。

只今「觀文」中的「新詮」，不但貶鄙「中國傳統佛教」在世界文化中的相對貢獻，更將印順導師辛苦建構的大小乘對話橋樑予以拆除。這從「宗教對話」的類型來看，不過是由寬宏的「包容主義」，退縮到「排他主義」的局面；這不是「把餅做大」，而是「把餅做小」。一個良好的學說「典範」，哪會出現這種每下愈況的「轉移」局面？

從「觀文」來看，稱「新詮」爲《復歸佛陀的教導（一）》，顯見其還有第二冊、第三冊……會陸續出籠。因此筆者懇切呼籲觀淨比丘：無論您要寫幾冊都不打緊，但請先修好方法學與邏輯學，不要再犯下本文所列舉的諸項錯誤了！

九十三年十月三十一日　于尊悔樓

——刊於九十三年十二月第一八三期《法光月刊》第二—三版

推崇，就要負起辯護的責任

呂凱文教授回應拙作的〈人間佛陀之教的方向〉（《法光》第一八三期第四版，以下簡稱「向文」），擺出事不關己的態度，聲稱其於一八一期的大作（簡稱「觀文」），只是「略述與初步評論」觀淨比丘書（簡稱「新詮」）的「書評」而已。然而「觀文」少說也有一萬三千字以上，全篇不但未見一句對「新詮」的「評論」，反而洋溢著熱情崇拜的口吻，將「新詮」高推到了極端離譜的地步；即使是本篇「向文」，依然充斥著這類誇大「新詮」份量的語言。因此呂教授理應站穩腳根，爲自己高度推崇「新詮」的說法，負起辯解的責任，斷無臨場退卻，將辯解責任推給原作者的道理。否則將是對自己的言論，極端不負責任的表現！

「向文」辯稱，筆者應將僧團中親問犯行的程序，用於學術評論，但筆者早已嚴格劃定：拙著「示範」，純是針對「觀文」所述「新詮」內容（而非觀淨比丘全書），而發爲六點質疑。因此「向文」對筆者的要求，不啻是先行自承「觀文」業已「擴大而不當」地扭曲了「新詮」的原意，所以才導致筆者無法按圖索驥，正確理解觀淨比丘著作之內容。

然而若依「觀文」通篇以觀，「新詮」的矛頭，既是對準「導師」與「中國傳統佛教」，呂又聲稱其足以「解構」印公思想之「穩定性」，「向文」更露骨指出，那是將「南傳佛教」當作「良好對照組」。試問：呂教授竟還敢聲稱那不叫做「強烈價值判斷」嗎？連菩薩聖位都必須依原始經律（而不依大乘法義）來作考察，否則就不足以「釋懷」、「安心」，這樣竟還敢聲稱不是「大乘非佛說論」嗎？何必閃爍其詞，玩弄「偽裝中立」的文字遊戲呢？

至於針對「接著說」、「以偏概全」、「典範轉移」之三言，「向文」更是強詞奪理到了極點：一、「接著講」有新儒家的使用典故，它的對照詞是「照著講」。江燦騰教授在佛教中，是第一個轉用該一詞彙的學者；他使用時，可嚴謹兼顧了出處的原意。「觀文」顯然完全不知出處，所以才會張飛打岳飛，「接」到離了譜。

「向文」雖勉強辯稱，「接著講」是指「研究課題接軌」與「國際學術接軌」，然而與印公導師「研究課題接軌」者多矣，豈必構成「接著講」的資格？此語若可通，連陳水扁講「四不一沒有」，也可說是依江澤民的「江八點」而「接著講」，何以故？「統獨」課題有「接軌」故！依此邏輯，麥克風接到誰的手裡，誰就叫作「接著講」！

至於「國際學術接軌」的說詞，則更屬膨脹至極。好像印順學是要仰仗觀淨「新詮」，才能「跨越地方教區，從區域化提昇到世界化」似的，而完全無視於印順學早已有中、英、美、德、日各國際學者，在作「跨越地方教區，從區域化提昇到世界化」之研究。更且，「新詮」作者本身從未使用國際通用語言，來撰著出任何國際矚目的論文，其「新詮」被筆者所批判的部分，呂教授也完全無能力給予回應，竟然繼續將「新詮」吹捧為「新方法、新論題、新資料、新視野」、「新展望」乃至「與國際視野接軌」的曠世著作，真是令人啼笑皆非！

二、在「以偏概全」與「過度推論」方面，呂教授稱「新詮」不是「全部否定」印公思想，而只是「穩定性之拆解」，這又是在操弄文字遊戲。試問：自認為已「鬆動與解構」了印公思想的一部分（雖然依然是自我膨脹），然後聲稱已然「典範轉移」，這種捧「觀淨」而打「印順」的手法，不是「全部否定」、「以偏概全」與「過度推論」又是什麼？

菩薩道的價值，從來就不是建立在慧解脫阿羅漢或「法住智」的聖教量之上，「向文」大大誇張此一議題的重要性，證明他於大乘法義，實在是外行到了極點。而筆者撰一萬多字以答此一小小議題，呂連內容都沒看過，竟然就聲稱那是對該議題的「沉思與猶豫」，這簡直是想像力太豐富了！退一萬步言，即使有研學印公思想之一、二後學者，因學力不足，而對此一不重要的小小議題有所「沉思與猶豫」，又何足以「拆解」印公思想（緣起、性空、中道義）的穩定性，而達到「典範轉移」的效果？

三、在「典範轉移」方面，「向文」長篇累牘的說明，都與筆者的質疑風馬牛不相及。他辯稱「典範轉移的問題一直存在」，老實說，「典範轉移」當然存在，筆者也從未說它不存在，反而直指大乘佛教運動，就是一種「典範轉移」。但憑觀淨比丘一部書，捏捏弄弄於一、二小小議題，就夾纏不清，這種「新方法」，連用來抉擇聲聞異說或南傳異說，功力都尚且不足，更遑論是面對大乘教法！呂竟說它是「典範危機」的「轉機」，甚至引觀淨「有助引導大東亞文化圈和平迎向世界」之言以隱指其爲「轉機」，這就不免令人發噱了！

「向文」之末，端出了「勝利增怨憎，敗者增苦惱」的佛陀教示，很好！請觀淨比丘與呂教授牢記此頌，切勿輕啓戰端！否則「修理人者，人恆修理之」，到了被修理時，才端出這記免戰牌，已經時不我予了！

——刊於九十四年元月第一八四期《法光雜誌》第三版

法義可以論辯，但不宜有不實指控

六月初，印順導師圓寂，感謝《當代》於第二一五期推出紀念印順導師的專輯，其中如宣方、溫金柯之大作，都極富廣度與深度。但是劉紹楨的〈印順共同體到底怎麼了〉一文（以下簡稱「劉文」），卻令許多讀者極為反感，致電建議筆者回應。

筆者甚感為難的是，對那些程度太差的「批印」文字（如叫囂不已的蕭平實之流），筆者一向不予回應，以免浪費寶貴光陰。而劉文內容，比蕭平實的佛學程度還差，連篇謬誤，令人不忍卒讀。若要逐一指出其中錯誤，必將浪費太多篇幅，似甚不值。因此一開始，筆者是拒絕回應的。

然而《當代》在台灣，畢竟是高水準的思想性讀物，劉文刊於此處，吾人若不回應，會讓不懂佛學的讀者，被其看似「專業」的一大堆引證搞得昏頭轉向。因此筆者決定讓讀者「舉一反三」——只例舉劉文的其中三處錯誤。很抱歉！僅是這樣，就已寫了兩千多字。並請讀者理解：若非劉文刊於《當代》，筆者絕不會浪費時間「閱讀」該文，更遑論「回應」它了。

謬誤一：劉文一再說到「印順的『片語』及『解釋』策略」問題，影射印順導師做學問是「斷章取義」的，然而細心的讀者只要檢視他所提列的證據，一定可以發現，斷章取義的正是劉紹楨，而不是印順導師。

例如：印順導師指證「佛在人間」，這是他在數本書中，依於眾多文本證據，加以嚴密推理、抉擇，所提出來的一個結論，劉文竟避重就輕，完全不去面對這些爲數龐大的教證與理證，而僅以印順導師所引《增一阿含經》中的一句話，拿來大作文章，讓讀者產生錯覺，以爲印順導師竟然但憑《增一阿含經》中的一句話，就拿來草率證明「佛出人間」。

然而試問：四部《阿含經》之中，難道只有《增一阿含經》的一句話，能證明「佛出人間」嗎？四部《阿含經》之中，有哪一處說到，佛是出自「天上」的？沒有，所有《阿含經》都在敘述著佛在「人間」修道、成道、說法的故事（僅有的例外，是佛陀一度升至忉利天上，爲母說法；但那也只是「說法」，而不是「成佛」）。反倒是劉紹楨，針對一句「諸佛世尊皆出人間」云云，就大大地發揮了一番豐富的想像力，連神話學都派上用場，講了一大堆諸如「人間也應算是天上」之類不知所云、不著邊際的話。試問，究竟是誰在運用「片語」及「解釋」策略呢？

謬誤二：劉紹楨說，印順導師「將釋迦及其弟子的出家解釋成只是或主要是爲了適應當時的社會風氣」，但只要檢閱印順導師的著作，就會發現這種指控絕非事實。印順導師只是提及佛陀的教法之中，有適應當時隱遁苦行的社會風氣之成份，卻從不認為，佛陀與弟子出家，是為了「適應當時的社會風氣」。相反地，他的著作中不祇一處強調：出家有超越家庭本位的偉大意義。這絕不祇是在「適應」社會風氣，也有導正社會風氣的積極面向。如說：

「出家，是勘破家庭私欲佔有制的染著，難捨能捨，難忍能忍，解放自我為世界的新人。……不妨從黑漆繳繞的人間——傳統的社會中解放出來，熱腸而冷眼的去透視人間。鍛鍊自己，作得主，站得穩，養成為世為人的力量。所以釋尊說：『為家忘一人，為村忘一家，為國忘一村，為身忘世間』（增含・力品）。這『為身忘世』，不是逃避現實，是忘卻我所有的世間，勘破自我。不從自我的立場看世間，才能真正的理解世間，救護世間。看了釋尊成佛以後的遊化人間，苦口婆心去教化人類的事實，就明白釋尊出家的真意。」[1]

「有人以為比丘的出家，為了希求來生的幸福，某比丘告訴他：不！出家是『捨非時樂，得現前樂』（雜含卷三八・一〇七八經）。現前樂，即自覺自證的解脫樂。」[2]

1 印順導師：《佛法概論》頁十二。
2 印順導師：《佛法概論》頁一七七。

「釋尊的出家，不但常被外人，就是小乘學者，也常誤會他是消極厭離。其實，釋尊出家的主要動機，是不忍人世殘酷的慘殺，不忍貧農的胼手胝足而不得溫飽；這在佛本行經太子觀耕（釋尊最初發心）的故事中，可以明白看出。」[3]

顯見印順導師在「出家」方面的正面陳述極多，劉文何以假傳聖旨，代印順導師宣稱，佛與弟子出家，竟「只是或主要是爲了適應當時的社會風氣」呢？

謬誤三：劉紹楨的佛學程度實在是太差了，通篇錯誤不勝枚舉，茲舉該刊第四十六頁的一小段爲例：

一、劉云：「『性空唯名系』（含印順）的『無自性（空）』預設本身即已自性化。」這句話充分顯示其中觀學不及格。事實上，中觀是不可能讓任一詞彙或觀念的本身「自性化」的，中觀學強調的是「若復見有『空』，諸佛所不化」，是「寧取有見如須彌山，不取空見如芥子許」！

二、劉云：「比較《唯識三十論》和《中論》，也得不到印順所謂的『唯識無境』和『緣真如清淨境智』，這又是外行到極點的話：

3 印順導師：《佛在人間》頁九—十。

（一）依年代先後來看，作爲性空學代表論，而又出現在西元二世紀的《中論》，試問，會講出四世紀才出現在印度佛教思想界的，諸如「唯識無境」或「緣真如清淨境智」這樣的語彙嗎？這充分暴露，作者的佛教史程度實在太差了！

（二）「唯識無境」，這根本就是唯識學ＡＢＣ，哪裡只是「印順所謂的」主張？姑不論所有唯識經論一再說明此一事實，即使是劉文所提到的《唯識三十論》，也是開宗明義即說：「由假說我法，有種種相轉，彼依識所變。」該論全本都是爲了證成假說我、法的「唯識無境」義，怎麼竟成了「印順所謂的」片語或「解釋策略」？這充分暴露，作者的唯識學程度實在是太差了！

（三）印順導師著作中，從未出現所謂「緣真如清淨境智」，這句話豈不是作者自編的「印順法語」嗎？

（四）勉強來說，印順曾在《以佛法研究佛法》一書之中，用過類似（但不全同）的名詞：「緣真如境」，「緣真如境道」。但是，拜託！那可不是「印順所謂的」主張，而是他引自唯識學派根本論典《瑜伽師地論》[4]的一段話。劉紹楨唯識學程度太差猶可原諒，不可原諒的

4《瑜伽師地論》卷五一：「修觀行者，以阿賴耶識是一切戲論所攝諸行界故，略彼諸行，於阿賴耶識中，總為一團一積一聚；為一聚已，由緣真如境智修習多修習故，而得轉依。轉依無間，當言已斷阿賴耶識。

是，他竟然一口咬定唯識學不講「唯識無境」與「緣真如（清淨？）境智」，硬是要製造出「經典沒說，印老胡謅」的錯覺，這就未免太不可原諒了！

三、就真常學而言：劉稱印順導師「對本系《般若經》的如來藏色彩當然也就合理化了。」事實真相卻是：《般若經》系列中，除了極少數後期成品之外，並沒有夾雜「如來藏」色彩，用以模糊「真常」與「性空」的空間，它是反覆用不同角度證成性空理論的「性空大乘經」。而印順導師也從不曾「合理化」那些後期出現的，帶有如來藏色彩的經典，而只是從歷史的角度分析其集出的時代，還提示讀者要善加抉擇，「梵化之機應慎」。

劉紹楨的文章最令人反感的，不是他的佛學程度太差，而是他的用詞粗糙、惡毒。例如：「印順共同體」與「共犯體」之類的指控，是如此的嚴厲，但是既無定義，也無範疇，讓人摸不清到底哪些人是「印順共同體」，何以他們可以被稱作「印順共同體」？是利益共同，還是命運共同？如何證明他們是在這方面或那方面的「共同體」？而他們又到底「犯」了什麼罪過，以至於要被控訴為「共犯體」？「共同體」與「共犯體」云云，倒是見證了劉紹楨本人太過善用「片語」的「解釋策略」吧！

由此斷故，當言已斷一切雜染。當知轉依由相違故，能永對治阿賴耶識。」「又阿賴耶識體是無常，有取受性；轉依是常，無取受性，緣真如境聖道方能轉依故。」（大正三〇，頁五八一下）

印順導師的思想有人贊同，有人反對，這在思想多元化的社會，是很正常的。法義可以論辯，但不宜有違背事實之指控，更不宜上綱爲人格的誣衊，這是最起碼的做人分寸與學術倫理。反對與批判印順導師的思想並不可怕，佛學程度太差也不打緊，劉紹楨最令人反感的是，他巧妙地製造了「印老捏造經說佛語」的煙幕，而且用詞譴句極盡輕佻、粗暴之能事。看來最巧用「片語」與「解釋策略」以入人於罪者，非劉紹楨莫屬！

九十四年七月二十八日　于尊悔樓

——刊於九十四年八月一日第二一六期《當代雜誌》

【附錄】有時對立也未嘗不是對話的開始

——略述昭慧法師對「人間佛教」三篇論文之回應

釋性廣

十一月十三日上午，昭慧法師在「人間佛教的發展與實踐——印順法師的佛學思想與落實」國際學術研討會中，為日本陳耀東教授、伊吹敦教授與慈大游祥洲教授的三篇論文，作半小時之回應。筆者雖未參與，事後聽錄音內容，感覺頗有與讀者分享之價值，因此略述該場研討會中，昭慧法師的回應內容如下：

這三篇論文很有巧合之處。原來，導師對藏密、中國傳統宗派與南傳佛教都有所批判，而三位作者的論文，分別研究印順導師與密教、印順導師與禪宗（三階教）以及印順導師的三乘共貫思想，恰好分別屬於藏密、中國佛教與南傳佛教三個領域。三篇論文同在一個場次發表，真可說是一種巧合。

一、陳教授大作〈印順法師的人間佛教與密教批判〉，值得讚歎的是，該文詳述導師對密教之看法，並點出了太虛大師與導師對密教的不同態度。補充說明一點：雖然太虛大師對密教較採融攝之態度，但曾聞印順導師說：法尊法師在漢藏教理院講學時，大師要求他只能講顯教，不得授密法。顯然大師對密教在漢地的畸型發展，依然存有若干疑慮。

針對該文，我只提出一個與作者不同的看法。印順導師對密教的看法，未必見得與太虛大師對王宏願的論諍有直接關係，依其自述，導師於抗戰期間協助法尊法師翻譯《密宗道次第論》，因而理解密教內容。導師因理解而反對密教，與法尊法師的治學因緣，反而應有較直接的關係。

二、針對伊吹敦教授的〈人間佛教的來源和其歷史性意義〉，提到「人間佛教」可能與禪宗、三階教之精神有關。我認為，導師的「人間佛教」藍圖的擘畫，來自《阿含》與律，以及初期大乘經典的啟發較多。對於禪宗，他是既讚歎又批判的。而且禪者隱遁獨善的風格較為明顯，因此導師的「人間佛教」思想，直接承自禪宗者可能較少。三階教的作為，更是中國佛教中的經驗斷層，對導師思想的直接啟發，其可能性更低。

但從更宏觀的角度來看，包括禪宗或導師，也一直受到中國儒家主流思想的影響，重人文而不尚鬼神。再者，中國主流文化是重「兼善天下」的，這也應是讓中國佛教選擇性地採用大乘教法的重要原因。儒家在歷史上，算是佛教的諍友，偶而亦成為論敵，但總推促著佛教，讓它重視「兼善天下」的重要性。因此或可更廣義地說：導師是深受中國文化影響，所以才提倡「人間佛教」的。那麼，中國化最徹底的禪宗，重人文而不尚鬼神，質樸無華而剛毅勇健，當然也在「人間佛教」思想的來源之內。

三、有關游祥洲教授論文的部分，游教授謙稱是因我所作的〈三乘究竟與一乘究竟〉而激發其靈感，因此在該文的基礎之上，探討「人間佛教」的三乘共貫思想，是否有可能建構大乘與聲聞乘的對話橋樑，還是只會引起了更多的爭論。游教授並期望佛教能「三乘共尊」，而避免「己宗優位」的價值判斷。我的回應是：

1. 我撰寫〈三乘究竟與一乘究竟〉時，刻意先抽空自己的價值判斷，而純作「緣起性空中道論是否能達成『一乘究竟』之結論」的邏輯分析；相形之下，游教授雖反對「己宗優位」的價值判斷，反而是以愛護佛教的熱情，加入了「三乘共尊」的價值判斷，這無非是希望能減少佛教論爭的內耗，共同致力於宏法利生事業。他這種熱情是值得欽敬的！

2. 但在「共尊」的價值判斷中，其底線何在？這就形成一個難題。這就像是「尊重多元」一樣，稍一不慎，就會由「文化相對論」落入「倫理相對主義」的泥淖。離開情境脈絡，「共尊」的理想較為單純；一旦置入情境脈絡，則是否有可能維持「共尊」，就是一項挑戰。例如：針對動物保護或性別平等議題，作為一個運動人士，我當然還是會堅持其理念，而不會與佛教中任何一種合理化性別歧視或物種歧視的說法，處於「共尊」的局面。

3. 游教授指出：佛教處於宗教全球化時代，不要因內部的爭議而削弱了佛教總體的競爭力，個人深為認同，因為依自己的切身體驗，光是與那些抨擊導師思想的藏傳、漢傳、南傳論者打筆戰，就花了我不少的時間。前些日看到一篇台灣南傳比丘批判導師思想的論述，個人深不以為然，從下午到深夜，一口氣寫了八千多字來回應它。[1]

4. 但退一步想，有時對立也未嘗不是對話的開始。個人要不是因藏傳佛教如石法師文章的刺激，也不可能撰就《世紀新聲》一書；要不是因觀淨比丘文章刺激，也不可能寫那八千多字。所以想想，還得感謝那些不同聲音呢！思想定於一尊，往往反而會因其欠缺腦力激盪，而形成一灘死水，導致思想的慢性衰敗。因此，只要對立不會導致暴力，不同思想實亦未嘗不可有一種相反相成的辯證性關係，而不必太擔心它的「內

1 按：指《法光》第一八一期（民九十三年十月出刊），刊出呂凱文教授論觀淨比丘著作《復歸佛陀的教導（一）》的三篇大作。昭慧法師乃立即撰寫〈方法學上的另一錯誤示範——論觀淨比丘與呂凱文教授之『佛教聖典詮釋學』〉以回應之。該文長約八五〇〇字，將於第一八三期《法光》（十二月）刊載。

耗」。

法師回應完畢後，慈濟大學前文學院院長許木柱教授由於是人類學者，因此特別針對法師所說的，「文化相對論」不能成為「倫理相對主義」，多元價值並重，也應有其「底線」的說法，發言甚表贊同。

——刊於九十三年十二月第七十二期《弘誓雙月刊》

【附錄】

人間佛教溫馨小語

釋傳法

一、人間佛教不是「愛國主義」

四月二十四日發表的一篇論文，提及印順導師的「人間佛教」思想，以《佛法概論》中「釋尊的故國之思」為例，認為「人間佛教」是將國家民族利益高於一切的「愛國主義」，昭慧法師發言反對此一說法，她認為：

導師研究佛學，一向不為民族情感所囿，而且依佛法的無我論，愛國主義依然是「大我愛」，是「我所愛」，同樣在《佛法概論》中，導師還說「我所愛的關涉越大，牽繫越多」。而且愛國是愛哪個國，是「中華民國」，「台灣共和國」還是「中華人民共和國」？瞬間已將人們撕裂成三大族群。因此，愛國是一種自然感情，但不適合成為一種絕對化的意識形態。

「人間佛教」應是超越族群意識，「此時、此地、此人」也不等於區域主義、民族主義或物種主義，眼前在「此地」所見受苦的「此人」，哪怕是大陸人、非洲人，還是一隻流浪狗，都應「不忍眾生苦」而給予護助，這才是「人間佛教」的真義。

二、萬象森羅許崢嶸

四月二十五日閉幕典禮上，昭慧法師的致詞讓筆者印象深刻，謹就記憶所及紀錄以與讀者分享如下：

印度神學家潘尼卡神父將宗教對話歸為三個類型：「排他主義、包容主義與多元主義」。簡單地說，排他主義就是認為：「你們都不對，就是我最好。」包容主義就是認為：「你們都不錯，可是還是我最好。」多元主義就是認為：「大家都很好，可能你們比我還更好。」人間佛教三大團體與我們在此相會，證明了多元主義的可能性。最起碼，今年大會中的配樂，採取了佛光山梵唄與慈濟「愛灑人間」、「普天三無」等歌曲，就讓中研院音控室的朋友告訴我們：「你們今年的配樂比去年好聽！」這證明了人間佛教可以多元發展，而且「萬象森羅許崢嶸」。

三、一大步與幾小步

介紹工作團隊出列後，來賓報以熱烈掌聲。昭慧法師乃提及十九日至福嚴精舍見導師時的一段溫馨對話：

導師在比丘牽扶下緩步走動，明聖法師笑說：「導師，以前您走一步，我要走好多步；現在我走一步，您要走好多步。」那是生理年齡的局限使然。但是直到如今，導師在思想上的一大步，依然要讓我們走上好幾小步。但我們還是要起步走，不但台上的工作團隊如此，我們也要與台下的來賓作這樣的互勉！

——刊於九十三年四月二十七日《佛教弘誓電子報》

中編 活水源頭

——演講篇

作人間佛教的「種籽部隊」

昭慧致詞　王雅雲整理

印順導師的思想（人間佛教），給漢傳佛教乃至未來的佛教世界，帶來了希望與光明。昨天與前天，我都到屏東法雲精舍與導師談話，性廣法師特別問到導師：「您提倡人間佛教的宗旨大要，是能夠探討佛陀的本懷、把握本質的佛法，但是您不否認，而且強調您是中國人，那麼請問您的人間佛教思想，是否還帶著中國的人文精神？」印順導師點點頭說：「藏傳佛教有它的長處，它的義學研究，既深且廣；南傳佛教也一樣，你看《清淨道論》談禪觀，它也有它的長處。」但是他既不完全認同藏傳佛教，也不完全認同南傳佛教，他還是認為：他是一個漢傳佛教的體會者、實踐者。

漢傳佛教，就因緣生法而言，不會完全等同於印度佛教，但也不會完全與印度佛教無關。印順導師是反傳統的；我們知道，他對漢傳佛教、藏傳佛教與南傳佛教，都有非常銳利的批判。但是他又為什麼還是覺得：自己是一個漢傳佛教的傳承者呢？我們在課堂上，應可體會到人間佛教充分把握「緣起性空」的正義。除此以外，我想，中國人文精神裡還是有一些可貴的特質。例如：「敬鬼神而遠之」，不佞鬼神的態度，是中國知識分子的風骨！在印順導師著作中，這一點就非常清晰地呈現了出來。所以當我們看到世界佛教領袖達賴喇嘛，還與雄天護法派系陷入到「哪一個護法比較靈驗、比較正派」之爭時，或可體認到漢傳佛教的特質——叢林裡，對於護法鬼神雖然心存感念，卻又保持距離，這樣呈現出來的人文精神是很可貴的。

還有，固然我們對於儒家文化中，對佛教歧視與不公道的論議，有很深切的感受，但是如同孟子所言：「無敵國外患者國恆亡」，正因爲儒家不能接受山林佛教的隱遁思想，眼睛緊盯著佛教，於是，中國佛教的發展，在儒者的鞭策下，不能夠走向太遁世、逃塵的老路上去。也就是說，聲聞佛教在中國一向吃不開，佛教傳入以後，就很自然傾向於大乘佛教，此中絕對有中國「兼善天下」的人文精神。於是佛家在中國，強調的是敦倫盡份，孝道優先，給予人現世的安慰、信心、幸福與快樂，而不是一味尋求獨善其身的解脫。

儒家文化確實也給中國佛教帶來很多困擾，如對僧尼的定位。因爲僧尼不結婚，沒有組織家庭，不符合「不孝有三，無後爲大」的孝道文化，由是而產生儒者對僧尼的排斥感。但是總的來說，它也逼著漢傳佛教的出家人，在不斷面對批判之餘，不忘卻自我反省。至於「人間佛教」的可貴，就在這個地方：它能夠面對中國傳統，可是又有其超越的面向。至於它引領時代潮流的面向，如與當代女權、動物權、環境權運動的對話，這又是另一超越的面向。

如果不從這「契理契機」的角度，來定位印順導師思想，也許我們會質疑：難道來到這裡學習佛法，只不過是在學習「一家之言」嗎？這確實也是部分學員的困惑。但是，別忘了，即使你學的是佛法，在世人來看，那還不是「佛陀的一家之言」呢？所以，學的是不是「一家之言」不是重點，重點在它的內涵值不值得學習。如果體會到人間佛教之意義，在於它直探佛陀的本懷，且在批判反省的過程中，接納傳統文化的精華，自然地契合漢人的心靈；然後又能展望未來，接受時代的挑戰，甚至超越時代的見地，那麼我們還是要佩服地說：印順導師確實是把佛法講活了！讓我們不再只是在經本之中看到佛教，在殿堂之中誦念經文與佛號，還可以在個人生活與社會生活之中，改變思想與行爲，乃至引領時代風潮。

我們應深自慶幸，有機會接受這「思想革命」的洗禮——不是藏傳，不是南傳，乃至不是傳統漢傳佛教，但它絕對不是孤芳自賞，排他性強，而不屑南傳，不屑藏傳，乃至於不屑傳統漢傳佛教。在理性的批判過程之中，它還是有欣賞並接納各種佛教流派之長處的特質，這才符合「緣起性空」的精神。倘要標榜自己才是「絕對真理」而蔑視其他，這樣的人，已經抛離人間佛教的最核心定義——緣起性空。所以在包容之中，有自我的反省與批判，有汰蕪存菁的能力，這樣的「人間佛教」才永遠都有活水源頭。

大乘「兼善天下」的胸懷，使得我們無法單祇要求將學習到的佛法，應用在生活之中，讓自己更平安喜樂；我們更應該把自己當作一顆希望的種籽，隨緣散播平安喜樂於人間各處。我們所在的地方，總要讓人感覺得到：這個人是佛弟子，他所散發出來的氣質，他的言語與行爲，都是如此的智慧而慈悲，在冷靜與理智之中，還能保持對人的和善與熱忱。那麼，我們就已算是人間佛教的「種籽部隊」了；我們走到那裡，都可以從一粒種籽漸進茁壯成一棵大樹了。我們的生命之樹，倘能讓來往的行人在疲憊的旅途之中，享受得到綠蔭的清涼，這樣，我們也就不負此生學佛一回了。

大家在一年的熏習之中，對佛法當然有較以往更爲深刻的體會，然而體會不能光止於課堂上教學內容的記憶。因爲所有一切，包括我們的記憶力，都是無常的，雖然曾聽過、記過哪一部經論，哪一句法語，但是，禁不起數年的歲月流逝，禁不起一個意外事件，乃至一個碰撞所導致的腦震盪，所有曾經牢記的經文字句，都有可能剎時忘光的。一切都是那樣的無常，所以僅僅記憶佛學是不夠的，只有把緣起的佛法，拿來隨時操練在生活之中，讓自己的生活，因爲佛法所帶來的智慧，而更加的平安喜樂；讓自己有勇氣與耐力，來面對生命中的逆境；讓自己與人相處的時候，因爲「緣起性空」法義的省思，而自然產生對周遭人事物的感恩之情，並且自然流露出謙遜的態度，平等對待任何眾生，那麼佛法本來就融入於生活之中，我們也就不須擔心「記不記得住」的問題了。

所以，常聽到「佛法生活化，生活佛法化」，問題不在於：「我每天早晚都有做功課，我每天早上在佛前都供三杯水，上三炷香，拜了三拜；這樣我的生活中就充滿著佛法。」不見得要用這樣的方式來表達：我的生活之中的確是有佛法的。重點是：如何把正見、正思惟帶到生活中的每一個時刻，在對待自己，對待別人，對待事情的時候，都能以正確的觀念，產生正語、正業，選擇並從事正當職業。假使能夠做到這樣，那麼，我們等於是在生活中的每一時刻，不斷地操練佛法。我想，這才是人間佛教的正途。否則變成孤芳自賞，充滿著不合時宜的感受，憤世嫉俗的心情，這絕對不是心存四弘誓願，時時具足法空慧、大悲心與菩提願的佛弟子所應有的表現。

在此與大家互勉：如果你具足佛法正見，生活中面對任何事情，都正好是你「人間佛教」的試煉場，都可以讓你不知不覺累積成佛的福德與智慧資糧；如果未具足緣起性空的正見、正思維力，縱使你熱心參與了很多事情，可能都還是以煩惱、以邪見在跟人家瞎攪和，到頭來很難不萌生退心。所以，緣起正見，正是生命中最好的甲冑與護衛。

在學院中承受印順導師思想啓迪的人，必然於師長的教導下，在不知不覺中，對「緣起性空」耳熟能詳。也許你聽慣了，不覺得它很特殊；可是改天你若去參加別的佛教場合，聽到別的開示，可能會大吃一驚地說：噢！自己在佛法上，竟有這樣卓越的見地！我相信大家在接觸到佛教界各個層面的時候，將會慢慢體會到此點。感謝各位！

九十年六月二十三日，於八十九學年度高雄推廣部結業典禮致詞

——刊於九十年十二月第五十四期《弘誓雙月刊》

印順導師對「佛教文化的世界性」之觀點

陳美玲整理

【昭慧按】

本文係「佛教文化與當代世界」學術研討會中，個人引言部分之講詞，由陳美玲居士整理。

該研討會於民國九十三年九月二十五、二十六日，由中華民國現代佛教學會、台灣大學佛學研究中心所主辦、印順文教基金會協辦，為慶祝印順導師百歲嵩壽而舉辦之。其中第九場的座談會，主題「印順導師與佛教文化」，由台南妙心寺住持傳道法師擔任主持人，引言人為台大哲學系退休教授恆清法師、楊惠南教授、佛光大學宗教系副教授藍吉富老師與筆者。

茲摘錄其中筆者引言片段，以饗讀者。

昭慧法師以印順導師在《佛在人間》裏的一篇文章「發揚佛法以鼓鑄世界之新文化」爲主軸，向大家介紹印順導師對於「佛教文化世界性」的看法。昭慧法師說：導師這篇文章，主要是回應太虛大師的意見。太虛大師認爲應該可以發揚佛法，來鑄造一種世界性的新文化。

「太虛大師之所以這樣講，是因爲他看到了殖民主義的全球掠奪，特別是中國受到帝國主義的種種壓迫，土地遭蠶食鯨吞，這讓他深切感受到：侵略性、掠奪性的文化，已經帶來人類的巨大災難。他認爲：佛法是人類文化的新希望。」

昭慧法師以爲，導師入佛門後，已經逐漸進入抗日戰爭時期，其後更是共產主義遍佈全球，中國幾已全被赤化，殖民的資本主義還持續進行全球性的資源掠奪，在這樣的時代背景中，導師寫這篇文章，幾乎是把太虛大師「發揚佛法以鑄造世界性的新文化」這個命題，當作論文題目，闡發太虛大師的思想。「當然，由於太虛大師主張真常唯心理論，所以會特別強調法界的心光明性；導師則是主張緣起性空論，所以他雖然認同『佛教可以帶來世界新文化』，但他的理論未必跟太虛大師完全一樣。」

佛教的世界性

導師認爲，佛法可以帶給世界一些嶄新的原理。第一是「從事事差別解了法從緣生，而深入空平等性」，第二是「從念念分別解了意言無實，而深入心光明性」。

「這些專有名詞，看起來很艱澀，但導師實際上要說明的是：既然『法從緣生』，我們就不要以孤立或絕對化的眼光來看待事情，乃至形成意識型態。如果體會到『意言無實』，那麼我們就會反省到，文化固然帶給人類豐富的精神資糧，但也慢慢累積出了一些毒素，讓我們在名言熏習的過程之中，產生了一些固執的定見，這些定見容易產生見諍，也就是意識形態的鬥爭。」

「於是，導師進一步闡述佛教文化的世界性。也就是說，佛教思想，可以帶給世界光明與和平。」

有沒有一些具體的例子，足以證明這樣的願景呢？昭慧法師覺得，導師所舉的幾個例子，到現在都很得受用。今天的世界又已進入到另一個階段，依然是紛爭不停，而且已經進一步產生了種族、文明之間強烈的鬥爭。這個國際鬥爭方興未艾，更還有海峽兩岸的統獨之爭，島內的泛藍與泛綠之爭。「在這個大時代，導師所提到的一些看法，依然可以獲得驗證，那就是：依於佛教的思想，確實可以帶來新的啓發，鑄造新的文化。」

事例

導師所舉的事例有哪些呢？昭慧法師就以下幾個面向與大眾分享：

一、語文

昭慧法師以爲，在語言方面，導師特別提醒大家：佛陀重視任何國俗語言，佛說：「聽用國俗言音學習佛說」。法師接著闡述，佛陀對於各個國家、各個地方的母語，都給予平等尊重，這跟希望「車同軌、書同文」，把大家弄到同一個語文軌道上，並壓低母語的地位，基本態度是不同的。「這正好跟當前台灣強調『重視母語』的運動是相符應的。由於佛陀深入語言無實性，所以贊同使用一切語言，而不特別強調哪種語言的神聖性與特殊性。」

二、解行

(一)隨機適應：

昭慧法師以爲：佛法當然不離解行，可是，由於眾生根基不同，所以必須「隨機適應」。「也就是，不要有一種霸權心態，認爲我是對的，其他統統都不對。世界上許多人，不就是認爲『我這家的最好，其他的都不對』嗎？把其他的看法當做魔鬼邪說，希望征服全世界，希望大家能夠跟我有共同的看法，卻忽略了隨機適應，這也是見諍的一大來源。」法師以爲，事實上，沒有一味藥能夠適合所有根性的眾生。這是佛家隨機度化眾生的寬容態度。

（二）自由抉擇：

「導師有一句話說：『余學尚自由，不強人以從己』。他這一生真的是貫徹了這種心靈自由的立場。」昭慧法師說，導師向來對任何人的想法，不會強制命令其「不能說、不得說」。而這種尊重自由抉擇，反對教條主義的態度，也正是來自佛法的體會。「這是反教條的自由學風，導師認爲：在中國的天台、賢首，特別是禪宗裡也可得到證明。我覺得，這種寬容態度，正好在今日世界已經形成了氣候。二次大戰後『尊重多元文化』的共識，豈不正是尊重自由抉擇嗎？」

（三）兼容並蓄：

「導師認爲，世界上的一切文化，固然也有一些它們的毒素，但不要認爲它們都是全盤錯誤的。從佛法來看，不同的宗教文化，即使不是佛教，其實都含有一些菩薩的教化。可能那些文化受到地區跟時代的侷限而有所偏弊，但是不能不說也有良善與積極的成份。」昭慧法師以爲，用這種開明、開放的態度來面對世間，就會傾向於包容主義，甚至更進一步形成多元主義。這樣，無論在宗教或政治領域裏，那種排他主義的心態就會降低。

三、制度

在制度部份，昭慧法師舉了導師所提到的兩點來加以說明：

(一)民主制度的建立：

「佛說：『我亦在僧數』，也就是說，佛陀本身雖是教主，但是他認為自己不是領導人，而只是僧團中的一員，僧團打造的是一種民主制度。」昭慧法師認為，這個民主制度，在二千五百多年前的僧團業已建立，佛陀實在有先見之明。今天我們已經可以印證，民主制度確實是人類各種政治制度中較佳的選擇。但人類社會的這項覺悟，比佛陀時代大約晚了二千五百多年，而且是經過人類無數的慘痛教訓，方纔慢慢發展出來的。

(二)隨方毘尼：

昭慧法師認為，導師所提示的「隨方毗尼」精神是很重要的。許多佛教的制度、典章、法規，都要看到它在那個時空背景下，有沒有適應性的問題。要注意到法制的根本精神，揚棄過時的方便。要讓佛法的根本精神，透過適切的規制，而遍入一切時、處，不要因教條主義而局限了佛法發展的空間。

四、以包容善意化解衝突對立

談完了導師對於「佛教世界性」的觀點之後，昭慧法師繼續就自己十餘年來與社會互動的心得，包括提倡動物保護、發起佛教性別平等運動等等，而發抒其感想：

「我覺得，佛教的思想確實可以帶來很好的世界文化，特別是在今天，愈來愈劇烈的宗教衝突，海峽兩岸的統獨對立，以及國內的藍綠之爭，讓我們不得不思考：究竟有沒有兩極對立以外的第三條路？從前述導師所說的幾點來看：去除自我中心、兼容並蓄、自由抉擇，這樣的大方向，可以讓我們學習聆聽、包容、體貼對方的情境，不要依某一點而擴大成為一切，以偏而概全，卻忽略了那只是在緣起網絡中一小點的現象。特別是透過媒體的擴大效應，人們往往會對不同思想、不同領域、不同陣營的人貼上標籤，將對方充分汙名化，這樣彼此就完全沒有交集與和善對話的空間了。」

而昭慧法師也發現：在滔滔世局中，數以百萬計的人，是在飢餓狀態下掙扎於生死邊緣的。然而在欲諍與見諍之中，竟然見諍為禍更烈。「在動物界只有欲諍，而人類卻不僅是為了欲望的擴大而鬥爭，有時只是為了見解、觀念或意識形態不同，就可以產生嚴重的爭執。例如伊斯蘭的聖戰，或是把統獨主張，當成『神聖不可侵犯』的結論。」昭慧法師點醒佛弟子，應該思考：在這樣的情況下，能不能在這個世界發出「另類」的聲音？讓大家腳步放慢一點，仔細聆聽對方的聲音，想想對方的處境，抽離自我，不要只是強調自己的種種認同。因為「這樣的認同，經常只是自我愛擴大而形成的我所愛。我們應當思考：有沒有可能設身處地，尊重對方（與自己有異）的認同呢？如果能這樣的話，我相信這個世界的紛紛擾擾，應該可以減半吧！特別是非暴力主義的佛教護生精神，如果能夠貫徹，就不會有恐怖主義下被殺被虐的無辜民眾了。」

——刊於九十四年九月第十四期《風城法音》

一部遊心法海的「對話史」

——印順導師思想眞義

講：昭慧法師
時間：民國九十一年十一月二十四日
地點：現代禪象山社區中觀書院
紀錄：釋禪音
潤稿：陳悦萱、釋傳法

期能吟詠個中三昧

李元松老師

今天應該是我要先開場白的。其實，邀請昭慧法師來開示「印公導師思想真義」，這個題目是我選定的。本來法師非常謙遜，認爲導師的門生滿天下，而且很多都是她尊敬的比丘、比丘尼，輪不到她來講「印公導師思想真義」。但是我個人認爲，在導師座下之中，昭慧法師才是講這個題目最具代表性的法師；更重要的是，她讓我感覺最有信心，所以我堅持請她爲我們開示這個題目。

首先我要說，也許我是個「不孝」的人，爲什麼說不孝呢？因爲我是印公導師的弟子，但是在過去的十四、五年當中，我曾經在微小部分對導師提出一些不太禮貌的批評。那些不太禮貌的批評，雖然都是本之於我的信仰跟體驗所發表的一點點淺見，但是隨著昭慧法師於今年四月引我入導師之門，讓我能拜在導師座下，這一因緣使我得以近距離親近導師。而近距離親近導師，相對於在文章中所看見的導師，給我不同的感受——我感覺導師不僅在思想上吞吐日月，通古今之變，尤其導師對佛教的貢獻更是全面性的，他老人家並不只是研究一宗一派、一經一論而已。

我覺得依自己現在的情形，很適合做一個學生。假如我有更多的閒暇，我最想讀兩位善知識的書，第一位是印公導師，我想再好好的重讀一遍《妙雲集》。第二位就是昭慧法師，因爲就我的接觸和經驗，昭慧法師對印公導師的思想掌握得最完整、深入。而且最主要的是，昭慧法師不僅僅是掌握了思想，更因爲她潔淨的人格，以及無我無私的心境，最是令人感動。

由於上述原因，假如我有時間、有福報能好好讀書的話，我最想讀印公導師和昭慧法師的書。重新再讀，或許是很可喜的現象——發現到我以前對印公導師某些不禮貌的批判是錯誤的。如果我發現是錯誤的話，我會非常樂意昭告天下，告訴人們說：「我李元松犯錯了！我在過去十四、五年，對印公導師某些意見、看法的不表贊同，是我錯解了導師的思想，或是我沒有看到導師思想的全貌。」我很希望、也很樂意能有這樣的發現跟進步。只是，要發現自己可能的缺點、過失，是要有學習機會跟時間的，可是我目前學習的時間跟機會還相當有限。也就是說，我要好好讀導師的書跟法師的著作，其實要有很長很長的一段時間，很安靜的心，慢慢的吟詠，才有辦法得到個中三昧，並不是以一般隨便讀哲學書的方式，就有辦法體得個中三昧的。

因此，假如有一天，我發現我對導師不禮貌的評論、不受教的部份，是我的錯誤，我一定會公開承認的。但是在還沒有發現自己的過失之前，我非常仰仗昭慧法師爲我提燈引路，引導我入導師之門，同時也慢慢從她的身教言教當中，讓我感受導師的思想和精神，這是我非常感恩的。

以上所說都是由衷之言，我先做這樣算是一半介紹、一半引言的開場白吧！（大眾鼓掌）

接著就請法師爲我們大家開示。

■昭慧法師

人間佛教的多元開展

李老師、禪龍宗長、禪本副宗長、溫主任，還有各位朋友，我就不一一叫大家的名銜了。非常歡喜有這個因緣在中觀書院與大家結緣！特別是，這裡名叫「中觀書院」，印順導師雖然不囿限於一宗一派，但對於龍樹的中觀學，確實有「情有獨鍾」的傾向。想到李老師所帶領的諸位，長期研讀印順導師的著作，並在這裡談論印順導師的思想，我覺得是非常有意義而且值得高興的。

過去我們可能有些意見上的不同，但我覺得那是微不足道的小事情。在互相磨合的過程中，更能展現「人間佛教」的包容性與異質性。中國主流文化思想，從西漢董仲舒倡議「罷黜百家獨尊儒術」以後，其實就已經定調了；但這對中國文化來說，反而是慢性衰微的潛因。因爲「罷黜百家」的做法，澆熄了先秦以來多元思想互相激盪出的智慧火花。

直到漢魏兩晉以迄隋唐，由於佛教異質文化的融入，中國文化才又興盛了很長的一段時間。韓愈以後，佛家思想爲偏狹的國族主義之所貶抑，宋明理學興起，儒學受到政治力量的持續支持而獨盛，自此中國文化又慢性衰微下來。

可見文化的蓬勃繁盛，正需要多元思想的刺激與開展。人間佛教面對多元的世間與多樣的根性，既然不放捨一切眾生，又怎能排除異質，而淪爲另一個沒有包容性的思想集團呢？

導師思想的影像教

李老師如此誠懇、光明磊落的表白，我聽了非常感動。其實，如果到最後李老師感覺自己看到的是另一面向的導師思想，我覺得也無妨。因爲緣起的世間，受限於因緣，本來就不可能讓每一個人都看到所有的面向。就像我也不能說，自己看到了導師思想的所有面向。這才是一個體會緣起的修道人，在世間應有的自在！否則的話，縱使欲諍（來自財產或者外在名利、權位的爭執）沒有了，可是見諍（思想的爭執）還是存在，這樣會使我們的心無法快樂。

演講這個題目，自己內心有著微小的不安。這個不安，來自剛才李老師所引述的（我的顧慮）——這麼多人在研究導師的思想，我憑什麼認爲自已的看法是「真義」？姑不論其他人的體會是否爲「真義」，我也應當反思，自己所吸收消化的，是否就等同於導師思想的真義？

在座有溫主任受過哲學訓練，而我本身則受過唯識學的訓練，在知識論的領域裏，我們只能承認看到了某些「現象」，但那是不是就代表「物自身」的實相呢？這就要另當別論了，因爲「現象」在被認知的過程中，依然受限於眼、耳、鼻、舌、身的感官，同時也受限於既有的意念基礎。

同理，當我們在研究導師思想的時候，難免會隨著個人的觀念、境遇、心性中比較特殊的部份，而將導師思想龐大體系裏的某些部份特別放大。這些被放大的，可能是與自己生命情境比較相應的某些部份，也可能是對自己所會遇的挑戰有所啓發的部分，所以在這兩個小時裡，我講述所理解的導師思想，真的就是「印順導師思想真義」嗎？在此我必須很誠懇地告訴大家，那還只是「影像教」吧！所謂「影像教」就是，導師的思想落入到我的心裏，變成投射在我心裏的影像；我今天複述出來的時候，也已經是一個「導師思想的影像教」了。

好吧！不管是不是「真義」，我就奉李老師之命，來跟大家談一下印順導師的思想。

遊心法海的強大動機

今天下午，我一邊在寫一篇論文，一邊在思考：年歲那麼大了，很多事情都忘記了，導師的書，卷帙這麼龐大，很多他談到的細部問題，我都已經忘記了，我今天到底要跟大家講些什麼？而且他所關切的層面那麼廣，我到底要從哪裏說起呢？後來我想，還是先從「印順導師研究佛法的動機」開始講起好了。

一個人爲什麼能夠窮其畢生之力而悠遊法海？這必然要有極深刻而強烈的動機。龍樹菩薩說：「信爲欲依，欲爲勤依。」一個人達成某一目標的意願是怎麼生起的？一定有很強烈的信念作爲後盾；信念具足了以後，產生了很強烈的動機；有了動機，才會爲達成這個目標而勤奮地投入。所以我應該要先分析，導師在早年是怎麼建立起他的信念，以致於產生這樣強大的意願，窮畢生之力投入佛法研究的汪洋大海。

追溯導師的傳記，最早他讀了一些中觀與唯識的論典，但以那時的程度，真的是似懂非懂，只感覺此中學問高深。再比較一下家鄉佛教的現實環境，不是香火道場，就是經懺應赴，不免覺得理論與現實差距太大了，他是含蓄的這麼說。，其實那時出家人的素質，已經低落到無法令知識份子敬重信仰的程度。導師覺得很可惜，因爲他從佛法的研究中，確信佛法是救世的明燈，但現實怎麼會與理論之間落差那麼大？他不禁生起了很大的疑問。

因此導師萌生了強大的心願，要爲佛教、爲眾生，特別是爲「人類」而修學佛法，他把眾生裏的「人類」特別提舉出來，並不是輕藐其他眾生，而是因爲人類的知情意，已經進化到了可以接受佛法的程度。可是以當時佛教的表現，反倒是障礙了人們接受佛法滋潤生命的機會，所以他意圖發掘佛法真義，並探尋改善現實佛教之道，這就是他研究佛法最強大的一股動力。這樣的動機必然影響到他後來的思想方向，為了讓人們領受得到佛法的美好，須要先檢討導致佛教衰弱的原因，才能解除困惑，尋求改善之道。為了尋求此一困惑的解決之道，他選擇了教理與教史同步研究的方向。

民國二十一年到二十五年之間，導師斷斷續續閱讀了三年藏經。在這段期間，他領略了整體佛法的寬廣；自此他的視野更為開闊，體會到佛法開展的多元與豐富，對佛法的認識，也不再像閩南佛學院時代，僅限於中觀與唯識。在教理方面，他開始重視原始教典的《阿含》與律典，同時也確立了「大乘有三系學說」的信念。

在佛教史方面，導師也想釐清：佛教變成現實環境這般粗俗迷妄，到底是中國佛教出了毛病，還是印度佛教本身在演變的過程中，就已經有了問題？太虛大師發現中國佛教的重大問題，是太過重視「死」跟「鬼」——死、鬼佛教，而不是「人」與「生」的人生佛教——在生之時就力圖改善人生的佛教。為了對治這個現象，因此太師提倡「人生佛教」。

導師則進一步再往上追溯，現實與理想的落差，是否與教法的本質有關？如果有關，那佛教或許根本不值得投入；如果跟本質無關，那就是受文化的影響了。因此他想從教史繼續深入研究文化的影響，究竟是單只有中國出現了問題？抑或古印度流傳的佛教就已有所變質，不再是本質的佛教？而其變質的文化因素又是什麼？

與古德及時代對話

在這兩軌——教史與教理的研究過程中，他不斷與古德對話，與時代對話。我們可以綜合的說，他一生著作呈現在字裡行間的，就是不斷與各方對話的過程。

與古德的對話暫且不表，在與時代對話的部分，一方面他與教內人士對話，一方面也與外教人士或學界人士對話。但這對話不一定是面對面的談話，他在文章中，不斷的回應當代來自社會、外教或是學界的看法。他所回應的，是來自各方針對佛教史實或思想所提出的質疑，以及觀念的挑戰。

任何思想家與宗教家都無可避免的要與周遭情境「對話」，《印度之佛教》第一章，導師開宗明義就說印度佛教是「本其獨特之深見，應人類之共欲，陶冶印度文化而樹立者」。佛陀獨特的深見，就是「緣起」，縮小範圍來說，即有情的十二緣起，乃至十二緣起流轉與還滅的關鍵。佛陀不接受形上學的第一因，直接從深觀的經驗中，歸納出現象界普遍的法則——「緣起」。佛陀的緣起特見，也是導師確認「佛法本質」之所在，「若佛出世，若不出世，是法常住，法住法界」，這本質的佛法，經得起時間與空間的考驗；但對「人類之共欲」與「印度文化」的回應，卻是佛陀創教以來，不可避免的「對話」過程。

大家長期在李老師的教導下學佛，教研部的諸位老師也在平日帶引大家研讀導師的著作，所以佛陀的特見、本質的佛法，不必在此細表。我今天要談的是導師思想的另一部份，屬於人類共欲與區域文化的問題。

就文化而言，從印度文化到中國文化，正面的文化當然對佛教有正面的影響，可是負面的部份，豈不也會帶給佛教一些歷史負擔？至於人類共欲的部份，導師也有所檢視。特別是佛陀觀與淨土觀的發展，他留意到了人類意欲所投射出來的內容，在佛教史上所帶來的影響。

印順導師透過教理與教史的研究，體會佛法的本質，理解佛法在印度與中國的流變，並且分析、簡擇這些流變，看何者具足長處，何者卻帶來弊端。他的目的不是爲了滿足做「純學問」的興趣，而是希望提供給佛教「懲前毖後」，以史爲鑑的建言。「以銅爲鑑，可以正衣冠；以史爲鑑，可以知興替。」研究過往佛教的興衰關鍵，是爲了愛護佛教，希望佛教健康壯大，提供眾生離苦得樂之道。

與教內的學術對話

在來台灣以前，導師的研究場域，大都停留在學院中——閩南佛學院、武昌佛學院、漢藏教理院，例外的是普陀山閱藏的三年。學院的教學生活與閱藏，是比較平靜的，跟外界沒什麼接觸，資訊又不像現在那麼發達。在這樣的環境中，人很容易跟社會的想法脫節。不要說別的，像昨天，十二萬農民上街遊行，我就住在農村，可是周遭平靜如昔，竟感覺不出什麼躁動跡象。要不是翻開報紙，看到報導，我根本不知道發生了什麼事。聚落所在的農村尚且如此，山林就更是遠離人群了。所以，如果單純就導師早期在學院的生活背景，來推測他對社會脈動的理解有多深刻，這是有困難的。

在閩南佛學院教學期間，他對話的對象主要是教內人士，內容主要則是教理方面的爭議。問題意識來自支那內學院與傳統佛學界的論爭——大乘到底是如歐陽竟無所說的，只有中觀、唯識二系，還是要加入如來藏學派？唯識學到底是舊譯還是新譯較爲正確？印順導師當時是傾向於中觀、唯識二系理論的，並且主張唯識典籍以新譯較爲正確，曾與守培長老有過一翻激烈的往覆論辯。這是學院派的思想研究，那些思想在古印度佛教，也只是少部份論師（佛教知識菁英層）關切的議題，跟廣大的庶民佛教，未必見得有密切的關聯性。

人要先有問題意識，才會在周遭接觸的眾多資訊裏，注意與這些問題關聯的資訊。閩院的一番論諍，使得導師在往後閱藏時，格外關切相關議題的聖典資料。他開始注意如來藏思想的典籍，並於民國三十年提出了「大乘三系」的說法。他認爲大乘思想依時間先後順序，大體可分爲「性空唯名」、「虛妄唯識」、「真常唯心」等三個學系，此中「性空唯名」的中觀思想，源自性空大乘經，西元二世紀由龍樹菩薩立宗，到了西元四世紀無著的時代，中、北印度方纔出現「虛妄唯識」思想。「真常唯心」的如來藏經典，則幾乎與唯識學出現的時代同步，是從南方發展起來的。初期的如來藏思想，甚或可上溯更早的時代，但那應是非主流且深受正統佛教質疑的。

這種說法在中國佛教界，引來了相當大的震撼，以及強烈的反彈聲浪。支那內學院系以唯識思想爲最究竟，不承認如來藏學，而且認爲龍樹與無著的思想可以一脈相承。但是印順導師認爲，如來藏系雖不究竟，但「方便轉轉勝，一道一清淨」，不必將它排除在佛教之外。至於中觀與唯識，則並非一脈相承的思想體系。因爲無著系統的瑜伽行派是「假必依實」的方法論，要在幻化的事物內裏，尋求根源性的真實（勝義有的依他起與勝義空的圓成實）。而龍樹學的系統裏，反對「假必依實」，直接指稱一切現象因緣生而如幻有，不需要從這裏尋找一個終極真實；如幻緣生法雖非真實，卻依然會發生作用。兩學派的關鍵性看法有如此重大的差異，因此雖然在發展過程之中，難免相拒相攝，交互影響，卻無一脈相承的關係。

對傳統佛教或太虛大師來說，導師雖不否認如來藏，但卻判如來藏爲不了義，這點讓他們依然難以認同。因爲中國傳統佛教以真常唯心論爲本，太虛大師思想立本於中國傳統佛教，認爲八宗可以共融，也可以與世界各大系佛教作相互間的思想交流，但是中國佛教還是有它的主體性思想，那就是諸學說中最爲究竟圓熟的如來藏思想。他認爲如來藏思想不但最爲究竟，而且應該是大乘佛教中最早出現的一脈，早於龍樹而出世的馬鳴，就已有了《大乘起信論》這部如來藏思想的經典鉅著。

可是，包括日本學者如望月信亨與中國的梁啓超，都已經論證了《楞嚴經》與《大乘起信論》的真僞，當然也推翻了馬鳴造《大乘起信論》的可能性。從《大乘起信論》的內容來看，有很多部分與《楞伽經》相仿，顯然是在唯識學出現以後，才會被進一步討論的內容。因此若說以《大乘起信論》爲根本論的真常唯心系，竟會出現在龍樹之前，這在文獻解讀上，是很難被接受的。

綜合太虛大師與印順導師師生之間的不同看法，扼要而言有二：第一、空常孰先？到底性空思想與真常思想在歷史上哪個先出現？第二、空常孰優？到底哪一種思想的佛法純度比較高？導師雖出自太虛大師之門，但是在這方面，卻不免作差異性的各自表述。

我想如果我依這方向再講下去，得擔心有些同修會吃不消了。對大家很抱歉，趕快剎車，來談另外一些「對話」吧！（眾笑）

與國際學界的學術對話

此外，導師處在學院而非寺院的環境之中，由於學院中國際佛學研究的資訊比較發達，這給他很大的幫助。在閱藏一年半後，他去到武昌佛學院，研究三論宗注疏，他原本認爲，三論宗就等於中觀學。就在那時，他接觸到了日本學者的著作，而這群日本學者，如高楠順次郎、南條文雄、木村泰賢等，都因其傑出的學術成就而夙負盛名。[1]

明治維新時代，日本鑒於當時東、西方複雜的政治形勢，知道單純依賴漢文化，不能立足於世間，所以派遣大量留學生到西方留學。一部份留學生，在歐洲學習到異於傳統研究方法的佛學研究。歐洲的聖經有希臘文、希伯來文與拉丁文等，各種語文版本的研究傳統，奠立了很好的語言學、文獻學研究基礎。

十八世紀以後，西方人陸續在中南半島、南洋群島和南亞殖民，統治者爲了殖民的方便，必須理解當地的文化，而西方教士爲了殖民地的傳教，也必須知己知彼，因此這兩種西方人來到亞洲後，一部分便投入了佛教研究的領域。要進入到異文化圈做研究，一定要先從語言

---

1 「讀到了日本高楠順次郎與木村泰賢合編的『印度哲學宗教史』；木村泰賢著的『原始佛教思想論』；還有墨禪所譯的，結城令聞所著的，關於心意識的唯識思想史（書名已記不清，譯本也因戰亂而沒有出版）。這幾部書，使我探求佛法的方法，有了新的啟發。對於歷史、地理、考證，我沒有下過功夫，卻有興趣閱讀。從現實世間的一定時空中，去理解佛法的本源與流變，漸成為我探求佛法的方針。覺得惟有這樣，才能使佛法與中國現實佛教界間的距離，正確的明白出來。」（〈遊心法海六十年〉，【華雨集】第五冊，頁九－十）

開始了解，所以他們在作佛教研究時，學語文、編字典、作版本的校勘與解讀，建立起一套很好的文獻學研究模式。這套模式突破了很多傳統研究的盲點，因而發現傳統佛教的許多內容，其實是來自文化影響或個人見地，並不見得完全等同於佛法。

這套研究方法，對釐清佛教史的真象雖有幫助，但是對於信眾，難免帶來了信仰層面的衝擊。例如：他們認爲大乘經確實是西元前後才出現的；大乘佛教的佛陀觀已有泛神論的傾向；淨土思想的來源，也有古亞非地區太陽神崇拜的影響成份。

高楠等日本學者的著作被翻譯成中文，印順導師看了這些書籍以後，雖然不完全贊同他們的見地，但是已經發現，研究佛學不能再閉門造車，近代的史學研究法，仍有值得參考的重大價值。

一個人如果覺得自己不足，一般反應有兩種，一種是假裝不知道別人的所長，假裝別人所質疑的問題並不存在。第二種就是虛心檢討，如果真的有所不足，就力圖改進。導師屬於後者，他逐漸改變自己，不祇是在學院裏與少數教內的學者對話，更意會到要回應教外學者所拋出來的問題。此外，他也接受了史學研究法，並在當代學術研究成果的基礎上，進一步作印度佛教史的研究。這「通古今之變」的治學態度，爲他自學佛以來就放在心裡的疑情：「佛法與現實佛教落差的原因何在？」無形中提供了豐富的線索。

回應「大乘非佛說」論

西方帝國的殖民地主要在南亞與東南亞，而這一帶的佛教採用的是梵文與巴利文典籍，因此近代西方與日本學者的佛學研究，側重梵、巴語文，對於漢譯典籍的價值不免有所貶抑。而南傳佛教更是認定「大乘非佛說」。身為漢傳佛教的研究者與大乘佛教的信仰者，印順導師必然要面對這些尖銳的挑戰。

學者們提出來的證據有文本，甚至經過辛勤的考古研究，或是精密的版本校勘。倘若還咬定對方「亂講」，這只能夠拿來當作「小孩子吵架」；充耳不聞，更是不能解決信仰危機。這時，怎樣解讀這些證據，就變得非常重要。印順導師不但選擇「接受挑戰」之一途，而且某種程度也接受了學者們的研究成果。但是，他給它們做了豐富的再詮釋。導師認為，大乘有其偉大的價值，現實佛教也不能全面遵循苦行獨善的路線。所以，早年他面對「大乘非佛說」論，就已回應以「大乘是佛法」的觀點，並提醒人們注意：即使是南傳聖典，也未必都是狹義的「佛說」。到了晚年，他更是以大部頭的專書，來探究大乘佛教的起源與開展。

大乘佛教會在印度大陸形成風起雲湧之勢，我認為應有佛弟子的願景，以及時代思潮的因素。包括佛弟子對於僵固保守的教條主義、高高在上的僧伽主義與男尊女卑的大比丘主義之反彈與省思，也包括社會對於養尊處優卻與基層民眾脫節的僧侶之反彈與批判。有來自教內與社會的刺激，也才會產生教內有心人士的反省與改進。

印順導師處在中國，更是感受得到大乘佛教的重要性。抗戰時期，他在漢藏教理學院授課，梁漱溟先生來院演講。梁先生以前學佛，但是後來棄佛入儒，寫了《東西文化及其哲學》。他對佛教思想有深刻的感情，對佛法的深刻思辨也非常讚賞，但他認爲國族垂危、民生凋敝，眼前應先顧到「此時、此地、此人」的現實需要，因此應以儒家思想爲本。假使是一個本就來自外教的人前來挑釁佛教，也許不會引起導師這麼深刻的反思，但是爲什麼思想如此傑出的人進到佛門以後，竟然還轉向走入儒家呢？這必然帶給導師很大的衝擊。[2]

佛教要立足於世間，不光是在知識菁英的上層，說些高深奧秘的語言，而是要把佛教精神宏揚開來，讓廣大的社會民眾覺得，佛法對社會、對自己確實有所幫助，這才是最重要的。否則，即使道理談得再高妙動聽，倘若人民覺得與民生疾苦無關，與國家命運、個人前途無關，那麼，他們可能會因「暫時用不到它」而將它束之高閣。

---

2 印順導師：《印度之佛教》自序：「二十七年冬，梁漱溟氏來山，自述其學佛中止之機曰：「此時、此地、此人」。吾聞而思之，深覺不特梁氏之為然，宋明理學之出佛歸儒，亦未嘗不緣此一念也。佛教之遍十方界，盡未來際，度一切有情，心量廣大，非不善也。然不假以本末先後之辨，任重致遠之行，而競為『三生取辦』，『一生圓證』，『即身成佛』之談，事大而急功，無惑乎佛教之言高而行卑也！吾心疑甚，殊不安。」（頁一）

佛教受到了儒者的質疑，印順導師幾經思考與反省，體會到倘若沒有「兼善天下」的大乘理念，佛教要立足在中國的土壤，勢將更爲困難。

古印度的沙門文化，還容忍某一些人獨善其身，在森林曠野之中啥事不做，靜坐冥想以終老一生。人民認爲供養沙門就有福報，這也是一種利己主義的觀念，這種思想信念是印度文化的一部份，但中國佛教若想把它硬生生從原生土壤中移植過來，就不是那麼簡單的事情。中國讀書人看待佛教，本來就把它當做是異文化，多少有些民族主義的情緒；若再看到這群出家人好吃懶做，一天到晚待在山林裏頭，除了禪修就是吃飯、睡覺，啥事不管，這在重視現實事功的中國人眼裡，更是格外難以忍受。也因此，佛教在中國，會出現「農禪」制度，會有「一日不作，一日不食」的提倡，這都是因應環境所作的良性調適。

佛教傳到中國，大、小乘經典傳譯，一開始，沒有強烈意會大乘與小乘的區分，所有經典都當成「佛說」。古師大德發展出各種不同的「判教」主張，以解決經典內容不同、說法差異的問題。但是爲什麼中國人還是選擇了大乘？這一定有它文化背景與思考慣性的因素。儒家根深蒂固的價值觀就是：「窮則獨善其身，達則兼善天下」。兼善天下的理想，在中國文化中是主流，隱遁獨善只是不得已的次要選擇，或是被社會所包容的非主流生活方式而已。

因此，爲什麼梁漱溟要離開佛教？應該就是對隱居山林、不問世事的獨善式佛教感到不耐，當眼前中國面臨危急存亡之秋，人民的安全、溫飽都已成了問題，這個時候談「涅槃解脫」，未免太不切實際了。這就是「兼善天下」的文化思維。因此，作爲中國知識份子的印順導師，面對南傳佛教與當代學者有關「大乘非佛說」的質疑時，雖然沒有站在民族主義的立場而加以情緒性反擊，卻依然把握住「兼善天下」的主調，正面肯定大乘令眾生離苦得樂的理想，認爲它有不可磨滅且聲聞佛教所無可替代的價值。

導師回應「大乘非佛說」的質疑時，沒有採取信仰型人士的方式——將它們一律訴諸「邪說」而不予理會，或是來個「互相不承認」就了事。試想，如果南傳認爲「我們是正，你們是邪」，北傳則認爲「我們是大，你們是小」，這樣除了增加情緒的張力以外，又有什麼本事說服對方？徒然製造彼此的緊張關係而已。但有些人對「大乘非佛說」之類的質疑充耳不聞，或是誡止信眾閱讀這些書籍，也未免是掩耳盜鈴的阿Q心態！一旦信眾有因緣接觸到了這類說法，或被別人問到了相關問題，依然會受到衝擊。倘若沒有強而有力的回應，來破解這些質疑，試問他們又當如何依原有信仰來安身立命？

所以，印順導師沒有採取不理它、回罵它，或告訴信眾「這些都是邪知邪見」的方式，他反而採取了正面回應的態度。至於回應的內容，他也沒有採取古德「證明大乘經是佛親口宣說」的方式，因爲這種質疑早在古印度就吵翻了天，若依這種方式來回應，怕依然只是各說各話而已。

「立敵共許」的方法論

西元前後，大乘經典出現的時候，部派佛教並沒有消失。直到二世紀至四世紀，龍樹、無著與世親——中觀、唯識學派的三位偉大論師，他們都還是在部派佛教的僧團中出家，並且受過阿毗達磨的學術訓練，部派佛教顯然不但沒有消失，而且相當強盛。那麼，部派學者又如何能坐任大乘佛教「彈偏斥小」呢？他們當然也會反擊大乘學說。他們攻擊大乘的理由大概就是：大乘經典來路不明，出現得很晚，顯然不是佛說。

龍樹與無著，一個是中觀學派、一個是唯識學派的開山祖師，由於兩人有特殊的代表性，因此我特別舉兩位論師作為例子。他們的因應之道分為兩途，我先講這部分，好讓各位對照著看，導師又是如何面對同樣問題的。

第一、龍樹把大乘傳說中，有關大乘經如何結集出來的故事撿集出來，用以證明佛滅之後，大乘經也有結集；結集人士則有文殊師利、彌勒等諸大菩薩及阿難等大阿羅漢。傳說是世親所造的《金剛仙論》則更進一步說，結集地點不在王舍城七葉窟，而是在鐵圍山外。鐵圍山在哪裡？並沒有對照遺址可得。這就讓人感覺，好像是信仰與想像中創造出來的神話空間。他們所提供出來的結集證據，當然不能說服聲聞學者來改變「大乘非佛說」的偏見。

另外一種方式，是龍樹與無著的最大利器。他們本諸《阿含》，從《阿含經》裡尋求一個聲聞佛教與大乘佛教可以溝通的基準點（因明學稱之爲「立敵共許」，即正反雙方的共識）。所以，各位不妨注意，龍樹也好（如《中論》），無著也好（如《攝大乘論》），他們要證成大乘或是學派理論時，都會先引證《阿含經》。

作者寫書，就要預設與讀者對話的情境，作者不是在跟空氣對話。龍樹寫《中論》，很明顯的，是在與部派佛教對話。他是運用緣起論，透過辯證法，邏輯性地推衍出「緣起、性空、假名、中道」的結論。無著也是一樣，他爲了要證明阿賴耶識的存在，引用的是《阿含經》而非大乘經。這是他們高超的地方，他們先共許了《阿含經》的權威性，這可以作爲各自學派正當性的討論基礎。

從這裡我們可以注意一個問題：在印度，大乘佛教的大論師，倘要建立學說的權威性，竟然是引用原始教典（而非大乘經），然後依此「教證」基礎，透過綿密的邏輯分析來作「理證」，以證明其大乘學說的正確性，然後才巧妙地轉接到大乘經典以引用之。例如，龍樹先於《中論》引《阿含》以證明「緣起、性空、中道」義與「二諦」義，到了《大智度論》就大量引用大乘典籍了。無著《攝大乘論》也是一樣，先援用《阿含經》來證明阿賴耶識的存在，後面談「唯識無境」時，才引用各種大乘經，以豐富其唯識學內涵。

「契理、契機」之深入考量

論師證成大乘學說的方法，印順導師應是有所體會的，因此他面對「大乘非佛說」論，不是勉強跟人辨解，偏要說大乘經是佛陀時代的創作，反而是在聲聞經律中，尋求彼此的共識來作對話。他的時代比起古德時代又已不同，近、現代文獻學研究的成果已可使用，原始經律的結集記載更是寶貴的一手資料，所以他可以明確告訴南傳佛教學者說：

第一，光講「大乘經非佛說」是不公平的，事實上，連最原始的聲聞經律，也統統都是佛滅以後才逐漸結集出現的。

第二，佛法難道一定要由「佛說」才算數嗎？如果說法內容能夠符合緣起、三法印，難道由佛弟子說就不行嗎？佛弟子說的佛法，只要純度夠，豈不就是廣義的「佛說」了嗎？

第三，佛弟子們在結集或書寫、流傳經典的過程中，難免有一些瓶頸存在。例如，因日久年深，可能部分內容已有所忘失，可能在口耳相傳的過程中，因傳持者的素質問題，導致其對正確內容有所不知、錯知或是只有少分之知。其實，連當場耳聞書寫的內容，都有可能會發生出入，更何況是佛滅後，一代一代佛弟子憑著記憶與口耳傳承來結集經典，這中間豈可能完全沒有落差？誰又能保證原始經律裡完全沒有印度文化的滲透，沒有人類共欲的影響，百分之百是純粹佛法的本質，百分之百是佛陀的特見呢？如果聲聞教典也不能作此保證，那又何獨苛求於大乘經？

應該注意的是：第一，哪些大乘經的內容，在教理上站得住腳？哪些站不住腳？第二，大乘思想對世間有沒有利益？有沒有正面幫助？第三，如果聲聞佛教的價值觀是獨善優先，然而最起碼，兼善思想比較適合中國社會對佛教的期待吧！現實功利的社會，總不希望養一堆只管自己不管別人的修行人，那麼，大乘行者的總體表現，是不是可以讓社會對佛教的善意與接納度提高，從而增加社會對獨善修行人的忍耐性與包容力呢？

總體來說：在義理方面，大乘符應佛法的根本義；以功效來說，大乘理想對於社會有正面的形象與效益，那我們又有什麼理由拒大乘於千里之外？所以，導師基於「契理」與「契機」兩方面的考量，認爲應該要重視大乘並發揚大乘。

他不否認大乘經確實有些俯就印度神教或人類共欲的雜質，但不要忘記了，文化是無孔不入而如影隨形的，它長期塑造出印度人民的心靈，印度人民在接觸佛法時，心靈早已染上了文化色彩，這些無論如何是不容易完全切割清楚的。大乘佛教固然如此，聲聞佛教又何嘗不然？

所以印順導師不但不因大乘已有雜質滲染，就全面揚棄大乘，反而依史學方法爬梳個中的本質之教與權宜之教，並強調大乘正常道中，「三心六度」的深智大行。

從《阿含講要》到《佛法概論》

導師依循龍樹與無著的方式，不但重視《阿含》與律，而且將《阿含》與律的內容連結到大乘佛教。舉例而言，他的著作《佛法概論》，原本名爲《阿含講要》，《阿含經》是聲聞佛典，但是他卻在講《阿含》的時候，依據它的內容，整理成總體佛法的綱領，試圖依聲聞共義的「緣起」之教，貫串大乘三心六度的要義。

定名爲《佛法概論》，首先就讓南傳佛教無話可說，因爲他把《阿含》等同於「佛法」，甚至當作佛法的全部。但是本書內容在很多地方，已經把大乘與聲聞的藩籬打掉，重新建構成一個完整的佛法體系。例如，他強調佛陀當時已受限於苦行思潮，而不能暢達菩薩道的本懷；對於泛神論傾向的大乘佛陀觀，他也予以批判，認爲那是人類意欲的客觀化，佛陀的偉大在於其自覺覺他、悲智圓滿的本質與表現。

他特別強調佛陀有「故國之思」，這與他那個時代，中國面臨殖民帝國侵凌的處境應有關聯。他治佛學雖不囿於民族情感，但也強烈反對學佛者棄置自己的國家於不顧，對國家興衰、民族存亡完全無動於衷。所以他舉證云：連佛陀都不是這樣處理自己與國家之間的關係，佛陀關心他的故國，一直到迦毗羅衛行將被滅，他都不忍放捨，為「促和止戰」而盡了最大的努力。

佛陀是自覺而覺他的，絕對不是獨善其身的。本書最後一章，導師特別比對佛陀正覺和阿羅漢解脫的差別。他說：佛陀是無貪、無瞋、無癡的圓滿發展，阿羅漢則只是無貪與無癡。易言之，在無瞋的德行方面，阿羅漢還是有所不足的。

這並不是指阿羅漢猶有瞋惱（有瞋惱怎麼可以成就阿羅漢果呢），而是他瞋習可能還在。大凡世間聰明絕頂的人，總是不太耐煩別人太笨；由於他思想太敏銳，幾秒鐘可能就閃了幾十個念頭，因此言談、治學、辦事的反應都很快，對方太遲鈍他會受不了，所以智慧第一的舍利弗，竟然猶有「瞋習」，這點是可以理解的。

然而菩薩面對眾生、度化眾生，就得忍受諸如此類無傷大雅，卻難免讓人生氣的事。因此，倘若沒有經過在眾生中不斷磨礪的歷程，沒有「依慈止瞋」的身心訓練，怎麼可能磨除得掉瞋習的稜角呢？導師強調佛陀與阿羅漢在「習氣是否已斷」方面的差異，顯然即以講述《阿含》的方式，連結聲聞法義與大乘思想，再凸顯菩薩發心、行持與佛陀正覺的卓越。

導師承認大乘的佛陀觀，受到大眾部的影響，已經漂離了歷史上的佛陀身影，依人類共欲，外射而爲無所不知、無所不能、無所不在的神格。在這方面，他主張還是從天上拉回到人間，依史實而去除神格化的迷思。可是另一方面，他還是強調大乘願行的偉大，強調菩薩生生世世都在慈護心行之中，面對著各樣的眾生——愚蠢的、殘缺的、煩惱深重的、恩將仇報的——竟還不生厭捨之心；在面對自己時，也承受著惡業成熟、病苦、災劫、死亡等等考驗。這一類經歷，在釋迦菩薩的本生談中多所敘述。菩薩這一切事行，終究是功不唐捐的，最後成就了福德較諸阿羅漢更爲殊勝的佛菩提。

《佛法概論》從頭至尾，依《阿含經》的「緣起」義來建立大乘思想，於解脫正行之外，加上三心、六度……等等菩薩心行的綱目。這可說是導師援用龍樹與無著「立敵共許」的方法，站在與對方（敵）具有共識（共許）的立場，進一步闡述大乘法義，以證成大乘的價值。

與淨土思想對話

南傳佛教由於語言文字隔閡，無法完全理解導師的思想，以致沒有接受到導師的訊息，而一般學者也同樣由於語文隔閡，沒有注意到導師的思想價值，但是導師寫的是中文，結果反而引起了中國傳統佛教的反彈，認爲他竟然認同南傳佛教或是世俗學者的價值觀，重視起小乘不了義的《阿含》來了。因此他們並不能領會導師以「大乘是佛法」的見地來捍衛大乘的苦心。不過我想這並不重要，因爲一個有良知的宗教家，研修與弘傳正法，並不是爲了讓別人感謝，而是爲了報三寶恩，爲了幫助眾生。

我講了這麼多，只是要告訴大家，導師是在跟時代對話，跟南傳佛教對話，乃至跟學者對話。尤其有些學者，曾經對淨土思想提出非常尖銳嚴苛的挑戰，導師並不是淨土行者，但是爲了回應這些挑戰，他也曾思考反省淨土文獻流傳年代與地點的問題，以及淨土思想內涵是否確實比較晚出？是否已受到其他宗教（特別是他力宗教）的影響？

佛教是「自力宗教」，主張透過自我的鍛練與昇華，以「自力」達到解脫，而不應像「他力宗教」，仰仗他力以獲得救贖，這是迥然不同的路線。因此從佛法作爲自力宗教的傾向來說，對於淨土宗傾向他力救拔的思想，多少應該給予適度定位。

怎麼定位這個法門呢？導師沿用龍樹菩薩的說法：「爲志性怯懦者說」。要一個志性怯懦的人，以三大阿僧祇劫乃至無量阿僧祇劫去面對苦難，擁抱眾生，這實在是太困難了。當他自己連站都還站不穩的時候，如何可能邁步行走呢？

但是佛法難道不能攝受這樣的人嗎？難道要捨棄他嗎？還是應該要爲他找一條緩進之路？而這條路又是什麼呢？答案就是「讓他先在安全地帶接受訓練！」所以導師並沒有完全否定淨土思想，只是爲它重新下了一個令許多淨土宗行人難以接受的定位罷了。

聲聞佛教面對生命流轉的痛苦，以中止輪迴的方式來解決它。但是大乘佛教卻希望將有意義的生命拉長來幫助眾生，這中間的落差要如何處理？如果生命輪迴的鎖鍊不能立刻中止，志性怯懦者難免會害怕，如何承擔往後生死流轉的苦難？不如先讓他去他方「留學」，待學成歸國（迴入娑婆）再來服務眾生吧！所以往生淨土是留學而不是移民，移民是跟此土「再見」，從此做個外方之人，這與留學而預期返鄉的心態當然不同。淨土思想強調的是，先到一個環境比較好的地方學習，那裡不需要擔憂「會不會遭遇太深重的苦難？會不會有太多突發性的天災人禍？會不會遇到惡知識，使人心性退步，不知不覺造作惡業」等等問題。先到那裡去安心學習，等到學成之後，本事高強，遇到任何前述困境，都能確保心性不會墮落，那時再回到娑婆世界來幫助眾生，也還不遲。

淨土法門是大乘方便道，這只不過是沿用著龍樹的說法。但是傳統淨土宗卻認為：淨土是三根普被、利鈍全收，萬修萬人去，末法時代唯一確保安全的法門。如今竟將其貶成志性怯懦者不得不尋求庇護的方便法門，中國佛教又以淨土宗（與禪宗）的行門為主，民眾接受淨土宗的人特別多，他們如何能夠忍受這樣貶低淨土法門的說法？

導師其實並沒有完全否認淨土的價值，他承認「淨土為三乘共庇」，是人人都嚮往的美好、安樂的世界。人難免會希望，除了肉體跟心靈能夠平衡發展、健康無患之外，還要具足更為美好的外在環境，不然各位為什麼要搬來象山社區呢？（眾笑）這是人類很正常的欲念，意圖打消它，豈不等於是違背人性？問題在於，這個期望有沒有途徑可以完成？或說，有沒有可能會期待落空？

導師沒有採取南傳佛教「不承認西方淨土存在」的說法。依因緣果報的原理來說，若佛與諸菩薩共願同行，建造一片淨土，讓眾生得以有更好的棲息環境，這在邏輯上是說得通的。即以世間現象來說，不也是有些地方比較貧窮，有些地方比較富足安樂嗎？大家是不是也都有「水往低處流，人往高處爬」的心理，想移民到那些比較美好的地方呢？既然連地球這塊土地上，都有一些地方比較富足安樂，一些地方比較困苦貧瘠、多災多難，那麼廣大的宇宙、無數的星空裡頭，難道就沒有一些比地球現有環境更美好、更理想的國土嗎？難道沒有一個緣於佛菩薩的善念所共同成就的國土，有佛法、明師、善知識，又具足豐富資具與賞心悅目的景觀，來供大家依止、學法嗎？所以導師當然不會全盤推翻淨土法門。

淨土法門係「為志性怯懦者說」的說法，引起了淨土行人的反彈。此外，導師參考了學者的看法，認為波斯、印度宗教都崇拜火光或太陽神，也看作生命延續的象徵，在大乘興起的機運中，或許是適應這一地區，而有阿彌陀淨土法門的傳出。這類說法，造成了淨土行人很大的反感與爭議。批評者以為，如果連聖典都說是依佛陀特見而融有印度乃至異方文化，那又如何保證這些學者的推測不帶偏見？其可信度值得爭議。

但大體來說，導師還是認爲，淨土是人類的共欲，淨土法門更是爲志性怯懦的大乘行者所提供的妙方便，讓他們有充份身心準備後再行菩薩道。他並勉勵淨土行者，修行要注意培養善根與福德因緣，除了念佛的信、願、行三要門之外，最好再加行十善法，儘量爲立足的世間而作奉獻，不要以移民心態，漠視此土的建設需求。因此導師依佛法本質，重視大乘願行，回歸淨土宗爲龍樹所判定的「方便道，」與無著所判定的「別時意趣」，並不是全盤否定它的價值。

但是後來有些人在研讀導師思想的時候，擴大了「志性怯懦」方面的價值判斷，把淨土宗看作是愚夫愚婦的信行，忽略了公平看待淨土宗的世間貢獻，這也未免矯枉過正了一些！

我們平心靜氣想想，雖然佛法鼓勵的是以戒定慧來自我鍛練而成強者，但進入宗教之門的人，豈不有大量志性怯懦之士呢？當我們面對自己無能爲力的情境之時，不是也很容易感到軟弱嗎？也許有時充滿自信心，但那是在我們對週遭許多因緣條件較有把握，較可掌握命運的時候。一旦自覺不能掌控情境，深感手足無措、生死攸關的片刻，一切只能交給「未知」之時，難道心裡不會出現茫然的感覺嗎？爲什麼要視這群數量廣大的人爲次等人，引起別人不舒服的感覺呢？

對法門的價值判斷，不能只看它適應的人是誰，而要看它在契機者身上有沒有正面提昇生命能量的效果？是否給眾生帶來效益？如果有益於眾生，爲什麼要用帶有藐視的眼光來看待這樣的法門？更何況，如果沒有淨土法門，那些慣於在心理上依賴他力而期能獲得救拔的人，在佛教中找不到情感的依處，會不會離開佛教而歸入其他宗教？

因此，對於這群較依賴他力救度的人，最起碼，淨土法門還能使他們在情感上認同佛教，而非認同其他宗教，此後就有機會進一步慢慢接近究竟的佛法。這些人因爲在情感上接受佛教，自然不會對佛教產生敵意，對整體佛教而言，又有什麼不好？爲什麼要「爲淵驅魚」呢？如果用「我是自力的，他是他力的，他不如我」的較量心態與言語來刺激對方，造成彼此之間的緊張關係，這樣會更好嗎？若他們在佛教裡找不到「依賴性」的安慰，於是掉頭遠離佛陀、遠離佛教，以其他更爲不當的方式來尋求依賴，那對他們的法身慧命，豈不是更大的傷害？最起碼，淨土法門還是以緩進方式，讓修行人從依賴而過渡到超脫呢！

我早年出家時，經懺應赴的唱腔花俏，僧尼耗太多時間在各種繁複儀軌之中，素質低落而且商業化氣息濃厚，給人的觀感不佳。幸有淨土宗大德、善知識，運用念佛法門素樸儀式的安慰力量，產生了移風易俗的效果。現在臺灣佛教的喪葬儀式簡樸、莊嚴，例如西方三聖像、黃色或鵝黃色布幔、蓮花燈等會場布置，再加上在家居士所組成的助念團，讓亡者家屬產生了安定心魂與治療悲傷的力量，這也無形中提高了社會對佛教的好感。淨土宗在這方面，也還是功不可沒的。

與儒家思想對話

如前所言，佛教也面對著中國主流思想——儒家的挑戰。儒家思想普遍存在於中國每一個角落，它認真面對現實人生，卻對死後去處不予聞問。導師認爲這樣是不夠的，必須要體會生命在無限長流中的實相，而不能只照顧現況。但是無論如何，重視現實事功的儒家思想，是太虛大師與導師對佛教「反求諸己」的重要觸媒。

面對儒家「此時、此地、此人」的挑戰，導師認同太虛大師的「人生佛教」思想，並且進一步提出了「人間佛教」的主張，強調建設此間此土，不能只嚮往於他方，而將此土當作邁向他方的踏腳石——這是一種「過客心態」。導師認爲，雖然往生他方淨土也很難得，但若能建立此方淨土，將是更爲殊勝的。因此他跟太虛大師一樣，願意生生世世在這苦難的人間，傳播正覺的綸音，並且建議淨土行人不妨求生較諸西方更爲接近此間的兜率陀天彌勒淨土，隨彌勒成佛而再來人間，參與龍華聞法盛會。

無論如何，面對儒家的挑戰，加以體察佛陀不捨眾生的本懷，導師還是選擇了兼善天下的大乘願行，而堅定著「大乘究竟」的信念。

與藏傳密教對話

不祇於此，抗戰期間，導師到四川漢藏教理院教書，與法尊法師結爲情誼深厚的法友，法尊法師留學西藏，對於藏傳佛教有深刻的研究和體會，受到藏傳佛教的影響，所學較傾向於中觀學派。他曾經在一次唯識學的講學之中，一邊講述唯識，一邊以中觀見來評破唯識見，講完也就破完，後整理成文，名爲〈唯識三十頌懸論〉。

導師也是較爲同情空宗，因此與法尊法師自是心靈相契。他說他自與法尊法師爲友之後，才有了「同學之樂」。想來這是因爲，他的思想卓越，早早受命爲眾說法，同學成了他的學生，卻沒有程度與能力在治學方面和他相互切磋。依法尊法師引述藏傳原典的中觀義，導師發現，他過去認爲三論宗等同於中觀，然而事實上，三論宗有其宗派特見，並不完全等同中觀思想。

在與法尊法師論學的過程中，導師瞭解了藏傳密教的內容，他對密教反感較大。導師向來溫柔敦厚，不爲已甚，話到口邊、筆到紙端，往往都留著三分情面，但是對密教的批判卻特別強烈，甚至將「密教之興與佛教之衰」作了因果關係的連結。這種說法，讓密教中人委實難以消受。

藏傳密教「即身成佛」的觀點，又是淨土宗之外的另一種方便道，但導師批判密教的強度，遠甚於淨土宗。原因應是，他認爲密教吸收了太多印度民俗宗教的繁複儀軌與咒術；齜牙咧嘴的藥叉金剛，從守護神的地位一躍而成了修法觀境的大菩薩；受到性力學派的影響，竟出現男女交抱的無上瑜伽密，將淫亂無度美其名曰「雙身法」，這在以儒家禮樂思想爲主軸的文化國度裡，確實令人難以忍受，而且也與本質的佛法大相逕庭。佛法重在轉私情爲慈悲，超欲念而得解脫，這與性力學派的「淫欲爲道」，路數絲毫不同。總之，去貪瞋慢的佛法，竟一轉而成大貪、大瞋、大慢的密教，這不啻是背道而馳！

密教中人過去比較低調，因爲他們連在一般顯教的圈子裡都不太被接納，如果與導師這麼銳利的思想正面交鋒，對他們更是不利。但我相信他們一直蘊釀著反彈的情緒，因此也有學者藉著批判導師的方式，來維持密教的正當性。

可是，導師也公允地指出藏傳佛教的優點，例如：重視論典，論證嚴謹，法義教學較爲紮實。他還注意到，印度在笈多王朝之後推行雅語化運動，梵文文學興起，婆羅門教復興。面對時代潮流的壓力，佛教必須要與社會對話，爲了減低婆羅門教的敵意，並獲得普羅民眾的接納，在契機考量之下而納入婆羅門教的若干質素，卻不覺間把佛法的純度降低了。此般祖師護法衛教的苦心，應該是可以體諒的。但是總的來說，導師對密教的批判，還是遠大於肯定。我認為，前述密教「大貪、大瞋、大慢」的特質，其爭議性還是會持續下去的。

然而，藏傳密教終究是佛教的一部份，我們是不是該重行思量，給予它一些正面的肯定呢？以西藏而言，佛教傳入當時，面對是的苯教——一個鬼神信仰非常強固的民俗信仰傳統。佛教如果沒有與苯教對話的過程，如何深入到西藏民心？在對話過程中的影響，往往很難只是單方面的授受關係，神秘咒術與儀軌難免滲入於佛教之中。但是好歹佛法還是在西藏流傳，藏人在情感上也認同佛教，這總好過他們完全不認識佛陀、不認同佛教吧！

歷史不可能重新來過，但不妨回溯那個時代的因緣，來重行思考問題。諸如以神通力降伏魔外的蓮華生大士之類的密教高僧，又何嘗不是讓西藏民眾從苯教轉為信仰佛教，讓藏地廣為流傳佛法的重要功臣！西藏人因密教的推行，而種下了佛法善根，在情感上認同佛教，我們何嘗不能在友善的對話中求同存異？

與基督宗教對話

導師曾面對基督教對佛教的挑釁，而被動地展開了反擊。大約在一九六二年到一九六五年間，天主教在梵帝崗召開過第二次大公會議（一般簡稱「梵二大公會議」），會中對其他宗教有較為友善的神學論述，重行建構一套教友與異教互動的訓導。此外，亞洲基督新教也有神學家建構所謂的「亞洲神學」，正視基督教友在亞洲屬於少數的處境，呼籲以寬廣的心胸來評價亞洲廣大民眾的文化信仰，從而以尊重友善的態度與其他宗教互動。

但是在導師那個時代的基督宗教，可沒有那麼友善。中國大陸淪陷後（以中共的立場來說，是他們建國之後）（眾笑），一群比丘們逃難到香港，此時，香港基督教的道風山以彷同佛教叢林的設備與豐厚的物資，專門吸收這些比丘入住，並意圖改變他們的信仰。教堂建得像是寺廟，聖殿中也有法器，但唸的可是聖經而非佛經。而這群棄佛入基之士，又被用來當作樣板，藉以攻擊佛教。這些基督徒有征服佛教、讓人全部改信基督的強烈企圖，因此時常無端挑釁，這使得導師在偶然的因緣下，與基督宗教展開了系列文章的對話。

印順導師之所以會寫〈上帝愛世人〉等文章，緣自基督徒夜晚造訪，並大喇喇地致贈聖經傳教，明知他的身份是佛教宗教師，還要勸他改變信仰，真是欺人太甚！導師於是索性撰文，對於基督宗教的教義，特別是「創世紀」中的理論，幾予全數推翻，不但針針見血，有時還戲笑怒罵、語帶詼諧，這當然引起了基督宗教界的強烈反彈，論諍於是你來我往，好不熱鬧！以現在兩教互動較為友善的環境來看，導師與基督宗教對話的這些文字，好像太過尖銳，可是如果能理解那時佛教所面對的傷害與挑釁，可能就會覺得，這樣寫實在是太痛快了！（眾笑）

與禪宗的對話

導師本來無意研究禪宗，可是胡適寫了一篇關於《六祖壇經》與神會的翻案文章，並引起了佛教界的公憤。導師是一位冷靜究理的學者，看了這些論辯文字以後，並不立即反駁胡適，反倒是引起了研究禪宗的興趣。那些年他正好養病，就以「業餘興趣」，於民國五十九年間，著眼於「從印度禪演化為中國禪」的過程，而在病中寫下了《中國禪宗史》，隨後又陸續寫了幾篇禪宗研究的論文。

導師對禪宗末流的時弊，確實有所批判。禪宗好簡而不立文字，以致義學研究不彰，面對宋明理學深度的哲理思辨顯得有些束手無策，導師曾給予愛深責切的評論。但是大體而言，對於禪宗，導師還是相當敬重的，對其自力堅強、樸拙無華的道風，曾給予極高的評價與讚賞。從禪宗的角度來看，他的批判可能失之過苛。但是，禪宗公案無法用邏輯分析，沒有清晰的辯證途徑，也沒有漸入堂奧的階次內容，一般人確實會感覺束手無策。再說，開悟到底是什麼？先不談其悟境是否究竟，即連開悟的方法、次第，都不是那麼明確，這是禪宗時常面對的詰難。

此外，導師對天台、華嚴也有所批判。例如：「三智一心中得」的內涵，從中觀「二諦論」轉化到天台「三諦論」所產生的問題，玄學色彩濃厚的傾向，乃至其判教方式。

以判教而論，由於導師充分掌握佛教聖典的要義，加上與時代學術接軌，這使他不再囿限於傳統判教的思維模式，而重行思考根本教法與學派演變的種種問題。就智者與賢首所處的時代背景來看，我們也不應忽略其判教的價值。尤其是智者大師，當時可沒有文獻學與史學的訓練，而印度傳來的典籍又跨越那麼漫長的年代，每部經典都宣稱是佛所說，但往往差異甚大。面對這種情形，智者想將聖典予以定序，以便解釋其間差異的問題。判教並非智者獨創，早在印度就已有之，到中國南北朝時代，判教方式更見多元。智者雖將自己所重視的《法華》、《涅槃》經教判爲最高的圓教，但並不全盤否定其他經典的真實性與重要性，至多是以「權而非實」來看待它們。這點比起許多南傳僧侶老是自認正宗、將大乘視若外道、將北傳比丘視若俗人，心胸總還是開闊得多，這種包容的精神，可能也是中國文化的特色吧！

最近在上海復旦大學，談到「佛學研究方法」時說到：龍樹與無著用原始佛教的「緣起」義，搭建聲聞佛教與與大乘佛教之間的橋樑；中國祖師則是以判教，來接合經典之間的歧義。判教雖在印度即已有之，卻在中國廣爲流行，而且將判教的理論系統，發展得龐大且完備。這正顯示中國不同於印度的文化特性，那就是：重視人際關係的和諧，大於重視真理。

當兩個人吵架，找第三者來仲裁，這第三者若是西方人，一定會認真傾聽兩造意見，然後再下結論：「是某甲對，某乙不對，某乙應該向某甲道歉。」但是如果仲裁者是中國人，他一定會說：「哎呀！看在我的面子上，你們就各退一步，不要再吵下去了啦！」（眾笑）這是中國根深蒂固的文化特色。正面來看，其展現的是不走極端的包容態度，所以不容易發生宗教戰爭；雖然認為大乘好，卻也不會一腳踢開小乘，頂多歸納成究竟跟不究竟兩類，也就得了。

但是西方人的思維模式，可就要認真搞清楚，到底什麼才是「真理」？誰站在真理的那一方？所以不但得頭痛上帝存在與否的論題，還得要動刀動槍來確定那一個才是真正的上帝，這就更令人抓狂！換言之，西方文化的性格，具有追求真理的熱情，不像中國文化的籠統含糊，但也經常發生思想上的對立和鬥爭，乃至戰爭。

這兩種文化性格哪一種比較好？如果把時間拉長到千年、二千年、三千年……，回過頭來看整個人類歷史的長流，就會發現，這個問題不是那麼容易論斷的。雖然早年我對中國文化也有很多不滿，但是年紀大了，可能個性變得愈來愈敦厚，就不這麼尖銳了。（眾笑）

早年我看到的是中國文化的另外一面，例如：重視人際關係的和諧，使得中國人容易鄉愿處世；不是不能明辨是非，而是不想明辨是非。過往看章回小說，小小幾個土豪劣紳，竟可橫行鄉里，魚肉鄉民，真是想不通。你想，鄉民倘若一個人吐他一口口水，不就把他淹死了嗎？可是竟任令其橫行霸道，敢怒而不敢言。顯見鄉愿的態度，正是問題關鍵！大家的想法就是，第一、只要對方沒惹到我就好。第二、不要破壞了跟他之間的關係。這種心態，就給對方以「各個擊破」的空間。這種鄉愿的個人自保心態，加上家族或宗族緊密的人際脈絡，使得個人的自主性變得低落。

中國文化比較強調和諧、圓融，沒有像西方文化那種悍然堅持真理的精神，如亞里斯多德的「吾愛吾師，吾更愛真理」，爲了真理，得罪了誰都在所不惜。也因爲這樣，中國人只好把那若有憾焉的心情，寄託在武俠小說裡，（眾笑）因爲俠客正是那種「路見不平，拔刀相助」，爲別人仗義直言的人。即便到現在，鄉間的人際關係依然緊密，依然重視鄰里之間的和諧關係，碰到不公平的事往往不敢挺身而出。難怪會寄情於俠者，希望多幾個這樣特殊的人出現。如果人人都這樣，武俠小說就寫不成了。而西方人的性格裡，比較重視「正義」，因此也就無所謂的「俠」。

東西方看待事情的方式不同，造就了兩種不同的文化，也產生了兩種對待宗教的方式。西方人可以爲哪一派的基督宗教才是真理，而爭執不下，戰禍連年。但中國人看待佛教，是儘量面面顧到，不會認爲這個好，那個就不好，如果真的覺得我的好得不得了，頂多就是說：「他的比較不究竟」。（眾笑）儘量保持一種差異性的和諧關係，此是爲「圓融」。圓融，正是中國佛教的特色，不信你翻查大藏經，印度佛教經典中出現「圓融」一詞者，寥寥可數！

但是「圓融」也有它的好處，這種文化陶冶出來的中國佛教，能夠容許思想或法門的多元開展，而不強調「定於一尊」。佛教經過絲路和海道的遙遠距離傳到中國，倘若中國像斯里蘭卡一樣接近印度，相信文化交流會更多，加上中國文化的思考方式，中國佛教一定可以發展出更不一樣的格局。但受限於地理環境的遙遠、文字與語言的隔閡，實在無法辨識傳譯典籍的真僞，只好就著自己的文化慣性而強調圓融，做屬「權」或是屬「實」的抉擇。這樣的判教功夫，在中國文化與佛教的交流之中，已經是依有限因緣而做到了極致。

對漢傳佛教的肯定

除了批判之外，導師對中國佛教也有肯定的部份，並非全盤推翻。像是厭惡淫亂爲道，不尙怪力亂神，強調兼善天下，這都是中國佛教中強固的人文精神。

許多人讀《阿含經》，但有幾個人會將獨善其身的沙門行，看作是受限於印度當時崇尙苦行的宗教風氣呢？可見在法義的研究中，導師還是依於中國傳統人文精神，而好樂兼善天下的大乘，甚至意圖從《阿含經》裡架構大、小乘溝通的橋樑。這不是他自圓其說，因爲從佛陀、富樓那或阿難身上，我們確實看到了菩薩的典範。

台灣很多佛弟子是因爲看了導師的著作，才開始研讀《阿含經》、接受南傳佛教，但到後來竟然還是強調獨善，對導師的大乘思想不以爲然，並且認定只有《阿含經》與律藏才是佛說，只有南傳佛教才是究竟。這只能說，是其心胸器量不足，欠缺中國人文精神中「兼善天下」的情操與「圓融」精神了。

印順導師始終堅持大乘佛教。他在《印度之佛教》裏，還說了一段話：「立本於根本佛教的淳樸，宏闡中期佛教之行解，攝取後期佛教之確當者，庶足以復興佛教而暢佛之本懷也歟！」爲什麼他重視根本佛教的「淳樸」？他應是對佛教現況深有感觸吧！在《律典》或《阿含》中親切慈藹的佛陀身影，與淳樸無華的僧團風貌，極爲可貴。一旦根本佛教的淳樸性消失了，只剩下富麗堂皇的佛教軀殼，佛教勢將變質，而不再是世間的清流，眾生的希望！

爲什麼他反倒採用中期大乘佛教的「行解」？這是很特別的。一般應會認爲：「行解」應該是以《阿含》爲本，所以應該說「立本於根本佛教的行解」，怎麼會進入到大乘佛教來談「行解」呢？導師不是要推翻《阿含》的行解，而是認爲，應該要確立大乘佛教兼善天下的見地與實踐方向。

至於「後期佛教之確當者」，此中有佛弟子在那個時代弘傳佛法的真實與方便，有在那個時代與其他宗教或其他學派的往覆對話，怎麼能將這一切都一筆勾銷？尚幸仍有佛弟子付出了「令正法久住」的心血與智慧，穩住了佛教立足異教社會的腳跟，使得佛教在世間不致產生「斷層」。無論如何，佛法信仰的純度雖然不同，但是只要在情感上還肯認同自己是佛陀的弟子，努力朝向純正佛法的理想邁進，這就值得肯定。

導師身處那個時代，佛教不斷面對內部與外在環境的挑戰——面對儒家的鄙視與異教、異學的敵意，面對佛弟子「上焉者隱遁山林，下焉者經懺維生」的表現，這樣的佛教現況，給他帶來很深切的憂患意識。他並非存心與漢傳佛教過不去，而是漢傳佛教的現況，已到了非要改變體質不可的程度。

大凡革命都很劇烈，往往招致反撲而又內耗。像太虛大師講到「教理革命、教制革命、教產革命」，在在處處碰到了傳統人士最敏銳的神經，難怪招致傳統佛教的大反撲。以導師溫和的個性來看，他不希望局面這麼劇烈，所以他走的是「思想革命」之路，我們可以說這是「默默造反」，雖然不像太虛大師大鬧金山寺那麼轟轟烈烈，但是他在書房裏默默造反，丟出來的卻依然是震撼彈，讓中國佛教惶恐不安。

導師對於漢傳佛教的復興帶有強烈期盼。但他自認爲不是復古論者，不是民族主義，不囿於民族感情。漢傳佛教面對那麼多問號，他心平氣和，在有學理辯證或有事實依據的前提下，不但評議其缺點，也不忘記贊其優點以還其公道。

例如：當時學界比較重視梵、巴原典或藏語系教典。但是他就斬釘截鐵的說，漢傳佛教所遺留下來的譯典，其價值是無可取代。他分析道：南傳佛教只有單一部派（上座分別說系赤銅鍱部）的《阿含》與律而已，但是中國譯典的《阿含》與律就有各種部派版本，可以拿來作版本的比較研究。

一些重要典籍，如《大智度論》、《大毗婆娑論》只剩下漢傳佛教的譯本。達賴喇嘛上次來台也告訴我們，希望有人能夠將《大毗婆娑論》譯爲藏文。這些寶貴的典籍只存於漢傳佛教，是漢傳佛教的重要資產。後期大乘佛教的密續經典，漢傳佛教當然不如藏傳佛教翻譯得那麼多，可是大乘初、中期的經論，漢譯本顯然較爲齊備。而且漢譯典籍往往將同本異譯都收入大藏經中，藏譯則只擇其一。凡此種種漢譯佛典的特色，都是南傳與藏傳佛教無可取代，而值得珍惜的。

可見導師雖未囿於民族情感，卻對漢傳佛教具有深刻的文化感情。不能因爲他愛深責切的評論，就將他認定爲漢傳佛教的反對者。

對僧俗倫理的見地

以上拉拉雜雜講了一些導師與各方觀點的對話。接著縮小範圍談談他在對話過程中所流露出來的平等意識與寬厚性格。導師的《初期大乘佛教之起源與開展》中，有一章專論出家與在家、男眾與女眾、上座與大眾的對立關係。他特別從《阿含》原典與律藏中舉證事例，認爲彼此原應是互相尊重，互相助成。

以僧俗倫理爲例，在原始佛教時代，出家者固然受到尊敬，但可信賴的優婆塞、優婆夷，也相當的受到尊重。由於一再強化僧侶地位的優越性，於是原始佛教那種四眾融和的精神，逐漸消失。

他寫的內容算是非常溫和，話到嘴邊留三分，不像我又辣又嗆，讓人家受不了，但還是看得出他對佛教的階級意識是非常不以爲然的。

我最近從大陸回來，看到一篇批判歐陽竟無與「在家佛教」的文章，心裏頗多感慨。從另一個角度來看，歐陽竟無爲什麼要表達他對僧俗階級意識的強烈不滿？那豈不是被高高在上、把在家貶爲次等的出家佛教刺激出來的？如果出家人謙卑一些，縱使學問不如人，還能老實修行，人家也不見得會故意貶低出家地位。但是僧服一穿，學問修養都沒多好，就要耍起高人一等的身段，怎麼不會激發起對方的慢心與反感呢？你想把別人踩下去，對方當然會強力反彈，以證明你是個草包。這不是自取其辱嗎？

歐陽竟無提出來的質疑，其實是一個警訊！爲什麼要把出家與在家原屬平等互助、共存共榮的關係，處理成極端的「僧伽主義」？爲什麼四眾弟子不可以共同宏揚佛法？越多人弘傳佛法，就有越多人受惠於佛法，這不是更好嗎？顯見有些人，已不將宏揚佛法當成是僧侶的「義務」，而視作是出家的「特權」，所以才會貶在家弘法爲「白衣上座」。

我相信導師也看到了這個問題。在他那個時代，支那內學院與太虛大師之間已經有過一番對話，而他又在太虛大師座下，一定已注意到這種聲音，因此他不是急著護衛出家佛教，而是客觀並帶有同理心地思索僧俗倫理的問題。回溯到佛陀時代，佛陀讓僧團與居士之間關係和諧而位階平等。許多戒法甚至是佛陀採納居士們的意見而制定的。還有一些有學養、有修證的居士（如質多長者）。導師顯然認爲，這樣的僧俗關係才是健康的。他樂於看到居士們共同弘法，因此寫了〈建設在家佛教的方針〉，緩和地提出了他的見地。但是他心目中的居士佛教，當然不是似僧非僧、似俗非俗的日本佛教，而是希望在家人安居樂業，以他在家庭與職場中的生命經驗，拿來與周邊的人分享佛法，即便是做專業的弘法者或研究者，亦無不可。

對性別倫理的看法

此外，導師還主動提到佛教裡「男尊女卑」的現象，極不合理。他從《阿含經》透露出來的消息，發現：就佛法的真實義而言，修道證果，並不是男性的特權，女性也同樣可以修證成阿羅漢。因此，他認爲厭惡、鄙棄女性，把女衆視作佛教弘傳的障礙，實是「男尊女卑」

的階級意識在作怪，既違背了眾生平等的佛法精神，也違背了修證無別的真實義。關於這個問題，他寫的文章比談僧俗倫理的還要來得更多，可能是意會到性別歧視現象在佛門之中的嚴重性吧！

法國存在主義者西蒙波娃曾經說過：「人類的所有壓迫中，最根本形式的壓迫，就是性別的壓迫。」我深以爲然，尤其在僧團裡，男性對女性的壓迫，更讓女性永世不得翻身。這比起僧俗倫理的失衡來得更爲嚴重。居士還可以與出家人保持距離，此外，畢竟居士掌握了僧團經濟的命脈，基於現實利益的考量，僧伽主義者也不敢太囂張對待居士，但是有些比丘對比丘尼，就常常肆無忌憚仗其性別優勢來發揮其惡。

導師從不認爲自己是革命僧，沒有很劇烈的革命動作，他只是冷靜地作學理的分析，特別是針對八敬法，這些研究成果非常可貴。當我推行「廢除八敬法」運動時，雖然背後的理論基礎，許多是來自我個人的研究成果，但是問題意識卻奠基在導師研究成果的基礎上。

導師的言論本諸良知，發言的時候卻很緩和，以不激昂、不高亢的方式緩緩道來，以致於「船過水無痕」，男性沙文主義的僧侶，假裝就這回沒事。可是一旦出現像我們這樣的人，把性別關係的不合理，大聲說了出來，儼然形成一種運動，這就會讓男性沙文主義的佛教極度震恐。

個人思想的活水源頭

以上我只是就著導師思想在與各方「對話」這樣的思考主軸，把問題點抓出來與大家分享。至於導師在各個領域的創見，例如大乘三系，這不是短短的一次演講所可完全陳述的。

我個人治學，受惠於導師思想甚深。例如：我受他的指導研究唯識學，當我研究唯識學時，不會站在另外一個宗派的立場去貶低唯識，也不會站在唯識學派的立場，以唯識學為最究竟，反而能夠從時空座標中看到它的存在與流變，它的合理性及價值，乃至它關鍵性的盲點，這種思考方法與態度，就是受惠於導師。

看《攝大乘論講記》或是《唯識學探源》就知道，導師不會用龍樹學派的觀點全盤推翻唯識。他是客觀的依唯識學的邏輯，來看整個唯識學思想前後呼應的體系。不但如此，他還看到根本佛教與部派佛教對唯識學派的影響，乃至哪些是唯識學派與其他學派對話時，相互激盪而產生出來的思想，並且公平地闡述它的價值。這種無我、無我所的治學態度，對我的影響很深。

我現在在研究所教書，有些研究生告訴我，他們上我的唯識學課程，覺得是在用生命聽我講學；但是當他們讀唯識學的學者著作，尤其是日本學者的著作時，卻覺得比較疏離，失去了「生命之學」的感覺。何以如此？這正是導師對我的深遠影響。導師無論講中觀學或唯識學，都緊扣住「修證」爲軸心。但是許多學者畢竟不是從這個角度來思考問題，他們往往習慣性地在文獻學或認識論裡鑽牛角尖，於是越講越細、越講越支離破碎，學生往往因資料龐雜，邊讀邊忘，於是也就偏離了唯識學的修證主軸。

有一次我講評一篇研究生的論文，在場有一位學生，以前也讀過佛學院，他問道：「唯識無境，這個『無境』我還可以體會，但是怎麼會連『識』都沒有呢？這樣不是違背了唯識學的基本說法嗎？唯識學就是講唯識無境的，對不對！這不是互相矛盾嗎？」

我回答道：你這個問題很好。唯識學派不是光講「唯識無境」的，它有三個層次，第一步先講「唯識無境」，第二步再講「境無識亦無」，第三步則是「現前立少物，猶非唯識性」。它不是純粹作認識論的分析，已經在講述修證的方法。它不像中觀，中觀學者是於法法直下觀空，唯識則是逐步觀空，先體會到思想與心念對於所知、所緣的境界，所呈現的影響，體會境界之所以會或此或彼地呈現，經常是受到心念的影響的，因此要先放捨心念對於境界的分別。其次要體會到，心念是因了別而出現其意義，如果心念沒有對境的了別作用，那心念又將何在？於是進一步觀到識空。但是這個時候，如果出現「境空識亦空這個道理很正確」等諸如此類的念頭，那表示心裡依然還存在「少物」，必須將它都再觀空，才能真正的證入空性。此中有明確的修道階次，並不能依字面意義，指其矛盾。

會當場即席提問的時候，我手邊沒有任何資料，為何能夠立即回應？這是因為，過往在研究唯識學時，受惠於導師良多，體悟到唯識學的發展過程裡，含有瑜伽師很深刻的禪觀體悟，把握到這個原則，就不會拿很多枝微末節、細細碎資料來困擾大家，而是先將重要的觀念與學說的輪廓作些清析的勾勒，這才會使學生認為，他們會用生命來聽我講唯識學。要不然以我現在忙碌的程度，案頭日本學者的著作雖多，可是準備教材時，往往已無暇參考它們，還是將自己過往研讀論典的心得，與持續深思明辨的唯識學理，拿來當作講學資料。可以說，導師思想是全面滲透到了我的心靈深處，成為我個人思想的一部分。

個人深感有幸，能夠接受到導師的思想，這是個人思想的活水源頭，讓我有能力依佛法觀點來與社會對話，進一步與南傳、藏傳佛教、乃至與基督宗教對話，依佛法觀點來評議當前社會的許多議題。

當然我講的不見得全是導師思想的「真義」，因為我有我的侷限，我看到的也還可能只是導師思想的局部，時間有限，講來連自己都有點點滴滴、雜雜碎碎的感覺。

在座有許多高明之士，《禮記》有云：「善待問者如撞鐘，叩之以小則小鳴，叩之以大則大鳴。」所以我應該留些時間給大家提問，但我不保證一定都能回答，在此先跟大家說聲抱歉。（大眾鼓掌）

■李元松老師：

法師您請坐，您請坐我才敢講話。我今天聽法師演講，我覺得是聽她開示，我很感動，感觸良深、感觸良多！最主要是我一邊聽的時候，甚至曾經有一點想掉眼淚。我聽法師演講時，提及導師思想的整個心路歷程，導師在當時所面對的時代背景，以及導師要解決的是什麼樣的佛教大問題，這時我非常感動！

雖然我跟導師少有親近的機會——我跟導師有親近的機會，差不多是這半年多以來，由法師引我入門，這才使我比較有機會親近導師——可是非常奇妙，我每一次近身親近導師的時候，都有一份分外的親切感；我直接從導師那裡，可以看到很多很多事情，而且可以體會到很多感想！

其次，我由於跟昭慧法師較為親近，在昭慧法師的身上，可以看到印公導師的影子。我可以間接感受到印公導師的人格、學養，還有他的精神，包括他的境界。所以今天聽法師開示，更加印證了我心目中這麼多年來的印象——在當代，最足以代表印公導師來發言的，我覺得就是昭慧法師。我今天是更加印證了。

還有，在我聽法師開示的過程之中，我覺得好像法師在爲我複習了我以前讀過的《妙雲集》。事實上，我以前讀《妙雲集》的態度，好像是在尋找藥方。我比較不是採取那種研究哲學或研究思想的方式在讀《妙雲集》的。我是內心有苦悶，所以才讀《妙雲集》的。這可以用古人的一句話來形容：「好讀書而不求甚解。」

所以我對《妙雲集》，第一、沒有博聞強記的能力。第二、也不是採取博聞強記的方式。我只要從其中尋找到解除苦悶的藥方，獲得清涼就行了。所以在整個研讀《妙雲集》的過程中，我是在尋找藥方的。

今天對我個人而言，我覺得可用一個比喻：就好像是空氣。我李元松之所以能夠站在這裡，是因爲我有吸收空氣的關係；如果沒有空氣，我就沒有生命的存在。同樣的，今天聽法師的開示，我更印證了一點：假使沒有印公導師，是絕對不可能有現代禪，絕對不可能有李元松的思想。爲什麼呢？因爲，雖然在現代禪的著作裡，我幾乎絕少提到印公導師的思想與言論，可是事實上，導師的思想、導師的一些人格特質以及他的學風，許許多多都已經融入了我的生命，那也表現在我對現代禪的影響之中。

剛才法師有再提到一點，就是說……有些阿羅漢可能會很討厭人家太笨（眾笑），他們大家都在笑，因爲這句話法師有罵到我了（眾笑）。雖然我不是阿羅漢，我只是一個很平凡的凡夫而已，可是我平常很討厭笨的人（眾笑）。我覺得我跟昭慧法師的親近，讓我有兩種感覺，第一種感覺是，我好像笨蛋。因爲，平常我都覺得別人比我笨，可是我跟法師相處時，卻覺得我比法師笨，這是我很難得有的經驗（眾笑）。

就以研讀導師的著作來說，我覺得我真的是……我對導師著作熟悉的程度，不亢不卑的講，恐怕只有法師的十分之一而已。但是，有一點我也不敢過度自謙。對導師思想的掌握，我即使沒有法師的三分之一，應該也有二分之一，或說應該還有百分之五十。這跟我讀書的重點、讀書的方式是有關係，這個我還有自信。以上是關於我親近法師第一個我時常會有的感覺。

第二個感覺是，其實我很少面對人家而覺得自慚形穢，但是我跟昭慧法師相處，跟他親近的時候，經常感到慚愧，爲什麼呢？你們如果比起我，你們是小乘（眾笑），我是大乘；可是當我跟法師親近的時候，我深深感覺我是小乘，法師是大乘。這個大乘，讓我們又敬佩又捨不得，又感動又珍惜！

今天很難得的是，能夠間接聽到印公導師思想的真義，這是我今天最大的感想。非常感

謝法師今天的開示，謝謝！（眾人鼓掌）

禪龍宗長

其實……我也不知道爲什麼我跑上來了。（眾笑）其實接下來應該是由教研部主任來主持的，因爲學術的事我完全不懂，只能說是有種衝動或不安吧！剛才法師站著講，我們坐著聽，其實法師是考量到後面的同修可能看不到，所以站著講。我坐在下面，一直有點不安，所以就趕快衝上來了。（眾笑）光是我們坐著聽這一點，就欠法師一份心意。剛才李老師把我可能想到的大概都講完了，因此我報告一點點小小的心情，至於思想的部份，我是完全沒有能力回應的。

首先，聽到法師這樣的開示，真是非常有福報！我們本來是應該到弘誓學院求教的，今天法師來到這裡，我們竟然坐著聽，是我們欠法師一份深情。

另外，從法師轉述導師對於弘傳正法的一片苦心，我感受到導師與法師所展現的，爲法爲眾生的莊嚴生命。例如：剛才法師談到有學生是用生命在聽法師講唯識，從這樣的訊息裡，感受到自己聽這堂演講，也是很有福報的事！

有些心情剛才李老師講完了，我想再跟法師報告一件事：上次我們去弘誓學院的時候，法師帶我們一行三十位執事，大概弘誓學院大大小小每個房間，包括倉庫都參觀過了，那是非常令人讚嘆的經驗。李老師以前說過：「朋友熟不熟，就看你去他家敢不敢開他的冰箱。」法師就是那樣對待我們的，我們在回來的路上，談論這件事情，有同修就說：「我們回去要把教團的倉庫通通先整理好！」（眾笑）我說：「有道理！」可是馬上又覺得沒道理，爲什麼？等你準備好就來不及了。我覺得是法師的心情讓自己感動。我感受到法師這樣陽剛磊落、內外一致的風範！（眾拍手）

■溫金柯（現代禪教研部主任）

我有很多心情，不曉得從何說起。先從最外緣的開始說。今天來之前，我就覺得李老師邀請昭慧法師來這裡演講，有某種傳奇的色彩！這種傳奇色彩，用一個不是非常適當的比喻，就好像宋朝的時候，雖然朱子與陸象山曾有思想上的爭論，可是朱子後來卻邀請陸象山到白鹿洞書院去演講。（眾笑）……這個比喻當然不是十分適切。現代禪教團跟印公導師之間，過去經歷了種種因緣，在這個過程中，昭慧法師付出了非常多的努力與心意，到最後有今天這場演講。因此我覺得，這場演講具有一種很有意思的象徵意義！

今天坐在下面聽演講，覺得非常羨慕法師的一點，就是法師可以親自接受導師的教導。

因為我們在學佛的過程中，很少有機會親近導師。我想台灣佛教界的很多人，譬如我觀察到的，很多人在拜訪導師時，幾乎都用孺慕的眼神看著導師，我覺得非常有意思。至於我自己，我不曉得自己的眼神是怎樣的（眾笑），或許我也有那樣的眼神吧！在這過程中，我覺得昭慧法師非常慈悲，非常願意跟我們分享導師對我們的呵護。

記得一九八九年我在《福報》寫了一篇文章，昭慧法師打電話來跟我說：「導師說你這篇文章寫得很好」，讓我覺得非常高興。同樣的，法師這十多年來，也一直在做導師跟李老師的橋樑。法師的這一份心意非常深，我的感受非常強，應該說是由衷的感動。

今天的演講，法師說是「影像教」。我覺得確實是這樣，每個人所看到的影像是不一樣的。我的意思是說，我所理解的印順導師，和昭慧法師所理解的印順導師，在深淺廣狹等方面確實是不一樣的。透過這次演講，法師非常言簡意賅地說出了：導師為什麼是一個思想的巨人？為什麼導師的思想這麼深刻、這麼迷人、甚至會煽動人心？還有，導師在面對教內、教外的挑戰，以及時代、民族，乃至最普遍的人性傾向的挑戰，是如何作出回應的？呈現了導師思想的廣度。

在深度方面，法師講到的一個提法，我似乎還沒看過別人這樣講，而我也覺得這個提法非常難得，就是「導師是用修證的眼光來處理佛教思想的問題」。這一點是法師很獨到的眼光。

導師之所以思想深刻而吸引人，關鍵就在這裡。這也反映了導師所說的：「佛法是宗教」，「佛法是本於佛陀的覺證而來的宗教」，「佛法是哲者的宗教，應該對佛法有創造性的理解」之類的講法。

今天法師演講的內容，就我們共同閱讀導師的經驗來說，我覺得法師在深度和廣度方面，都有重要的發明，因此真的是非常成功的演講。我的心得差不多報告完了。（眾笑）接下來我們可能有一些問題可以請教法師。法師對我們有一些挑戰，「挑戰」的意思是法師說：「扣之小則小鳴、扣之大則大鳴」。換句話說，希望我們不要扣得太小。（眾笑）我覺得法師是非常具有批判精神的人，所以我們不要跟法師客氣，我們一定也不會跟法師客氣的。（眾笑）……

接下來由張嘉尹師兄發問。

■張嘉尹（世新大學法律系助理教授）

法師好，大家好，雖然剛才上師和宗長，還有金柯師兄，都已經稱讚過了，不過我還是想要先表達今天的感想，然後再發問。

剛才上師稱讚法師是當代印順導師思想的一個非常有代表性的詮釋者，在今天之前，這是我不一定能夠感受到的，但法師今天從導師治學的主軸、目標，從導師跟整個時代的對話、從佛教的困境，以及他跟其他的思想家（包含導師的師父太虛大師與梁漱溟教授）的對話等等面向來詮釋，非常深入而且具有全面性。透過法師對於印順導師思想這麼有意義的詮釋，可以爲我們以後閱讀與研究導師思想，提供很好的軸線，所以我今天非常感謝法師的演講。

剛才法師說要大扣才大鳴，我不知道我的問題算不算大扣，以我淺薄的學力恐怕也無能爲力。我想請教法師的問題，是一個比較前瞻性的問題。法師剛才開玩笑似的說，導師這一生的思想，因爲他的某一種性格，使得他具有求真的精神。他雖然極力跟當代各界對話，但是卻造成一個後果，就是樹敵很多。

此外，從法師的整個詮釋，也可以看得出來：導師的思想極富批判精神，而且這個批判性表現在「吾愛吾師，吾更愛真理」，面對真理毫不妥協的態度上。即使與太虛大師在思想上有一些不同的看法，他也很強烈的表達出來。所以我想請教法師的是，既然導師他這種批判精神是他思想的重要成分，不知道就導師的後學而言，這個重要的成分繼承的情況如何？

■昭慧法師

我剛才會拿紙筆，是因爲以前演講時，人家問三個問題，我就可以從第一個回答到第三個，現在年歲已大，又愛講話，答完第一個就忘了第二個、第三個，聽你說只有一個問題，我就趕快把筆放下，（眾笑）歲月不饒人，這也是「諸行無常」的印證。

所謂「導師的繼承者的批判精神」，我個人且先不說，像楊惠南教授、傳道法師，還有溫金柯居士，都是受到導師思想的影響，並且很有批判精神的。

或從另一個角度來看，之所以願意接受導師的思想，尤其是在整個中國佛教的大環境裡，會選擇印順導師思想來作為自己研讀乃至接納的思想，這個人本身多少是帶點批判、叛逆性格，敢於跟傳統 say no（說不）的。但我必須要很真誠地說，這種批判精神，也並非所有導師門下學人都能具足。問題發生在哪裡？我沒有仔細想過。

是不是就像剛才溫居士講的，因為很多人「敬信大德」，都用孺慕的眼光看著導師。這中間可能牽涉到根性的差異，許多佛門中人是相當乖順的，他們很自然地接納傳統佛教的價值觀，但也可以安然親近在導師座下，因為反正導師是「不強人以從己」的，他性格中的寬厚美德，使各種根性的人親近他，都如沐春風。

早年他寫《平凡的一生》的時候，竟然還說「堪嘆老來無知音」。可見得最起碼在他寫《平凡的一生》的時代，他都還感受不到與學友思想互相激盪的樂趣。這些後繼者連步調都跟不上他，又遑論批判可言。當年不知道是哪位法師曾經這麼說：導師座下是「痲布袋、草布袋，一代不如一代。」（眾笑）但我並不那麼悲觀。

至於導師這種批判精神後繼是否有人？我們這些人，算是比福嚴精舍早年追隨導師的法師還晚一個世代。以我個人的經驗爲例，我沒有「大德」形象，也不是那種會讓人「孺慕」的人。一些願意依住學團，跟我一起論學的學生，大體上是個性相應，才會願意相處，所以他們多多少少也都有點批判的性格、批判的精神。只是因爲她們目前都還不成其爲「大家」，有的隱藏著她的一些想法，有的是表達能力不足以把批判內容完整寫出，有的是雖寫了出來，卻還不足以引起社會或佛教界的注意。

還有，李老師是修行人，剛剛我沒有立刻想到他。李老師也很有批判精神，不是嗎？同理，我認爲導師座下具足批判精神的人，絕對不會僅只剛才所提到的那幾位。（鼓掌）

■溫金柯

好，接下來是黃美珍，這是內人。（眾笑）

■昭慧法師

我這次看得比較清楚，因爲那天我在誠品書店演講，[3]後來有人告訴我，你當天在後面有

---

[3] 昭慧按：此指九十一年九月一日，筆者在台北市誠品書店為「當代台灣傑出女性講座」作第一

發言提問。

■黃美珍

對，這次是第二次再度有幸聆聽法師的演講，實在是非常高興！首先我要表達我的感謝之意。因爲今天聽法師的開示，對我個人而言，讓我更全面性地瞭解導師的思想，更根本性地掌握它。是的，這比我們家的那個溫主任對我的幫助還大。（眾笑）

今天本來有一些蠻有趣的問題，想藉這難得的機會請教法師，但是聽法師演講之後，有了更深更濃厚的心情，所以我不曉得該從哪裡問起。我想先接著剛剛張嘉尹教授的發言。他問的問題是：有人曾經說，您對導師的思想是「接著講」而不是「照著講」，也就是說，會因爲推衍而有所不同。想請法師就這個「不同」的內容究竟是什麼，請跟我們同修說一說。

第二個問題是，法師剛剛在演講當中曾經談到，中國文化的特色，就是比較重視人際關係的和諧，勝過於對真理的追求，不像西方人，或者不像導師對真理有那種「生死以之」的追求。可是我看到法師，至少我過去幾年對法師的印象，法師對維護師門是不遺餘力的，這樣的情感讓我們非常非常的感動。今天從聽法師的演講當中，我們也深切的感受到法師對導

場專題演講，題目是：「人間佛教試煉場」。

師深厚的情感。我比較好奇的是，法師在這個過程當中，是不是也曾經有過「吾愛吾師，吾更愛真理」的心理掙扎？這點想請法師說明，謝謝。

■昭慧法師

妳的問題真的相當的好！妳這樣提醒了我，我到底有什麼跟導師思想不同的部分？我過去最多只是說，有些部分，導師還沒講出來，我只是繼續講而已，還沒有想過，到底跟導師會有哪一點「槓上了」。（眾笑）跟他思想的本質「槓上」過的東西，我想不出來。

例如，我寫過《佛教倫理學》，甚至還想最近再寫一本有關「佛教規範倫理學」思想體系的專書，那些著作之中，我當然會用一些倫理學的語言與方式來表達意見。但我記得，寫《佛教倫理學》時，就曾提到過導師思想對我這個研究主題的影響。我想，第二本倫理學著作，當然也不例外。我把從導師「緣起性空」的特見鋪展開來，繼續處理一些用佛法觀點來與時代對話的主題。我當然還是依哲學進路，依佛法的根本原理來推衍基本原則，再推出基本規範與次要規制。研究了佛教倫理學以後，我又再把戒律學跟倫理學稍作貫串。套句導師的語言，就是要了解佛陀制戒的精神與目的。就倫理學的理路而言，就是要研究規範背後的法哲學與法理學。

這一路寫下去，表面上好像沒有直接引用導師的著作了，但是導師的思想，已經滲透到我心裡的每一個部分。我記得李老師曾經說過：看我的書，好像看到導師的影子——可能就是這個味道吧！近年來寫作內容常在跟時代思潮對話，針對新事件、新議題而作論述，看似與導師思想無關，但背後總是有導師思想的影子存在。

好吧！接下來讓我仔細想想跟導師思想不同的部分吧！（眾笑）

我曾經向導師提過一個問題：

「您在《成佛之道》裡說：『一切眾生皆共成佛。』可是就中觀與唯識而言，似乎都不認為『所有眾生都能成佛』，『一切眾生皆共成佛』、『會三歸一』的思想，是從《法華經》開始的。中觀學沒有談『會三歸一』，唯識學更是強調有『五種種性』，認為有些眾生就是定性聲聞、定性獨覺，不見得能夠成佛。過去中國佛教有過『三乘究竟』與『一乘究竟』之諍，我看您的《成佛之道》，似乎還是強調『一乘究竟』。請問導師，難道您不覺得，就緣起性空來說，『三乘究竟』才是有道理的嗎？

有些阿羅漢已經證入涅槃，怎麼在法華會上，又跑出來跟佛陀對話呢？那到底是怎樣的情境呢？證入涅槃，大乘說是灰身滅智。事實上，由於阿羅漢不再有自我愛，也就不會再勾牽起業系的流轉，來形成下一期的生命。也就是說，阿羅漢『我生已盡』，下一期生命的動力因已不存在，質料因也就不再啓動作用。動力因是我愛，質料因是業果；動力因決定了生命的必然存在，質料因決定了生命延續的型態。如果這兩者都已經歸零了，那麼生命理應『不受後有』。在五蘊俱滅而「不受後有」的生命止息之處，如何還能生發菩提心？」

抱歉！到現在我依然這麼認爲：三乘隨著各自發心與修持內容的差異，果證自亦不同。至於「迴小向大」之說，在部派佛教是有爭議的。有的部派（如說一切有部）認爲菩薩一定都是異生（凡夫），大眾部則承認菩薩也可以是聖者。菩薩若是異生，顯然若已證入初果而轉凡成聖，就會不可逆轉地進證二、三、四果，乃至證得涅槃。到了大乘佛教，就有了聲聞聖者依然可以「迴小向大」的看法。

比較寬容的看法是，菩薩可以先成爲聖者，之後再轉彎（迴小向大）。但是無論如何，最大極致也應是在無餘依涅槃之前迴小向大吧！最起碼身心相依，轉彎還有依憑，一旦入於無餘，身心俱滅，又當怎麼個「迴」法？那種邏輯，我想不出來。所以我認爲：還是有些證果聖者，因入滅而再也沒有「迴小向大」的機會了。

導師聞言笑笑地說：「還是一乘究竟！」畢竟老人家年歲也大了，我不太好意思多問他「還是一乘究竟」的理由。這個問題，我問了他兩次，第一次他笑一笑，第二次他竟然還是笑著回答：「還是一乘究竟。」[4]我認爲他內心有一個可貴的情懷：希望所有生命都是究極圓滿的。可是我在緣起法的邏輯之中，好像推論不太出這一點。也許這就是導師和我一點小小的不同看法。

從緣起的見地來看，證入空性就是證入空性，空性是沒有差別的，可是生命的延續，卻是要依因待緣的。例如：凡夫是因於愛力而生，菩薩則是依於願力而生，而且很有可能會「留惑潤生」，使他還可以有動力因與質料因，來繼續推動生命。就緣起法則來解釋，菩薩可以延續他的生命，但不著於生死，也不住於涅槃，是爲「無住涅槃」。

成佛是有可能的，這從緣起性空論可以推得出來——每個人只要六度四攝的福慧因緣具足，都可以成佛。但如果你說，成佛不祇是有可能性，而且是有必然性，每一個眾生都必然會成佛，那就必須往上推出一個結論：佛性本有，那是不是受緣起法則控制的。但這又違背了龍樹中觀見，違背了導師一向所主張的緣起性空見。

但我認爲，這個與導師見解有所差異的問題不大，因爲是否大家都能成佛？還是有一部

---

4 昭慧按：直至筆者於民國九十三年四月間，撰為〈三乘究竟與一乘究竟〉之專文，導師看過之後，笑著說：「有道理！」因此導師是否始終不變地認定「一乘究竟」，不得而知。

分人在成阿羅漢後，入了無餘涅槃，失去了「迴小向大」的機會？我覺得這個問題比較不大。成阿羅漢也很好啊！

還有第二個問題……你看我年紀大了，講完就忘記。妳剛才問我，有沒有「吾愛吾師，吾更愛真理」的心情？我沒有！我向導師問完，他笑笑，我也就笑笑，沒有把它當做非要爭辯下去不可的問題。

導師思想對我而言，還沒有哪一部分難以忍受，全不認同的。倒是導師對我，可能比較難以忍受吧！因為他是這麼溫柔敦厚的人，我講話卻這麼尖銳，經常爆出一些大動作，弄到他很困擾。你知道中國人是重視人際和諧關係的，他因我的大動作，而受到很多壓力，周邊的人圍過來給他施壓，這個部分我給他很大的困擾，我這個叛逆小子，經常讓他「頭殼抱著燒」（台語）。（眾笑）他還是很慈悲，不會因此而跟我劃清界線。他一直是很善意地包容我，這讓他看起來也變成「勁爆」話題之一。（眾笑）

他畢竟年紀這麼大了，周邊的人事因緣確實有需要保持某種程度的和諧。就像去年的「廢除八敬法」運動，其實在他的著作裡，哪有承認「八敬法是合理」的空間？沒有，從來沒有隻字片語，證成他有這樣的判斷。可是後來竟出現了他給中國佛教會的一封回函，說「八敬法是佛制」。我也實在是太強悍了，立刻給背後的操作者一記回馬槍，將那些長老法師在中佛會的發言，一個一個點名回應，還將該刊題為「告別傳統」，擺明了「通通拉倒」！可能對方也沒想到整個私底下的運作過程會曝光吧！那個時候，我是有一點「吾更愛真理」的氣魄。（眾笑）

但是對導師，我真的比較不忍心。對我而言，再多麻煩都沒關係，但是最好不要弄到連他都不知道要怎麼去收拾局面。在這個情況下，以他的年歲，他以大局為重的思考模式，向男性沙文主義的佛教界妥協，也是勢所必然。

但作為叛逆小子，我是不接受這種妥協的。我儘量減輕對導師的傷害，並沒有講出「吾愛吾師，吾更愛真理」的話，我只是說自己「因愛真理而敬吾師」，我是因為熱愛真理而尊敬吾師，那些人拿「導師」的招牌來壓我，有什麼用？

有一位同學在校對我的文章時，順手把它改成「吾愛吾師，吾更愛真理」，我立刻說：我沒有用這種姿態，你怎麼可以改成這樣呢？姿態不同在那裡？我說我「因愛真理而敬吾師」，是表示：我很感恩他老人家，他老人家給我帶來了會遇真理的希望。但若改成「吾愛吾師，吾更愛真理」，那就完全走樣了。好像是說，我才代表真理，導師並不代表真理。你這一改，給我改得心情走樣，儼然變得高姿態了。到現在我的心情裡，還是沒有「吾愛吾師，吾更愛真理」的問題。謝謝！（鼓掌）

■溫金柯

聽法師的回答真的很享受——能夠聽到法師非常內在的心情跟思想。有些辯護，我覺得真的非常有價值。今天時間非常不夠，法師是不是可以晚一點點結束？

■昭慧法師

沒關係！（鼓掌）

■溫金柯

接下來我再斗膽請教兩個問題。（眾笑）第一個問題是：關於您剛剛談到導師對禪宗的肯定，不過我們也發現，受到導師影響的，尤其是有著作的人，像楊惠南老師，或是林建德居士這位年輕的學者；我們可以很明顯看到，受導師影響的一些人，對禪宗都抱持比較保留的態度，甚至有些人持否定的態度。法師您可不可以分析其原因是什麼？這裡面有一個問題，因爲不論是今天中國大陸佛教也好，日本佛教也好，乃至現代禪教團也好，對於禪宗，我們都認爲是中國佛教最重要的主流。這之間評價的落差，法師有什麼看法？

第二個問題是，法師您在寫給李老師的〈我願將身化明月・照君車馬渡關河〉那一封書信中談到，漢傳佛教「禪修技巧的集體忘失」。我想法師在台灣佛教界見聞應該非常廣泛的，「禪修技巧的集體忘失」這樣的講法符合事實嗎？然後，導師博通三藏，思想又那麼深邃，卻沒有辦法重建禪修技巧，問題是出在哪裡？這兩個問題請法師指教。

■昭慧法師

第一個問題是有關楊惠南先生或林建德先生對禪宗的批判，我不保證我能代替他們發言，我只是先回應：是否受導師思想影響的人，必然會對禪宗加以否定。應該這樣說吧！就以我個人的生命經歷而言，我進入佛門，起先是修淨土宗，既唸佛也持咒，後來全心投入義學研究，在修持法門方面，沒有見地可言，更沒有成就可說。因為陌生，也就無從質疑其境界的高下。

可是有些淨土宗朋友曾向我提到一個困惑：修到某一程度之後，接下來不知道要做什麼？而禪宗的部分，在我生命經驗裡接觸較少。其實，在我們剛出家的那個年代裡，禪宗並不盛行，聖嚴法師稍晚才在台灣宏傳曹洞禪，李老師也差不多是在現代禪教團建立以後，才向教界談論禪宗。早年禪宗對我而言，好像是不存在的東西，除了我知道自己是屬於臨濟法脈以外，對那好像是不存在的東西，自然也沒什麼親切感。

我對禪宗的親切感，反倒是來自導師的著作。例如：我原本看不懂語錄，看過一些公案，也不知它講些什麼。可能是我們接受現代教育，比較熟悉西方式的邏輯訓練，思考已成了慣性，那就是：一定要合乎邏輯的論證，才看得進去。否則就算是再高妙，但是由於不知其「妙在那裡」，變成只能遠距離欣賞，卻不知道要怎麼在生命中著力。看了導師的著作才知道，原來禪宗在中國佛教，還有那麼重要的影響——那是看導師著作才知道的。原來禪宗在中國社會，竟已融入這麼深邃的中國文化，並且保有非常質樸的精神——這點也是在導師著作才知道的。所以像我對禪宗這麼疏離的人，反倒是看到導師的著作，才對禪宗產生很大的親切感。

當然，導師對禪宗是有些批判的。但是批判對他而言是正常的，他對南傳、漢傳佛教，不也都一樣有所批判嗎？我無從認定他對禪宗有什麼更大的不滿。應該是這樣說，有些修持者告訴我，他們覺得修持工夫沒有辦法像南傳、藏傳佛教一樣，一步一步循序漸進。他們只能悶頭猛參或持續念佛而已。

我想，中國佛教爲什麼會這樣？中國人的腦袋也不是不聰明。回頭再看早期文獻，發現在鳩摩羅什和佛馱跋陀羅的時代，兩人都曾應學人要求，譯出一些重要的禪經，後者更是致力於禪修的教學。然而在智者大師的時代，這樣一個專心致意於禪修，曾作《小止觀》、《六妙門》與《釋禪波羅蜜次第法門》等禪修典籍的高僧，也曾感嘆禪修傳承的闕如。我前些日子講天台學時提到，智者大師在禪修解說上有一些歧出與模糊的部分，這並不能怪他，事實上傳承在他那個時代已是中斷了。他僅憑經教的文獻資料，就可以整理出一大套禪學理論，我覺得是相當難能可貴的。他後來發揮自得自悟的「摩訶止觀」思想，還是須要以「童蒙止觀」——基礎禪修法來銜接，只是把它放在較低的位置，認爲那是啓迪童蒙性的禪修方法。

所以我並不去深責中國佛教，只是認爲「禪修」除了典籍的傳譯，也需要有師資的傳承。有關聲聞禪法的四禪八定，蘊、處、界、緣起等諸多觀門，還有大乘經中的種種三昧與般若觀智，這些禪法的師承，在中國佛教的流傳中，已然失傳。智者師承慧思禪師，所修以「法華三昧」爲主，這是慧思獨創的禪法。到了他自己，則擘劃出「摩訶止觀」，但是他也認爲「摩訶止觀」的境界高深，其中「一即一切」、「一念三千」的境界，畢竟不是初學者一蹴可幾的，所以必需要有基礎的修法來銜接。除此之外，他也提到禪修應重視次第，故撰著《釋禪波羅蜜次第法門》以示禪修次第的要意。但是對於其中許多禪修方法的說明，他說是「略取經論教意」——即透過現有的典籍整理，而不是來自師承的實修。[5]

---

5 他說：「菩薩從初發心乃至佛果，修習禪定，從淺至深，次第階級，是義應知。今略取經論教意，撰於次第。」（智者大師說：《釋禪波羅蜜次第法門》一之下，【大正藏】四十六冊，頁四八〇上欄）

我對禪修的粗淺看法是，很多關鍵性的修法還是要有師承，而且每個人身心狀況不同，遇到修行瓶頸的時候，有師長的指引比較容易突破而進步。所以我認爲，這不是中國人的記性不好，而是一些實修經驗已經斷了傳承或集體忘失。

如前所說，佛馱跋陀羅曾經親傳聲聞禪法，受到了當時喜好禪修者的歡迎，但是鳩摩羅什與他的思想不同，彼此間有過一些論諍。而鳩摩羅什的門人也不滿佛馱跋陀羅息務晏坐和說通說證的行徑，因此佛馱跋陀羅就離開關中到南方。而往後中國佛教的主流傾向鳩摩羅什建構出來的中觀學，乃至延展出來的天台學。而以後發展出來的，以禪修爲尙的禪宗，也與早期禪法有著截然不同的風貌。

抱歉！這一部份牽涉到進一步的文獻引證與出處說明，由於手邊沒有資料，也許我將來整理得更清晰，再回答你。

接著，我心裡思考一個問題，我接受李老師的質疑，導師談人間佛教的過程中，有沒有忽略修證的部份？這點我是接受的。爲什麼呢？我剛談到，導師這一輩子大概都在面對問題，回應挑戰。當時他所面對的挑戰，沒有一項是在問他：「你們佛教爲什麼不修證？」反倒是認爲：佛教只重視個人修證，佛教逃塵避世，只顧自己的生死。所以他也大都就著那個方向而作回應。

畢竟人的生命有限，他以畢生之力對那麼多問題作出那麼多精彩的回應，我覺得他已盡到了他最大的努力。禪觀的部分，他曾提出一些重要而關鍵性的看法；至於實際的禪修技巧，他同樣無緣遇到師承，也沒有傳授給我們。他在遊心法海的一生，由於深刻的佛法觀照，心境常在法喜與清涼中。可是這是他老人家的境界啊！一般的追隨者，又當如何實踐他所提倡的「人間佛教」呢？一個自認是人間佛教的行者，又當如何開展出既恢宏又清淨的生命境界呢？

他把這個功課留下來也很好！如果所有的問題在他手裡都完成了，那我們豈不只是一個應聲蟲，一台複印機，不斷地重複或拷貝老人家的言論而已！禪法的實修，古德曾經慨嘆師承的斷絕，導師也沒有因緣接觸到這類師資，這部分我們是不是能夠接續上去呢？

而且，要求導師要將佛法全都講完，沒有人可以再加一分或減一字，這樣的想法是不符合緣起法則的。導師在他有限的因緣下，已經盡心地達到了他所能做好的最大極限，接下來應該由後生晚輩來面對新時局、新挑戰，作出新的回應。再者，如果真有這樣的人，依導師思想爲本，於是就拒絕與其他學派之間的理解與交流；例如：拒絕禪宗、南傳，乃至藏傳禪法的精髓，那又跟傳統佛教面對「大乘非佛說」論時，不看、不聽、不管的心態，有什麼不同？但凡任何一種學說，倘若欠缺了異質性思想的刺激與反應，久而久之，就會形同閉門造車，得付出思想僵固、老化的代價！

還有，如果只是將「人間佛教」當成口號，不能「自淨其意」而庸俗、腐化，甚至破戒、犯齋，招來信眾的質疑與社會的譴責，人家會懷疑：你這套行得下去嗎！

屬於「人間佛教」根源的部分，如何能在忙於度眾之時，保持清涼而寧靜的心境？如何落實「真俗無礙」的大乘學行？我覺得應該要具足善財童子勇猛精進以參訪善知識的精神，不要依門戶之見來劃地自限。

大乘各學派雖有異見、異說，但最起碼有一個共識：我們應該照顧世間的苦難眾生，而不是隱遁獨善，不能但求避居他方，不能只圖冀諸來世。我們願意接近眾生，可是我們也要訓練出自己「不爲煩惱所纏，不爲眾生所轉」的能耐。能耐從那裡出現？三心六度的培訓項目固不可少，但修持方法則容或多元，先求往生以換個修學環境的淨土法門，對某些契機眾生而言，何嘗不是一個「趨入大乘」的方法？

大概極少數人會像導師或敝人一樣，天天與文字爲伍，自能安身立命。但我不敢打包票說：所有人都適合這樣走下去。對那些敬慕菩薩道行的人，如何讓他找到安身立命的方法？這是一個嚴肅的課題。所以我不反對有人去學禪宗——如果禪宗給這些人，提供了一個真能讓人安身立命的答案。同理，我也不反對有人去學南傳禪法——如果南傳禪法能給這些人提供一個安身立命的答案。根性不同，契應根機的法門自然有異，我不排除各種法門讓人安身立命乃至達於究竟境地的可能性。只是各自所指稱的究竟境地是不是一樣？自應以正見而作揀擇，不能含混籠統。否則佛教徒禪觀與基督徒靈修又有什麼不同呢？

佛法最基本的是緣起正見。依緣起正見而對所緣事物作深觀的正見，總得是多元差異之法門的基本前提；涅槃寂靜，總得是多元差異之法門的終極目標。在此前提與目標之下，一切有所助益於生命的實修技巧，我都樂觀其成。

我想，總沒有人會那麼笨，笨到不問對方是仁醫還是庸醫，會醫好人還是會醫死人，只要這個人是台大醫學院畢業的，就去找他治病；只要那個人是沒學歷的「拳頭師傅」，明知他醫術高明，可以止我病苦，卻偏是不去找他。

同樣的，生命總是會尋找出路的。漢傳佛教中人，若依淨土或禪宗就能獲得生命的安頓，當然甚好；倘若自覺法不契機，要奔向藏傳或南傳佛教之中，來尋求禪觀的要領、生命的出路，我們也還是要祝福他。

當然，如果他修持這個法門，順道也就將此中挾帶的一些錯誤觀念或文化偏見一體兜收，鼓吹諸如「男尊女卑」之類的說法，導致他人的痛苦與煩惱，那我們也得譴責他，而不是做一個唯唯諾諾，無法明辨是非的濫好人。例如：曾有人修學南傳佛教，於是入主出奴，將北傳佛教講得一文不值。面對這種人，我還是會不客氣地給他一記回馬槍，讓他知道謙虛爲懷的重要性。倘若他不用這種揚自抑他的驕慢態度，老實說，他要修什麼法門，我並沒有什麼意見。

導師談到禪觀的部分，許多觀念對我有重大啓發。舉一個《成佛之道》的內容爲例：導師提到中觀學的禪觀要義，說是「苦依於惑業，業惑依分別，分別依戲論，戲論依空滅」，「惑業由分別，分別由於心，心復依於身，是故先觀身」。這顯然是以共三乘的業果緣起，作爲觀照內容，上探惑業的根源——心理的錯亂，然後點出身心相依的密切因緣，最終導出「先觀身」的結論。

導師特別提到「先觀身」，這點提醒，給我帶來了很大的助益。爾後我比較中國的教下或是宗門，發現大都是強調「心地法門」的。禪宗的「明心見性」，天台的「一念三千」，起信的「一心二門」，莫不如此。最近我教《楞嚴經》，從頭到尾，佛陀與阿難之間，有著許多精彩的對話內容。這些對話，大致環繞著一個主題，那就是，吾人之所以虛生浪死，原因在於不知「妙明真心，性淨如體」，是人人本具，個個不無的。這種理論所帶來的修行重點，當然也就是去妄歸真的心地工夫。

導師說要「先觀身」，這給我一個很重要的思考向度。發現中觀上承原始佛教的四念處教，與中國宗派的心地法門，確有差異。但我起先並不知道如何觀身，只知道這個理論很特殊。原因是，我當時還沒有親近在四念處方面有實修體驗的禪師，教我按部就班地作四念處的修學，確切體會修持過程中每一步驟的方法與功效。

直到性廣法師去緬甸，修學了帕奧禪法回來，我原先在紙上作業的禪修觀念，終於有了很好的諮詢對象。她學禪的過程中，涉獵的修學方法頗爲雜多，當然也曾遇到過修學瓶頸的苦悶！她在傳統佛教環境中出家，先是勤修淨土，往往念佛念到半夜不睡；也曾持大悲咒；一度還修學瑜珈，瑜珈老師又教她打坐、持咒，她對這些法門，一概不生「先入爲主」的成見，願意虛心學習，頗有善財童子敬信善士，好樂於法的精神。我有時笑她說，如果早一點與李老師接上線，她一定也會樂意向李老師學禪，未必要捨近求遠。

到帕奧去之前，她也學過一些泰國或斯里蘭卡流傳的南傳禪法，並與我分享這些南傳學派法門的要領、異同與高下。她並且把《阿含經》中的四念處修法次第，詳細向我解說，並且提示修學要領。對「先觀身」（也就是從身念處起修）的原因，她作了一些精到的分析，這已是融和了她的經教知識與修持體驗。當然，在禪師面前講禪修，我實在不好意思，有一點「班門弄斧」，敬請原諒！

她說：心念閃得太快，初學者不易覺察心念的變化，所以她同樣是依循「先觀身」的原則來修學。由於身心交感，心念會影響身受，而身受的變化速度較慢，正是初學修觀的良好依緣。因此在觀身的過程中，所有心念的起伏變化，可以依身來作觀察，依身以作覺知。即使是觀息入出以調心的「安般念」，她依然歸納為四念處的其中一種途徑。原理是，息（呼吸）與身、心都有相依共存的關聯性。

她雖從南傳禪法受益良多，但還是對教條主義與獨善風格給予質疑，而非全盤兜收南傳佛教，不以南傳佛教的徒裔自居。反倒是回歸到「人間佛教」的大乘情懷，用「眾善奉行」、「截長補短」的健康心態，來學習南傳禪觀的所長。因此她在尋尋覓覓的修道過程之中，並沒有以宗派、師承或民族情感來畫地自限，而是依禪法理論、大乘經教與實修體驗，融和確立了「人間佛教禪法」。

人間佛教不但要樹立緣起正見，而且要以緣起正見來體念根機、法門的種種差異因緣，以寬廣包容的態度，來豐富法門的多樣性，不要入主出奴，揚自抑他。人間佛教修持的特色，不是標榜「只此一家別無分號」的修行法門，而是願向各方善知識廣學諸法；以禪修所得的大堪能性，來助成大乘願行；以專注於種種利生事業所得的三昧力，來啓發大般若智。

在《成佛之道》中，導師還提到許多禪定方面的重要觀念。例如：大乘行人禪修的目的，不是為了急求自身的解脫，而是要「依住堪能性，能成所做事」。堪能性的培養很重要，你既然要「做所做事」，就要有「成所做事」的身心承擔力。「所做皆辦」，這在聲聞而言，只要本身得到解脫就成了；但在菩薩而言，「如一眾生未成佛，終不於此取涅槃」，其工程何等浩大，何等艱鉅！沒有大堪能性，如何承挑這項重大任務？總不能大話說完，腳都軟了，對不對？（眾笑）

人間佛教的菩薩，要度脫種種根性的眾生，要面對種種天災人禍與身心病苦，往往度生席不暇暖，即便是水裡來，火裡去，爲了慈憫眾生的緣故，竟也無所畏懼。這樣的能耐要從那裡獲得？從菩提心、慈悲心與空性慧中得。此外，還得依止於「住」——奢摩他的修學。禪修所培養出來的大堪能性，同樣是不可或缺的。準此以觀，導師不但沒有忽略禪法的重要，反倒是強調：連大乘利生法門中，禪法都不能或缺。

因此我從導師思想得來的啓發就是：不離緣起要義以善學諸法，在利生的願行中，邁向究竟圓滿的生命境界。「一切世間微妙善語皆是佛法」，只要能讓生命獲得安穩利樂，我們都隨喜功德，樂見其成！

■李元松老師

謝謝法師爲大家開示，時間也很晚了。我聽法師開示，其實也有禪龍宗長剛才所提到的那種深刻感覺！法師爲大家開示的時候，法師是站著講，大家是坐著聽，我感覺法師是在輸血給大家。事實上，我知道法師身體不太好，而且非常忙碌，因此感到非常敬佩，又非常捨不得！這就是我稍早所說，面對法師的時候，經常感到慚愧的原因所在。

結束之前，我想對剛才溫金柯所提問的一個小小問題，稍作補充。事實上我們沒有一個人是十全十美的。而且我感覺，佛法的特色就是「正見爲首」，正見最爲重要。換句話說，思想是最重要的，餘在其次。我覺得導師一生爲整體佛教舖陳了一個正確思想，一個很具體的正見內容，這已經是「功德莫能名」了。就好像一個建築師，他負責設計整個一百零一層大廈，他不需要去留意「地磚要怎麼貼」的問題，這並不是他沒有能力。

這部份，我想補充兩點：第一，就我實際親近導師的經驗來看，我覺得導師是非常有修行的，我所尊敬的昭慧法師也是非常有修行的。而非常有修行的人，不一定會指導人修行，不一定懂得如何教人修行，爲什麼？因爲這要有時間。導師的一生，都是在跟古德、跟學者、跟南傳佛教對話，他要解決的是整個大時代佛教的問題。

以今天的昭慧法師而言，她本身所要解決與面對的問題很多、很大，她的工作量，是十百倍於我們的。修行的指導，有時候是這樣的——我講一個內行話：假設我是有修行的人，那麼，我本來也不知道怎麼指導人家修行，是被你們指導以後，我才知道要怎麼指導你們修行。你們了解這句話的意思嗎？

這就是說，因爲眾生有病，故我病苦生起。我有時間投注在修行這個領域，並且面對修行人的種種問題，因爲沒有其它事，得以全力以赴來面對各位修行的這件事，這當中累積的經驗，讓我慢慢培養了自己「指導人修行」的能力，建立起了禪觀的次第與禪觀的系統。

事實上，依我所了解的導師，依我所親近的法師，只要他們的時間抽得出二分之一就好了，讓他們心無旁騖，不需要去處理佛教界的事，不需要去處理眾生的事，不需要去處理關懷生命協會的事情，不需要去處理佛教倫理學，不需要去處理這麼大結構的問題，而讓他們有時間來面對修行人的問題，久而久之，自然而然，他們也會設計出禪觀教學的次第。我認爲我講的是內行話，這是我向各位補充的第一點。

第二，法師剛才有特別提到性廣法師，我非常尊敬這位修行者，覺得她是非常了不起的修行人。性廣法師的優點與功力，是你要跟她相處久了才會知道的。如果沒有跟她相處一段時間，遠看她像小孩子，因爲她就是一張娃娃臉，可是相處久了以後，你會發現她那種涵容量、吞吐量很大。人說「天使面孔，魔鬼身材」，我覺得性廣法師是「娃娃的臉孔，老道的靈魂」——有百歲老道的涵養。人間佛教在導師門下、能夠出現這樣的修行人，導師的法脈之下，能夠出現這樣的比丘尼，我們感到非常高興！

這是我對剛才法師好像是在輸血般地爲大家開示，所做的一點回饋，一點回應。我們是不是大家一齊起立向法師問訊！謝謝法師！

（大家鼓掌送行）

（完）

【後記】

本文全長四萬餘字，原訂分期於《弘誓雙月刊》登載，卻因該刊稿擠，而於登載兩期之後，暫告中斷。李老師英年早逝，留在人間的是敬愛師長、護念友人與厚愛子弟的無限情義。潤稿之時，我彷彿看到他一如往昔的俊拔身影，就意興風發地站在眼前。

第六十八期《弘誓雙月刊》登出第一部分之後，即有讀者表示：李元松老師既然在本次講座中說：「如果我發現是錯誤的話，我會非常樂意昭告天下……是我錯解了導師的思想，或是我沒有看到導師思想的全貌。」可見得：李老師後來應該已經改變了他的信念。

但筆者以為，單憑李老師這段話，只是表達作為一個「執弟子禮」的後生晚輩，基於對印公導師感情上的認同，願意不預設任何立場地聽取導師思想的內容，卻不足以證明，他的思想有了根本的轉變。此所以最後他還是回歸到彌陀本願、淨土法門，而不是率領現代禪子弟走向直入大乘的「人菩薩行」。

基於一向「求同存異」的信念，因此對於李老師與現代禪師友的選擇，筆者衷心祝福他們！讀者當然可以就自己的理念，來對這種選擇提出價值判斷，但就史實而言，則必須還原真相。

釋昭慧　謹識（九五、五、十一）

——部分內容已刊於民國九十三年四月、六月第六十八、六十九期《弘誓雙月刊》

下編　菩薩典範

—長老法師

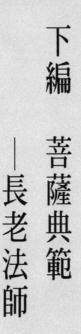

緬懷大德，效法典範

——弘一大師圓寂六十周年紀念會開幕典禮

昭慧致詞　心宇整理　印悅潤稿

會長、諸位法師、女士們、先生們，大家早安！

我來自台灣，其實資歷很淺，會長要我在開幕中致詞，可能是因爲我「來自台灣」的緣故。在諸位前輩面前致詞，對會長的護念，甚爲不敢當！

在今日社會，已經很難尋得典範，因爲世人好看翻案文章，喜歡挖掘內幕，樂見八卦新聞。許多過去我們所景仰的仁人君子，經常被一些翻案文章與傳媒秘辛之所傷害。

但是在一個沒有「典範」的年代裡，人心其實是非常苦悶的。我們得承認：世間的誘惑很多，而我們的心性難免會有軟弱的時候，假使沒有典範激勵著我們，又如何能夠確信，人性是可以接近聖潔的，是可以拒絕誘惑的呢？在這麼多雙犀利的眼睛挖掘秘辛、這麼多愛聽八卦新聞的普羅大眾檢視之下，依然能保持其聖潔與清新的人極爲少數，弘一大師正是其中之一。就這點來說，弘一大師已足堪爲這個世代的人類典範！

弘一大師可以說是真善美的化身。還沒出家以前，他尋求美感的最高境界；但是哪能料到峰迴路轉，中年之後的他，竟可以尋求另外一個更高層次的生命境界，那就是真理、良善與神聖。由此可見，一個美好的心靈，臻昇到某種程度後，不會僅只滿足於令人愉悅的形象和音聲，他的心靈一定也會追求真理，而且對於邪惡的一切事物，他會以敏銳的美感而超越之，並願意幫助眾生超越這些邪惡。即此以觀，弘一大師選擇出家，是有積極意義，而且發人深省的。

最難得的是，出家以後，他斷然把過去藝術家和教授的身份完全放下，做一個中規中矩的比丘。在漢傳佛教的現實環境裡，他看到了佛教的腐敗，僧紀的墮落。如果佛教中象徵性的精神領導人，都不能爲人表率，那麼世人又如何能夠體會佛法的美好，體會佛法所帶給人心的清涼、安穩與喜樂？

也許我們會覺得：他的出家生活，似乎太過嚴苛地對待自己，但是我覺得：他是在以無言之教，讓世人注意，特別是讓佛教中人注意：出家人應該要活出尊嚴的僧格。所以，面對已經偏差的佛教現象，他寧願矯枉過正，以最嚴苛的生活標準來對待自己，精勤修道。

更爲難得的是，他並不因爲自己在道德上如此潔淨，而就以同樣的標準來批判別人。我們發現，在他的著作裡，對於當時佛教僧伽的腐敗現象，雖然憂心不已，卻不會施以嚴厲無情的批判，而只是默默地活出典範。從這裡，我們也可以看到他嚴以律己，寬以待人的敦厚心性。

這種敦厚的心性，當然不祇是對佛教界，也包括對普天下的苦難蒼生。他與豐子愷先生合作，用詩畫併陳的《護生畫集》，來打動世人的良知，希望世人能夠受到這些詩畫的影響，而反省並調整自己的生活方式，以善待大地萬物眾生。凡此種種，都可以看出他的仁慈，以及他前瞻性的眼光。二十世紀末至本世紀初，動物解放、動物倫理，已經變成一個非常先進的話題，在西方受到倫理學界的高度重視。

非常感恩李會長，以菩薩心腸，十年辛苦經營，領導著弘一大師——李叔同研究會，細心彙集弘一大師的相關文物與研究成果，並將與弘一大師有淵源是研究弘一大師的法師、學者、居士，邀請過來齊聚一堂，互相勉勵，也互相交換研究心得；本次會議，他還希望與會人士能夠進一步探討未來「弘學研究」的架構與格局。

今天，大家齊聚一堂，緬懷圓寂六十週年的弘一大師，做為一個佛弟子（特別是出家人），我們應該把他當做修道生活中的典範，警惕自己的言行心態。做為漢民族的一員，我們引以為榮，因為中國傳統文化與佛教崇高精神融會之後，竟可孕育出了像大師這般真善美的化身。

站在人類一員的立場，我們更應緬懷並效法弘一大師，繼續爲苦難蒼生而努力。

我們不但要紀念弘一大師這個人，更重要的是，要效法這樣的大德典範，做爲弘一大師精神上的傳人，效法他堅毅、嚴謹的性格，以及淡泊明志的生活智慧，並效法大師，以無限慈憫，努力挽回苦難眾生的共業。若能如此，「悲欣交集」的弘一大師，在西方極樂淨土之中，必會感到無限的欣慰！

謝謝大家！

九十一年十月十二日講於天津

——刊於九十一年十二月第六十期《弘誓雙月刊》

感伯樂之恩，竟今日之功

——敬述了公長老與筆者的十四載法緣[1]

筆者是個天生叛逆的人，對教內或社會所習以爲常的傲慢與偏見、不公道與非正義，常會忍不住「雞婆」地發出不平之鳴。這種人格特質，原難見容於保守鄉愿的華人社會，然而筆者何其幸運，在「純學術」生涯之外，開展「雞婆」事業的啓端，遇到的竟然是一位談笑時如童子般率真，共事時又透達人情、寬宏大度，有才情器識，有風骨擔當的師長——了中長老。

第一次與長老正式結緣，應是在民國七十七年上半年。那時，他還是中國佛教會秘書長，筆者則因社會無聊文人與媒體，時有謗辱僧尼情事。不忍見世人對佛教與僧尼的誤會與惡感愈深，擬展開撰文辯駁與行動抵制的護教運動。前者自忖可以獨力承挑，後者卻非成立組織

1 長老現任世界佛教僧伽會會長，玄奘人文社會學院董事長，本年農曆十月二十八日是長老七秩華誕之期。

莫辨。而在那之前，筆者單槍匹馬奮勇進行撰文辯駁的工作，經常碰到「媒體主編護短，不肯平衡刊出」的困境，深切體會：面對無聊媒體與文人龐大的共犯結構，倘無組織交涉以爲奧援，縱使再多護教熱忱，也會束手無策。

組織護教團體既然是當務之急，然則該一團體要如何定位呢？有的尼法師主張自立門戶，筆者卻認爲不宜如此。原因是：其時社會剛解嚴未久，佛教作風保守，筆者預見：倘無教內之共識而貿然行動，必會招致內外夾擊、腹背受敵，於護教之目的，不免橫生障難。於是筆者嘗試說服同願同行的幾位尼法師：優先考慮「合作」而非「獨立」——成立一隸屬於中佛會的護教團體，讓它在教內先具足正當性與號召力，俾便團結一致以共禦外侮。就這樣，有一晚，筆者邀恆清法師與性廣法師一同到善導寺慈恩大樓三樓，首度拜會了中長老，貿貿然告知來意：想在中佛會下成立護教組織。

如今回想，筆者那時真是莽撞無比——他老人家根本不清楚筆者究係何方神聖，如何能判斷筆者是否別有用心？如何能預知筆者會不會鹵莽將事，給他惹來大禍？——要知道：那時的佛教風氣畢竟還是相當保守，政治情勢也還不甚明朗，我們萬一給他捅出了個大簍子，他怎麼對佛教會理事長與全體佛教作交代呢？

作爲一位練達人情世事與教會行政的佛教領袖，他不會不清楚：他可能會因接納我們而讓自己置身險境。但是，在交談之中，筆者深深感受到：他同樣有一份深切的護教熱忱，生命深層也有「路見不平，拔刀相助」的俠義性格。這使他當即接納了筆者的建言（也可以說：性廣法師與筆者，就這麼毛遂自薦地硬賴著要做他的僚屬）。

印象最深刻的是：長老當場詢及一個關鍵性問題：「萬一將來合作下去，有一天發現：中佛會與妳們的立場不一致時，又該怎麼辦？」筆者回答道：「真有那麼一天，反正護教組織也已能夠獨立了，我們再分手各做各的。」聽到筆者這番坦誠的回答，他一定是啼笑皆非！哪有一個初出道的後學小子，是如此面對中央教會的？但他老人家在人事複雜的教會機構待久了，或許反而還看得順眼筆者這種「只有陽謀，沒有陰謀」的性情吧！與筆者相處，或許沒有成人世界裡爾虞我詐的心理負擔吧！之後，筆者不但沒有與長老「分手各做各的」，而且一再受到他的慈蔭與寬容，以迄於今。

就在長老的支持與擔待之下，七十七年六月二十七日，筆者與諸法師居士成立了讓媒體聞名色變的「護教組」，隸屬中國佛教會青年委員會。筆者受推選為組長，由性廣法師輔佐會務。此後陸續發函各大報刊，對曲解或侮辱三寶之文章或報導內容，提出更正說明，並要求即予刊登，否則以「拒訂」或「拒看」抵制之，這樣做，產生了非常良好的效果。特別是大名鼎鼎的楊麗花小姐，於台視演出歌仔戲「李靖與紅拂女」中，出現辱僧之台詞，護教組立即與台視幾度強硬交涉，終於使得她親赴林口齋僧大會向全體僧眾「致意」。

到七十七年底，引爆了舉國轟動的「思凡事件」，當時，國立藝術學院舞蹈系的畢業公演，排訂演出有辱尼師形象的崑曲「思凡」，護教組乃發動佛教界簽名抵制，並向教育部提出強烈抗議。這齣宗教與藝術的戰爭，延燒到翌年春天。那段時日，思凡事件的新聞，常常躍登聯合晚報的三版頭條，護教組立時聲名大噪。此後，媒體辱僧之歪風大為收斂，有些電視台要排演與「出家」有關的戲劇時，竟還主動邀筆者先行看過劇本，以免演出時，遭來教界之抵制！

護教組雖因護衛三寶尊嚴而屢建奇功，但卻把了公長老給害慘了！教內與社會的不滿人士打擊不到我，可還修理得到教會。於是，中佛會常常接到辱罵與指責的電話。倘遇到心性稍微怯弱的上司，一定會把壓力轉介到我們身上來，要求我們卻步退讓，以免他無端招惹怨憎。但他老人家卻堅毅地一肩挑下來自教內教外的指責，全權放手讓我們衝刺！

這是與了公長老共事的最大保障。筆者在佛教遇過一種涼薄的上司，不管你如何忠心耿耿，戮力從公，他都可能會像「下十二道金牌」的宋高宗，讓你死得不明不白。這種人，遇事總是先與僚屬撇清關係，甚或為了討好外人，而不惜落井下石，重踹僚屬。

了公長老不然，他對自己的僚屬，總是「用人不疑」。只要旁人在他面前咬耳朵，指其僚屬的不是，他都會「本能地」先對僚屬予以信賴，甚至不顧對方的不快，而幫僚屬辯護一番。

護教組的基本義工是性廣法師的學生。她先前在弘誓學佛班（弘誓學院推廣部的前身）上《成佛之道》，該一講座設於慈宏居士住宅客廳之中。七十八年暑假，學員成長至八十餘人，場地嚴重不足，筆者遂代性廣法師嘗試向長老商借善導寺大殿場地，他一口答應下來，還給予我們許多方便。不久後，他知我們居無定所，又商請智光商工創辦人兼善導寺董事長妙然長老，將永和中興街秀林大廈的空屋無條件讓我們居住。為紀念此一因緣，我們遂將住處名為「善導別苑」。

由於深深感恩長老的慈護後學，所以當他為籌備玄奘大學之創校而事緣繁重之時，性廣法師與諸弘誓學員遂義無反顧地投入建校義工的行列。不料，義工學員們雖年輕、有理想、有幹勁，卻少了寬厚體貼的心，未能設想長老艱難的處境，他們「銃大炮」的性格，對長老有過多次的言語冒犯。加上那時筆者又從事一堆有高度爭議性的社會運動，讓長老作為一位教會領袖與善導寺住持，得承受極大的壓力。八十二年初，我們竟然無視於長老所要面對的難堪，而一走了之（搬離善導寺與永和住處的善導別苑），講座改設於台大校友會館，將居處遷到桃園雙林寺。這樣一來，與長老就不免疏遠了一段時日。

長老常說：「比丘無隔日之仇。」遠離他的日子裡，我發現他真是說到做到，不念舊惡。

翌年，他不但到桃園雙林寺來探望我們，關切我們的生活情形，而且還於觀音像事件發生時，無懼於教內外的壓力，挺身支持我們的護觀音運動。

八十三年佛誕，性廣法師受台北普濟寺聘爲住持，長老應邀親來主持晉山大典中的送位儀式。印象深刻的是：性廣法師在致謝詞時，首先感恩長老，對自己年輕歲月中少不更事而傷了長老的心，表達深切的懺悔之情。性廣法師講到此處，眼框紅了，連長老也爲之動容。想來他看待我們，就像慈父在看著兩個莽撞天真、常常給他闖禍，而又狀甚無辜的小頑童，又疼惜，又氣惱吧！

早年，筆者志不在任教大學，又對教界「以學歷自相吹捧」的風氣不以爲然，故婉拒師友要護持筆者「出國攻學位」的好意。然而受到輔仁大學宗教系主任陸達誠神父的愛護（他在教評會上極力推薦筆者入校任教），八十三年一月起，筆者以大學畢業的資歷，非常例外地，依著作之專業水準而獲輔大聘任爲講師。

約一年後，長老在玄奘人文社會學院成立校董事會時，竟然不念我們當年「一走了之」的不良記錄，邀筆者擔任董事，並提醒筆者：要進一步向教育部申請講師證，好獲得在大學任教的正式資格。這時筆者才意會到：校聘並不等於部審。於是輔大乃將拙著《佛教倫理學》送至教育部著作審查，而讓筆者順利取得講師證。也因長老對筆者期許至深，復讓筆者在玄奘人文社會學院創校伊始，受聘於宗教學研究所任教迄今，且即將升等為副教授。回想起來，倘無長老一路提攜覆護之恩，筆者是不可能在輔大之外的其他大學任教的。

性廣法師也是深承長老恩澤的孩子。她北一女中畢業之後，考上中興大學，卻因父親在日本的大學任教，代她申請留學日本，她在尚未出國的空檔，在汐止的一間小學代課，不意竟在一次上秀峰山慈航堂禮佛時，善根成熟而出家了。此後她也和筆者一樣，認為修道與學歷無關，未嘗想要進修。但長老卻珍惜她年輕有為，盼她將來為佛教做事時，不會受限於學歷，於是打電話來善導別苑，要筆者勸她繼續進修。她銜長老慈命，於弘法的百忙生涯中讀完空中大學，然後在玄奘人文社會學院創校頭年（八十六年）投考宗教學研究所，榮登榜首。如今她不但已取得碩士學位，並在中央大學哲學研究所進修博士學位。

長老率真而機智，雖近古稀之年，面貌猶宛若淘氣童子，常發如珠妙語，令我們為之絕倒。他雖身為教界領袖，但從不端出「高高在上」的架子，極不愛出風頭。七十八年十月底，世界僧伽會在台召開會員大會，那時他擔任世界僧伽會秘書長。南下參訪途中，到臨嘉義天龍寺戒場，寺方向戒子與信眾介紹海內外諸山長老上台，筆者見他靜靜地在下面站著，連其他法師招他上台，他也婉拒了。在教界，筆者常目睹「上中前法師」（坐位要上座，照相坐中間，走路在前面）之種種惡癖，相形之下，長老的行事作風低調，反而增加了筆者對他的敬重之情。

在青年歲月，幸賴長老慈悲攝受，讓筆者得以邁出學術的象牙塔，拋下爐香經梵的寧靜生活，走入了驚濤駭浪的社會，面對了一波又一波自己主動掀起或是被動投入的（思想或法制改造的）社會運動。這一邁步，就是不歸路！轉眼已十四個年頭了，由教界而學界而社運界，由護教運動而護生運動，由提倡動物權而提倡佛門的兩性平權，幾乎每一場運動，都會引來兩極化的評價與兩極化的愛憎，隨之而來的，就是連累長老「耳根不得清淨」。

轉眼長老已屆七秩高齡，自幼出家的他，終生獻身於住持正法、利濟眾生的事業上，想來他的輝煌成就，自有各界之推崇，而毋需筆者呶呶。本文只記述長老與筆者間十四年來的幾段法緣，以表達一己對前輩知遇的無限銘念與感恩！

九十年八月三日　於尊悔樓，時禁足中

——刊於九十年十二月第五十四期《海潮音月刊》

不計本山利害，存念全體佛教

——記述幾段與星雲大師的深厚法緣

個人自學佛開始，就蒙星雲大師覆護義助之厚恩，以迄於今。

學佛的啓蒙恩師

六十六年暑假，透過高醫廖敏洋學長（現於豐原懸壺執業）的安排，筆者抱著「到山上玩玩也好」的態度，參加了佛光山夏令營，在那裡第一次見到大師，並聞其慈祥溫煦的開示，內心頓生對佛法的景仰之情。可以說，大師正是筆者此生學佛的第一位啓蒙恩師！

這也是筆者第一次有機會接觸到出家人與正統佛法。佛光山師父們的活潑熱誠、善說法要，給筆者很大的震撼，因爲在此之前，筆者對出家人還是停留在灰色的刻板印象，自此卻完全改觀。回家之後，就逐漸看佛書、素食，並於一次大師至中山堂弘法時，報名參加了集體皈依。

思凡事件極力相挺

爾後另有因緣，竟未在佛光山出家，一晃眼，十年都不曾見到過大師。直到七十七年底，筆者帶領著中佛會護教組，掀起了全國轟動的「思凡事件」，緣此才與大師作了第一次單獨的接觸。

那時大師還完全不知筆者與佛光山過往的一段深厚因緣，他只是從媒體中知悉：筆者為了維護佛教，不容崑曲「思凡」的內容扭曲佛門尼師形象，而與國立藝術學院、教育部和許多傳播媒體、藝文界人士都槓上了，為此他大為讚嘆，乃於雙方僵持不下，氣氛緊繃的某個晚上，以電話告知：

「昭慧法師，我會全力支持你！包括去基隆文化中心抗議，你看須要發動多少人？我們就去多少人！」

這通電話，讓筆者吃了顆定心丸。要知道：當時筆者不但被許多傳媒醜化為大魔女，連教界許多知名法師，也都為了維持他們「與世無爭」的社會形象，對筆者不是敬而遠之，擺明了絕不動信徒的一兵一卒，就是說些「何必如此？自己做好就好了」之類的風涼話。所以大師的支援，對筆者而言，是不折不扣的「雪中送炭」！

事件結束後，七十八年初，筆者到台北普門寺向大師禮座，這才告知自己在佛光山的學佛緣起。大師更爲歡喜讚嘆，乃命筆者爲普門寺的佛學講座，講兩次的開示。此後因事忙緣故，與大師還是疏於聯絡。但當他知道筆者離開了汐止慈航堂時，有一次竟打電話來福嚴佛學院，關心筆者的居處，並主動表示：願意無條件提供居所。那時因已在景美落腳，覺得環境還差強人意，所以並未即時接受大師的雪中送炭，但是想到家業如此龐大，終年國內外奔波弘法的師長，竟還會關注一位與他距離如此遙遠而又疏於向他請安的晚輩，內心不禁是又驚訝，又感動，又慚愧！

大力留下祈安觀音

八十三年，觀音像事件爆發，原來心胸狹隘的異教徒將大安森林公園預定地上的楊英風先生銅雕「祈安觀音」，當做是「魔鬼撒旦」，必欲除之而後快，故結合其在政界的廣大人脈，向市府施壓，要求鏟除觀音像。

幾經努力護像無效，護觀音人士準備在二月十九日，於新生南路七號公園門口的紅磚道上，發起「觀音不要走」大集會活動。筆者趁寒假的春節期間，到南部發動諸山長老響應，但發現到：除了高雄市佛教會理事長會本法師仗義力挺之外，其他長老法師似都有所顧忌，反應冷淡。

筆者生怕集會活動人氣稀薄，會讓官方與異教更是無所忌憚以鏟除觀音聖像，想來想去，只好鼓起勇氣打電話給大師，向他簡報事件緣起，請他鼎力相助。他老人家沉吟片刻，乃慈悲告知：「當日本來在台北道場，還有法會正進行中，但既然你昭慧法師關切此事，我答應你：當天會來到現場，也會發動信徒聲援。」

就這樣，二月十九日下午，不但佛光會有眾多法師居士先行來到，而且在集會進行的淒風細雨中，大師翩然蒞臨現場，獲得集會大眾的如雷掌聲。他不卑不亢地表達了「佛教徒應該護像，觀音像應予留下」的基本立場，演說內容，擲地有聲！

此後，他持續關切觀音像事件的發展。當一切努力均告無效，觀音像拆在旦夕之時，我們徹底絕望，於是立委林正杰與筆者，決定在新生南路紅磚道上的觀音像前，以「絕食」的方式，做最悲切的抗議。筆者並答覆媒體：若市府魯莽動粗以拆除聖像，我會讓他們鬧出國際新聞！那時心裡已有了「與聖像共存亡」的最壞打算。

大師又一次出現在關鍵時刻。他到台北道場，親自召開佛光會幹部會議，請佛光人全力動員來支持護像行動。至今印象猶新的一幕是：筆者絕食期間，有一次他透過行動電話與筆者聯繫，當時正是氣氛最為低迷的時刻，電話那頭慈祥的聲音飄入耳際，筆者忍不住哽咽了：

「大師，我的性命就交到您的手上了！」

「昭慧法師，你放心！我會全力聲援你的。你聽到了沒有？大家在這裡向你鼓掌的聲音，你聽聽啊！」

就這樣一通電話，讓我心裡篤定下來，而且隱約感覺：有了大師力挺，事情必有轉機。果不其然，佛光會挺身而出，大師以「三百輛遊覽車將於三月廿九日來參加公園開幕」的實力，與台北市長黃大洲先生展開溫和而堅定的談判，讓我們在絕食六日之後，終於成功地留下了這尊台北佛教的地標——永遠慈悲俯瞰著台北蒼生的祈安觀音。

那一次，由於中央教會、知名大師與許多法師「放冷箭」，使筆者深深承受著內憂外患的艱苦，要不是大師以其豪氣俠情，極力相挺，筆者早已屍骨無存了。所以筆者常常告訴師友：星雲大師對筆者而言，不但是佛法的啓蒙恩師，更是救命恩人！

促成國定佛誕紀念日

數十年來，由於國府領導人有特殊宗教信仰，乃將耶誕以「行憲紀念日」的名義放假。過往已有許多長老法師向官方反映：佛誕應比照耶誕而放假，但官方總置之不理。至八十八年初，筆者考量到年底即將舉行總統大選，此時正是發動「佛誕放假運動」的良機，於是與幾位青年法師共組「佛誕放假促進會」，分別請教內大老爲召集人。

二月十日晚間，電話追蹤到宜蘭，找到了星雲大師，請他擔任總召集人並聯署支持，他二話不說就應諾了。筆者連夜寫信，將排名順位的難處稟告大師：「雖然籌備會為了尊重中佛會而將淨心長老列名為第一順位的總召集人，但是您的首肯，在學人心目中，卻有最特殊的意義，因為每一個佛教有難的歷史關鍵時刻，您都是在包袱最沉重的情況之下，於長老中率先聲援的、令晚輩敬重的長老！」

說實在話，論國內資歷，論國際聲望，論教中戒臘，大師都應排在前面，但我們卻為了全佛教的團結，把他排在總召集人的第二順位。他老人家了解我們的尷尬處境，竟然寬容了我們，自己簽署之外，還順為請兩員大將——慈惠、心定兩位法師——共同聯署。

到三月時，促進會之聯署活動已於全國展開，有些團體仍在觀望，但也有非常熱心的團體（如現代禪），一口氣簽了三千五百多人。筆者明知大師大病初癒，正在靜養，卻仍忍不住傳真信函到美國，向他尋求進一步的奧援：

「目前我們相信：倘若佛教徒能有一百萬人聯署，力量一定會相當可觀，當局也不敢小覷此一能量。……明年總統大選，執政當局勢必不得不考慮佛教徒的心情。所以學人估計：這是佛教界不可失去的唯一機會，若此時不推展此一活動，以後就沒希望了！由於這個緣故，若待民間佛教力量慢慢蘊釀而浮現，實屬緩不濟急，因此促進會急切渴盼 大師號召佛光協會動員簽署之力量。學人聽說後天下午佛光山將在屏東舉辦一場顯密淨獻燈法會，時日迫近，只好斗膽懇求 大師同意，讓學人親自率領促進會義工，來至法會場外，呼籲與會大眾聯署。」

這封信在三月十二日晚間傳真過去，翌日上午他已從洛杉磯打電話來，慈祥地說：「昭慧法師，我完全同意你的看法！我已交代佛光會全力支持，你可直接與秘書長永富法師聯繫相關事宜。」

那一次，國際佛光會中華總會分別於三月十四日屏東體育館，以及三月二十一日彰化體育館的兩場「獻燈大法會」中，發動與會信眾支持，聯署者將近萬人；三月二十八日，星雲大師已從美國返台，在林口體育館親自主持「萬人獻燈大法會」，此後，他慈悲指示佛光協會及佛光山各分別院，全力動員僧信二眾連署，支持該項運動。所以那次的聯署名單，佛光會以十餘萬人之眾，居所有聯署團體之首，而且也讓執政當局不得不重視此中所隱藏的佛教實力。

六月初，他自佛光山北上，拖著病體，帶著我們馬不停蹄地拜訪部會首長、行政院長與各宗教領袖，尋求支持。經過這一連串的努力，破除重重障礙，佛弟子數十年的心願終於達到了一部分：立委沈智慧的提案獲得朝野一致通過，明訂農曆四月初八日佛誕為國定紀念日，得調移至週日放假。

調移放假，這是因為我們體諒工商業界「怕假日太多影響營運成本」的難處。另一方面，無法爭取到全面的放假，這還是因為政客看穿了：佛教界並非全面團結的——扯後腿、放冷箭、夜奔敵營去向政要通風報訊的，都大有人在。

後來有人竟還責怪我們：沒爭取到放假，有什麼意思？殊不知：連耶誕都還只是掛在「行憲」名義下，而佛誕卻首先訂定為國定紀念日。至今（民國九十）年，人事行政局才終於一併將道教節、耶誕節都列為「國定紀念日」了。佛教開風氣之先，其意義還是極為重大的！

也有人罵大師：為何好好將佛誕與母親節相混淆？其實，那根本與大師無關，原立法院所通過的提案，明確寫的就是「得調移至週日」；但李總統於九月一日上佛光山公布此一消息時，由於旁人提供的資訊錯誤，竟宣布成「調移至母親節」了，行政院只好將錯就錯，如此訂定了下來，而與原立法院所通過的提案文字略有了出入。這一點，一直到去年，筆者還是不斷努力尋求更正，而且業已獲得效果，讓佛誕之假日與母親節重作區隔了。

更有人酸溜溜地說：「到底是誰在主導這件事？」但那能怪我們嗎？當日在艱苦奮鬥的過程中，這些在意「主導權」的人在哪裡？相形之下，大師又是如何地不計排名順位，不計本山利害，義無反顧地偕同我們年輕人一齊衝刺的呢？他根本沒向我們談到「誰來主導」的難題，卻以無私與至誠的人格，感動了我們，讓我們自然地將後續的主導權交到他的手上的。

總的來說，那次的佛誕運動，內有自己人扯後腿，說風涼話，甚且還有人夜奔敵營，向政客們交心表態，外有異教徒用盡所有手段暗中抵制，要不是大師出面力挺，一方面以佛光會成員的實力展現，讓官方不得不盱衡時勢，順水推舟，另一方面也走訪一貫道、道教與天帝教等本土宗教領袖，感動到他們出面表達支持立場，我們還未必見得能得到這樣的成果呢！

聲援廢除八敬法運動

對女眾，星雲大師一向就是仁慈而平等對待的。他常常向南傳國家的僧眾提議恢復比丘尼戒的傳承，而且相當肯定女眾在佛教中的貢獻。老實說，沒有女眾，就沒有佛光山，也就不會產生今天舉世聞名的國際佛光會。他在行動上也鍥而不捨，於八十六年在印度佛陀成道處的菩提伽耶，聯合南傳上座比丘，為女眾舉行了比丘尼戒的傳授。

今年三月底，弘誓文教基金會為印順導師之九六嵩壽，舉行「人間佛教薪火相傳」研討會，適逢達賴喇嘛於是日來台。由於海峽兩岸佛教近年對尼眾的箝制加劇，而藏傳佛教亦在保守僧侶的阻撓下，遲遲不得恢復比丘尼制度。筆者認為：時機業已成熟，於是將印順導師「五十七年前就已提倡男女平等」與達賴喇嘛無法恢復比丘尼制度的困境兩相提比，一方面呼籲達賴：儘速恢復比丘尼制度，另一方面，則於台灣發動「廢除八敬法運動」。這樣一來，社會各界叫快叫好，卻也引起了嗣後佛教保守派對筆者的全面反撲。當其時，諸山長老之中，只有星雲大師公開地在媒體上支持此一運動，而且坦然宣稱：「佛光山是全世界最大的比丘尼教團，沒有比丘尼就沒有佛光山。」

比較起其他長老法師的表現，大師的開明、公道與勇敢，真是讓人不得不佩服得五體投地！難怪一向對佛教界批評甚爲峻厲的江燦騰教授，忍不住對大師致以最高的推崇云：「當時在台灣佛教界的大師級前輩中，唯有佛光山的開山祖師星雲長老能以高瞻遠矚的眼光，在第一時間內即公開呼應台灣現代比丘尼此一追求佛教兩性平等的合理訴求，真不愧一代大師，值得後輩們的景仰讚嘆！」

支持制訂宗教團體法

今年五月，宗教團體法的制定，開始引起了教界的關注。筆者原本無意關切此一議題，卻因爲看不慣某佛教單位用種種不光明的手段（如黑函詆毀與黑道恐嚇等），將該法之草案講得極其不堪，意圖挑唆佛教法師居士上街頭反對立法，筆者唯恐這樣不負責任的煽動行爲，讓佛教平添社會的惡感與鄙視，於是站出來卯上了他們，當他們於公聽會上動用人海戰術時，筆者責備他們道：「如果這樣，趕明兒我們也請佛光山的法師們來，把整個樓層坐滿如何？」

後來中時晚報以四版頭條刊出此一新聞，翌日的日報跟進報導，將所有黑幕來個大曝光，連該單位在北部國家公園內的大違建使得兩位比丘做了鋃鐺入獄的「人頭」，也都被有心記者挖了出來。該單位之氣燄頓挫，後續的小動作就沒敢再如此明目張膽了——當然，詆毀他人名節的黑函還是不斷四處散發，但已極少法師願意給他們利用了。

大師看到了報導，打電話來垂詢關切，並讚許筆者的勇敢。不但如此，他還慨然提供台北道場的會議廳，與中華佛寺協會合辦了一場「宗教團體法研討會」，討論過程一切透明化，讓記者們自由旁聽。這對佛教建立「立法共識」，以及爭取媒體與官方的同情瞭解，至關重要。是日政府官員與媒體朋友，看到教界法師是如此理性地在討論法案，而且不斤斤於本位利益，於是減少了許多因某單位興風作浪，而對佛教所平添的誤會與惡感。

不計本山利害，存念全體佛教

筆者認真思想起來，幾番投入護教事業，都還是因為星雲大師以佛光會龐大成員的實力，挺身義助，才得以順利完成。筆者以此常自謔是「狐假虎威」，浪得虛名；也常感恩地自忖：若無愛教心切的星雲大師，不計本山利害以拔刀相助，筆者可能連性命都早已無存，更遑論成就那幾樁難度極高的護教事業！

大師平日矢志「給人歡喜，給人信心」，願作眾生「不請之友」，自然流露的是極其寬大、慈和、溫煦、雍容的氣質，但是在幾次大師義助護教的事件中，對映於其他諸多教中名僧的涼薄、怯弱、退縮、把持私利、諂媚官方、落井下石，筆者更見證了大師的另一面，那就是「時窮節乃現」的風骨，是生命深層無比的正氣俠情，相信那應是源自於對佛法的敬信與忠誠，也源自於對一個晚輩無條件的慈憫護念！

茲當大師七五華誕前夕，筆者主動向永芸法師表白：想寫一篇文章，記述與大師的幾段法緣，讓世人知道：大師的功業，絕不僅祇於建立了無遠弗屆的國際佛光會；大師的人格偉大，更表現在「不計本山利害，存念全體佛教」的光風霽月！這一面向，經常是被佛教中人忽略，甚至故意詆毀而加以扭曲的。

懇祝大師爲法爲眾生而常住世間，嵩壽無疆！

九十年八月三十一日　于尊悔樓，時禁足中

——刊於九十年九月八、九日《人間福報》副刊

——簡縮版刊於九十年九月九日《自由時報》「自由廣場」，題為〈不計本山利害，存念全體佛教〉

虛懷若谷的大德風範

一向視「應酬」為畏途的筆者，近年逐漸體會到大乘菩薩「隨喜功德」的意蘊，於是努力改變自己，以歡喜與祝福的心情，參加了幾場佛門盛會。

印象最深刻的一幕，是十月二十一日上午，在法鼓山落成開山大典中，當司儀喊「全體起立，請聖嚴長老開示」之時，大眾依司儀口令而起立，長老上台察覺之後，立即不安地頻頻揮手，請大家坐下，並在致詞之時，一再表明，要大家起立是很「失禮」的，因為在座的貴賓「並非全是我的弟子，有的是世界宗教領袖，有的是為佛教與社會而犧牲奉獻的菩薩，應該受到我的頂禮、尊敬」。

筆者在台下聞言，不禁暗暗喝采：「這才是不折不扣的大德風範！」

許多人看到台灣「人間佛教」的領袖，如星雲大師、聖嚴長老與證嚴法師，受到萬千信眾的頂禮膜拜，咸稱這是「造神運動」。以筆者與他們接觸的經驗來看，感覺他們三位大德本身，似都無意被人「造神」。以星雲大師為例，他面對任何人都親切無比，絕無高高在上的帝王架式；證嚴法師連見到筆者這個戒臘（剃度受戒年資）晚她十七年的比丘尼，都毫不遲疑地俯身頂禮（而不祇是回禮）。這與聖嚴長老因大眾起立而頻稱「失禮」的風範，都說明了一項事實，大師本人未必喜愛被人「造神」；大師之所以為大師，不在於其虛矯高慢，而在於其謙和抑己。

既然大師本人謙和抑己，又何以時常會突兀地出現類似要求「全體起立」這種被非議為「造神」的場景呢？筆者觀察發現，那是因為信眾敬愛他們，將他們奉若神明，有時真情流露到了旁若無人的程度，於是不覺間將自己的虔敬感情外射出去，把全天下人分成了兩類，一類是「恩師」，另一類則理所當然，全都成了「弟子」。他們忘了還有非屬其「恩師之弟子」的第三種人，於是才會屢屢出現這種場景——要求第三種人跟他們一同「起立、跪拜」；將大師對貴賓的一番「致詞」，說成宛若大師向弟子訓誨的「開示」；將自己的恩師封為「活佛」、「八地菩薩」、「聖人」等等。

因此，大師的危機，不在於周遭的人是否將他神化，而在於他不自覺地醺醉在被神化的氛圍之中而無以自拔，或是粗心大意，而未能即時控管偶像崇拜的集體意志。偶像崇拜沒有任何來自第三者的特效藥，因為對造神運動的任何針砭，都將只是「狗吠火車」而已；能將危機化成轉機的，只有被崇拜的大師本人，他可以適時拒絕弟子們情不自禁地抬高或神化恩師的行爲，主動把自己與常人拉到平等的地位。聖嚴長老的「失禮」云云，可說是一次精彩的危機控管，也是一場虛懷若谷的身教示範！

九四年十一月廿四日凌晨，于尊悔樓

——刊於九十四年十一月廿五日《中國時報》「時論廣場」

覓菩提的典範

——懷念上傳下悔長老

選在農曆除夕前日，傳公長老示寂了！

病殘的色身，已折騰了他這麼多個歲月，如今他的逝世，雖讓我們千般不捨，萬般懷念，但對他而言，可能會有「如釋重負」的感覺吧！

人在忙碌中，常會疏於音問，往往只有在「可能失去機會相見」時，才會特別珍惜相見的機會吧！去年一月間，也是在農曆新年前，聽到長老病情沉重，我非常著急，趕忙跑到山上好幾趟，生怕沒機會再見到他。沒能效勞什麼，但好歹也可陪長老談談心，爲長老打打氣，請他爲法、爲眾子弟而久住世間。

今年卻以爲：他既然能越過這艱難的劫數，那麼，長久住世應該不會是問題吧！於是在忙碌中，就疏於上山請安了。原先一心想快快編好「校舍落成週年紀念特刊」，等印出來時，可以上山將它呈獻給老人；待到一月十二日，特刊剛剛印出，竟然得知他已病篤，住在台大醫院。趕過去時，長老已是昏迷狀態，再也不能看我一眼，向我說一句話了！即使將特刊拿到病房，也還癡心期待他醒過來時，能看看書中的「紀念圖像」對他的相片所做的特殊處理，不料卻再也等不到他翻閱這本書的機會了。想到這裡，內心裡真有說不出的遺憾！

這幾次上山參加為長老所啓建的三時繫念法會，長老的侍者道智法師每一看到我，眼眶就紅了起來。她說：「看到你，就想到師父！他在生時，常常拿著你的書在看，常向我們翹起大姆指稱讚你。你的書，他總是放在近身處。有時我見他閱讀完了，將它們收起來，他會向我要回去，好方便重新翻看。」

長老不但是我的忘年知音，更是我生命中恩深義重的長輩！此生得受長老護念庇蔭，是多麼有福報的一件事！

回想三年前（八十七年），學院即將進行校舍建築，由於我不善向人募款，經費大大短缺。不料七月中旬，承天寺監院道明法師忽然打電話來說：長老告訴他：「弘誓學院正在建築，需要經費，我們要幫助昭慧法師。」我聽了又驚又喜，驚訝的是：長老與我素昧平生，竟然會關心我的事情；欣喜的是：長老能夠雪中送炭，玉成我們僧教育的理想。於是七月十四日，我帶領學生上山向長老禮座，這是第一次與長老會面。聽長老說起才知道：原來他早已默默關心我所發表的文章，以及我在教界與社會的所作所為了。

原本總認為：一個小小佛學院，不比大學，承天寺能捐個一、兩百萬就已很了不得了。不料八月中旬，道明法師電話告知可來取款，這時才知道：長老竟然把我們的小學院比照佛教大學，一捐就捐了五千萬。於是十三日，師生再度上山，向長老敬表恩謝。

兩次晤面時，承天寺眾師父善良質樸、苦行實修、嚴以持己、寬以待人的道風，給師生留下了很深刻的印象。他們在傳公長老的領導下，過著最簡單的生活，也沒有另闢分支機構的企圖，卻把大量的信眾供養，拿來成就佛教辦教育。這是何等無私的精神啊！

長老告訴我：他敬奉師教，所以謹遵廣欽老和尚的囑咐，要求大眾「老實念佛」，克己苦行。他本人也不諱言自己是一位很重視教育文化，而且很愛看書的人。我常想：要是換作一般弟子，一旦接棒之後，早就會順著自己的性向，改變承天寺的風格了。然而，他卻由於「敬奉師教」的緣故，讓承天寺的一切做法「率由舊章」，認認真真地維持著老和尚時代的道風。這豈不是「無我」精神的自然流露嗎？

一般而言：苦行實修的人，會忽視經教義學的重要性，對入世關懷的文教事業就更是評價不高。長老最難得的就是：他竟有這樣的威德，感動著苦行實修的常住大眾，讓大家毫無異議地，以省吃儉用所積累下來的巨額資產，大力挹注那些與承天寺毫無淵源的佛教單位，拿來辦理佛教的教育事業。

當學院建築期間，我念念不忘長老護念的厚德。固然長老以清淨心護念後學，施恩不望報答，但我總想在形式上表達師生「永矢弗諼」的心意。於是在翌年一月九日，弘誓文教基金會舉行第一屆第三次董事會時，提案建請將校舍兩棟樓的其中之一取名「尊悔樓」，以感恩長老大力護助建校的無限慈悲。

前年十月九日，校舍落成時，長老因病無法親自前來，由道明法師代爲剪綵揭幕。事實上，長老自中風後，不良於行，一向也不在教界走動，更何況那時他健康情形已每下愈況，我們實不敢期望他能前來普照。

然而去年六月十七日上午，長老竟讓我們有了意外的驚喜！他抱病帶領九位法師蒞臨鹿野苑，參觀學院的新校舍。我們在尊悔樓前合影，留下了學院的歷史性鏡頭。那一日，長老爲病所苦，不多言辭，但他樸實勤懇的修道風骨，卻自然煥發著不言之教，全體師生深爲感動，爲他的到來而踴躍歡喜。怎料就在半年之後，他靜靜地離開了人間！

長老遺著名爲《覓菩提》，書中記載著他的身世、經歷、修道經驗與寶貴箴言。這本書，我列爲學生的必讀典籍，因爲，我總覺得：他一生淡泊自甘、無私無我、爲佛教與眾生而奉獻的精神，即已在在印契著菩提。

「哲人日已遠，典型在夙昔」。長老雖已離我們而去，然而，他過往鮮活的言教身教，業已留給後人「覓得菩提」的尊嚴典範！

——刊於九十年二月第四十九期《弘誓雙月刊》

九十年、二月十日　于尊悔樓

「弘印」法將的龍頭老大：傳道法師

——《妙心文集》代序

在台灣，從事環保社運工作的人，鮮有不知「傳道法師」其人者。這位面孔黝黑、身手矯健、雄辯滔滔而慧思敏悟的僧人，有清奇的羅漢面相，有慈悲的菩薩心腸。

他不但有過深刻的禪修體會，又傾全心以從事佛教的教育、文化事業；這還不說，他竟然在佛教界開「環保運動」的風氣之先，成爲佛教第一位環保健將。看到他，會讓我聯想到「磨頂放踵，利天下而爲之」的墨子。這位精通醫術、武術的高人，原有強健之體魄，但「恆順眾生」的悲心，卻使得他南北奔波於弘法利生之途，往往席不暇暖，寢不安枕；長期累積下來的疲累困頓，業已逐漸侵蝕了他的健康。只是你任何時候看到他，都會感受到他的熱忱所散發的源源活力，而無法想像他正爲病弱所苦的情狀。

富於草根氣息，敢做敢言的傳道法師，一九四一年誕生於台南縣白河鎮農莊之中，俗名朱清溫。在兄弟姐妹十人之中排行老七。肩挑一家眾口生計的父親，長年積勞成疾而早早病逝，由是家境愈形窘迫。這使得國小行將畢業的傳道法師，不得不於畢業後輟學就工。他先後當過農場牧童與高雄唐榮鐵工廠學徒，在那段貧窮而工作繁重的日子裡，他並沒有放棄自修的機會，一有空就讀書，尤好民間文學與俗諺。所以至今民俗習規如數家珍，諺語箴言朗朗上口，不但顯出其幼時所奠基之文學實力，其通俗而不失優雅的說法方式，更被許多台語弘法的僧尼視作典範。

幼年環境的乖舛，並沒有折彎他的脊樑，也沒有造就他反社會的偏激性格，相反的，這只是讓他深刻體驗世情冷暖，而激發他日後濟弱扶傾的悲心，並強化了他日後面對困境的耐力與韌力。

從小，他就對殘障者有一種莫名的強烈關懷，甚至曾有「娶一名殘障女子爲伴侶，好好照顧她」的念頭。雖然這個念頭卒因其選擇出家之路而未實現，但是直到現在，他仍不斷鼓勵殘障者獨立，給予他們自尊和自立的機會。

一九五七年，他轉任台灣機械公司技術人員，生活才漸獲改善。這期間他開始鑽研《菜根譚》書中闡揚儒釋道的精義，並在一九五九年皈依佛教。一九六〇年十月，他結業於高雄宏法寺所主辦的「高雄佛學研究班」。由於長期出入佛門講席，耳濡目染於淵博深湛的佛法義理與清淨澹泊的超脫生活，這無形中種下了他日後出家修道弘法的善根因緣。

一九六二年底，他被徵召入伍。在服役期間，曾經三次徘徊在車禍、炮彈的生死邊緣，這使他對「無常」的體會更形深刻，也更堅定了他出家度生的悲願。退伍之後，一九六四年三月，他依止高雄宏法寺的開證長老，正式出家。

此後，他繼續在佛法與世學兩方面努力進修。在佛法方面，他讀過台北戒光佛學院與中國佛教研究院，都名列前茅，所以曾受任三藏佛學院教席。在世學方面，他到志仁補校讀完初中，一九七三年受師命接辦台南妙心寺時，又於寺務繁重之際，到台南一中夜間部求學。直到今天，他雖已有精湛的佛學知識與廣博的社會知識，但每不恥下問於教中後學與社會學者。這種虛懷若谷的精神，令人讚佩。

一九七五年，他於妙心寺側，開辦「妙心幼稚園」，推展「啓發」式教學，並聘用近二十位教職人員參加運作。一九八〇年，「台南佛教慈恩婦女會」在他主導下成立。該會積極從事慈善弘法救濟工作，並配合社會需要，推廣環保宣導事業。

一九八四年，他與開證上人等籌設「財團法人中華佛教百科文獻基金會」，下設三個單位：一、中華佛教百科全書編委會。二、佛學資料中心。三、佛學研究中心。

一九九四年，百科全書的編輯終於告竣，這項浩大的工具書編纂工程，在台灣佛教實屬空前。最近，中華佛教百科全書的光碟又已製作問世。而久爲佛教學界所崇敬的印順導師與呂澂居士，其言論著作，部類眾多，爲便利學人之查索，於是傳道法師又於中華佛教百科文獻基金會下，推動「印順呂澂辭典」的類編。佛學資料中心藏書約二萬冊，另有期刊、中文佛學博碩士論文及各類有聲資料。中心雖設在妙心寺內，但還是以擴大全省佛學資訊連續服務爲目標。

凡此種種冷門而又亟須龐大財力支援的工作，都是在法師的毅力下，感召著學者居士們奮力投入而完成的。他這十餘年來苦心孤詣、堅持不懈於佛教文化事業，所展現出來的豐富成績，業已嘉惠了佛學研究的萬千僧信與學者。也只有像法師這樣爲法心切而又有傻勁幹勁的人，才敢無怨無悔地將此種種「吃力不討好」的事工，一肩承挑下來！

不只此也，法師還曾經參與電台弘法工作，透過寺廟、學校、監獄、電話等媒介，向社會大眾開示佛法，指點迷津。也由於接近社會大眾，深體民間疾苦，所以自然會積極地參與扶持弱勢的社會運動。筆者印象最深刻的是馬曉濱事件，在「眾人皆曰可殺」的一面倒聲中，他卻獨唱清平之議，以監獄佈教時的所見所聞，證明確有冤獄情事，甚至從台南迢迢趕來參與我們救援馬曉濱的請願活動。

環保工作，更是法師所大力推動的項目。他不但主辦環保講習，敦聘各方環境專家向台南市民講授環保知識，而且親自到處演講，推展環保理念。尤有甚者，他也不惜加入草根性的環保運動，而受到黑函或電話的恐嚇。

他早年修道，與筆者有同樣的生命困境：面對傳統佛教，無論是思想還是制度，都深感不愜於心，但又苦於找不到思想的出路，只憑著深厚善根，打死不退，咬緊牙關，拼命向前。直到會遇印順導師的思想著作，這才尋得了思想與行動的「源頭活水」。由是面對印公導師思想，總是格外有一份「踏破鐵鞋無覓處」的珍惜之情。自此以後，他義無反顧地奔走海內外，四處弘揚導師思想。前（一九九九）年妙心文教大樓建好之後，他立刻創立「人間佛教研修院」，號召僧信二眾，研習印順導師思想，以建立佛法的精純知見，承挑「人間佛教」的弘傳大業。

我們只要仔細閱讀法師的著作與演講稿，就會發現：他無論談的是什麼話題，總不出「人間佛教」的大旨——由緣起性空中道的正見，引發八正道的正行，不但用以強化力量、淨化身心，亦用以護持佛法、利物應世。「人間佛教」的行動綱領——「嚴淨佛土，成熟有情」，他不但常常拿來叮嚀讀者與聽眾，更用以善巧實現於台灣社會與台南社區。其所以推動「環保」，並積極參與其他的社會運動，莫不是出自此一信念。

他從「緣起」理念出發，感受到人與人、人與動物、人與環境的相依相存，所以用大乘菩薩淨化生命（成熟有情）與淨化環境（莊嚴國土）的悲濟大行，來建立佛教的環保事功。

由於行動的背後有思想的活水源頭，所以他理念清晰，言行果敢，無懼於一切攸關性命安危的威脅恐嚇。

有感於自己的生存無一不得自天地萬物的恩澤滋養，所以他的布施觀裡，沒有一絲「居高臨下」的氣燄。他說：

「幫助別人，是『報恩』；保育環境，是『本份』。」

這番源自感恩心而付出，當作本份事而承挑的見地，已是菩薩「同體大悲」的無私胸懷了。

由於他真誠地稟持（自佛陀以至於印公導師都一以貫之的）「眾生平等」精神，所以對於普遍存在比丘群中的「大男人沙文主義」，他完全無法苟同，而且以身作則，展現他對比丘尼姐妹尊重禮遇的器度。即如筆者，只不過是一介小小比丘尼，但他依然不輕後學，人前人後讚賞有加，絲毫沒有「放不下身段」的虛矯習氣。

對居士亦復如是，他腦子裡沒有「白衣上座，比丘下聞」的不平衡心理，但見於「法」，不見於「我」（人、我、身份、地位的標籤），居士只要有德有學，他一定不惜一切以禮賢下士。所以他不但常邀居士說法，而且能獲得傑出佛教學者藍吉富教授的大力襄助，完成前述重大部頭工具書的類編工程。

在弘揚印順導師思想的法將群中，傳道法師無疑是我們心目中的「龍頭老大」。說來也有趣，年屆六十歲的他，出道甚早，戒臘已高，實已可列入「長老」、「上座」級人物，換作別的比丘，我們這些「毛孩子」早已尊他一聲「長老」了。但他在我們心目中，卻是永遠「不老」，這不但由於他總是讓我們感覺好似活力充沛的青年，更由於他的親和力、平等心，以及護念後學的慈悲心，使得我們很自然的把他當作一位很親近、很知己，也很值得信賴的兄長。

十餘年弘揚印公導師思想下來，他的言論著作散見於各佛教刊物之中，累積篇數實已不少，如今在印公導師九秩晉六嵩壽前夕，眾弟子將它們類編成書，計分四冊，筆者有幸先讀為快，不禁歡喜踴躍，向讀者介紹我們心目中的「龍頭老大」——傳道法師其人其事，以此代序，為賀為禱！

民國九十年二月二十日　于尊悔樓

——刊於九十年三月第六十二期《妙心雜誌》

菩提道上的同志，又弱了一個！

——敬悼文德法師

還記得九月十日晚間，忙完了大大小小事情，從台北拖著疲憊的身軀返回學院，打開電子報一看，映入眼簾的竟然是「文德法師過世」的消息。平日雖久已在佛法的熏習下，體念得世相的無常，泰然面對一般人的生死大事，但事情發生得這麼突然，報導文字對法師的死因又給予如此曖昧、誇張的揣測，這樣荒謬的結局，還是讓筆者深感錯愕與哀傷！

由於法師往生於半夜，女信徒張碧君又離奇猝死於一樓鐵門下，這樣一來，好似讓人不多作聯想，也極困難。某報所謂「內褲只穿著一半」，「引起部分人士對法師的指指點點」，據筆者事後查證，竟都並非事實：法師臨死時，穿著整齊，綿被蓋得很好，相貌也非常安詳；街坊鄰里對法師平日的爲人處世，也頗爲推崇。顯然該一報導，已加入了許多記者的想像成份，這些「想像」被當作「事實」來陳述，足以讓不明法師平日爲人的廣大讀者，對於法師的死因，想入非非。而記者其後又緊接著加上一段云：「國內確實有許多假藉宗教之名，實際上可能從事推銷、欺騙信徒，甚至假宗教之名行斂財、斂色的勾當，各界也應以此案爲例，對宗教活動採取更爲理智的態度。」這就更是在事態渾沌不明的狀態下，迂迴地將法師定以極其不堪的罪名了。法師一生清譽，竟被記者無悲憫心的刀筆毀於一旦，這如何能令亡者瞑目，生者釋懷？

許多「適時務」的佛教中人，對法師的身後事，遂採取了迴避態度；許多好心朋友，有鑑於妙文事件中筆者所蒙受到的傷害，也勸筆者「保持觀望，不要發言」。但筆者豈能爲了保護自己，而在蜚言沖天的時候，對此保持緘默呢？對好友們的護念之誼，筆者只能心領了。好在有情有義的星雲大師，帶領著佛光會的法師居士們，與文德法師的遺眷、信友們站在一起，義無反顧地共同承挑了辦理全部後事的重擔。

直覺地相信法師的清白，但爲了讓證據自己說話，強忍著等候地檢署的驗屍結果。如今事實業已證明：兩人同時同處猝死，雖然顯得離奇，但死因卻很單純：文德法師是因心臟血管阻塞，導致其猝然死亡；而張碧君則是因鐵門降下，壓迫到了呼吸道，因窒息而意外死亡。以科學證據，證明法師的戒行清白，法師應可死無憾矣！

法師的心臟宿疾，熟識的朋友與信徒早有所悉；死前數月，他已有兩次心臟猝然疼痛而暈死過去的病歷，雖經急救而清醒過來，但身形愈益消瘦，友人已有他「不久於世」的預感。

他在信衆的勸告下，也努力與病魔作戰，並於長庚醫院預約掛號，準備於十二日到院看病，往生前一週，更是兩度服下「三酸甘油脂」的心臟急救藥，怎料死神不願久候，他在診病之前兩日，還是先行離世了！

從他的長期病史、日常生活與事發現場的情形來看，我們實不難重構事情發生的完整拼圖：當晚的法會，想必使法師過度勞累，半夜入眠中，法師忽覺心臟強烈不適，連忙打電話向張碧君求援。依常情想想看：若是兩人間有任何曖昧關係，法師會公然於半夜打電話，且讓張家人都聽得到電話聲響嗎？那未免也太笨拙了吧！碧君接到電話後，立刻騎機車飛奔而至，上得樓來，機車鑰匙放在一旁的床頭，連忙呼喚法師，這才發現到法師已毫無氣息。半夜猝然面對亡者，而亡者又是自己敬愛的師長，想必內心受到極度衝擊，既哀痛，又恐慌。在恐慌中匆忙奔下樓來，放下鐵門外出，才忽然想到遺留在床邊的機車鑰匙，於是顧不得鐵門行將落下，又急急衝進去，就這樣被鐵門重壓，窒息而死。

法師生平熱心公益，爲朋友或信衆事，都可以義無反顧，兩肋插刀。他更對那些職差勞苦、隱藏許多不測變數的基層員警，深生悲憫之情，所以生前最常以「菩薩心，警察行」之勉語，爲警察打氣，並僕僕奔勞，有求必應地爲他們開示法要，誦經祈福。法師平日快人快語，在他身上少見一般修道人常見的溫吞毛病，反而多了一份俠義的真性情。這使得他無法顧及病體的沉痾，繼續透支體力心力，奔勞於法務之中，這樣一來，也就加速催化了他的病情。

筆者過往也耳聞法師對筆者平日在教界與社會的作爲，頗爲謬賞，但總是緣慳一面。直至筆者於兩年前掀起「佛誕放假運動」，兩人才有了睹面相逢與共處共事的經驗。

歷來從事革命大業的同志們，同患難誠屬不易，共安樂則猶困難。這樣的人性法則，在該次運動的一些參與者身上，也同樣獲得了驗證。運動愈是接近成功，筆者就愈是驚訝地發現到：名聞利養是如此地消磨著修道人的靈性。心性不成熟的人，一旦成爲修道人士，就更容易因爲被神化，或被追隨者寵壞，而敗壞了自己的靈性。他們常思不勞而獲，或是在共同奮鬥的過程中，試圖渾水摸魚地撈點外快，或是在功成之後不思身退，還妄圖晉身成爲能呼風喚雨的「領袖」級人物。在幾個「多了權謀而少了真誠」的當兒，文德法師像一塊樸拙的瑰石，讓筆者看到了他對名聞利養的「免疫力」。他與我們一道兒披星戴月，南南北北奔走以勸進大老，整合佛教力量。等到事情成功之後，也與筆者一道兒急流勇退，樂意爲教中大老敲敲邊鼓，跑跑龍套，而不耽著在聲名排場之中。這在當日共事的比丘們中，算是非常難能可貴的了。

而他對女眾的平等心，在普遍大男人心態的比丘群裡，就更顯得極其「異數」。佛誕運動期間，我們走訪花蓮證嚴法師，試圖遊說其支持「佛誕放假」的主張。當尼大姊們與證嚴法師互相頂禮之時，文德法師也一道兒頂禮證嚴法師，這一自然流露的謙遜風範，竟然引來一旁某位青年比丘的訶責，而這位青年比丘平素還以「提倡人權」自矜，此刻卻是大剌剌地接受了證嚴長老尼的禮拜。相形之下，如何不令筆者對文德法師的「平等堅持」肅然起敬！

本年三月底，筆者籌備印順導師壽誕學術研討會，臨時因應達賴喇嘛的到來，發起了一場「達賴喇嘛加油——廢除八敬法」運動，藉機凸顯佛門男性優惠條款的無理。這場運動，是如此即刻而猛烈地踢到了既得利益比丘們的痛處。想來又尷尬，又憤怒的他們，當日雖凜於輿情而不敢吭聲，但稍後會對筆者展開全力的反撲，亦屬勢所必然。

平心而論，許多有平等心的長老與比丘們，是對此一男性優惠現象有所微詞的，但要他們站出來說句公道話可就難了，因爲他們所須面臨與承受的同性修道者責難的壓力，遠非我們之所能想像！所以不合理現象雖早已是既存事實，他們卻大都緘默以對。

文德法師就不然。他只問事情的大是大非，卻不顧忌自己的處境。所以他雖修習藏密，對筆者以凌厲筆鋒掃到藏傳佛教領袖達賴喇嘛，倒也不以爲忤。更重要的是：他竟敢單獨面對比丘們的指責、抵制與詆毀，於「宣告廢除八敬法」之當日，與其餘七位四眾佛子臨時被筆者請到台上，毫不遲疑地當眾撕揭下「八敬法」的其中一條——「比丘尼不得罵謗比丘」。

也正因爲他的表情是如此的自然而愉悅，或因他以一個既得利益者之比丘身份，竟能代女眾而作不平之鳴，因此他的動作，格外引人注目。此所以當日晚報與次日的某大報，都不約而同採用了他撕揭條文的照片。照片中的他，笑得如此燦爛。這燦爛的笑靨，乃在我的心底，留下了永恆的影像！

十月一日，法師的追思讚頌大典，將在佛光山台北道場隆重舉行。想到法師在倉促之間遠離了我們，漫長的佛教改革道上，革命同志又弱了一個，思之如何能不怛惻！俠情義骨的文德法師，在彼岸的慧日德光之中，倘照見此土眾生的苦難，想必是無法長期安忍的！期待他鍛練得更好的身手，在不久的將來，迴入娑婆，再度加入人間佛教改革與建樹的行列！

九十年九月二十九日，于尊悔樓

——九十年十月二日，簡縮版刊於《人間福報》

下編

菩薩典範
——大德居士

郭朋老居士生平簡介

郭朋老居士，曾用名郭雲章，一九二〇年生，祖籍河南唐河。早年在家讀私塾，一九三四至一九四八年在河南桐柏、北京、開封、西安、重慶等地寺院或者佛學院爲僧、學法。一九四八年到正定華北大學，旋入平山黨校、華北人民教育部學習、工作。五〇年代先後在北京市民政局、中央統戰部、中國佛教協會、中央民委、國務院宗教事務局任職。一九六四年到中國社會科學院世界宗教研究所工作，爲研究員。佛教研究專家，主要著述有《壇經校釋》、《印順佛學思想研究》、《中國佛教史》、《中國佛教思想史》、《太虛思想研究》。[1]

郭老居士早年親近印順導師於漢藏教理院，導師在《平凡的一生》中提到：「寫作而自己出版，要有經費，而我是沒有錢的，那怎能出版呢？……性覺（俗名郭朋）、續明去西康修學，遇到一位虔信佛法商人叫史建侯，二人稱譽我，並說到我的『攝大乘論講記』，因而引起史居士的發心，樂助這部書的出版費（法幣拾捌萬元），我才能在漢口出版了這本書。」

---

1 以上郭老居士簡介，摘自中國社會科學院世界宗教研究所網站。

郭老不但助成了《攝大乘論講記》的出版，而且對導師的敬愛之情，隨歲月之年增而慕懷愈增，雖因兩岸睽隔，無法常侍座前，但每談及導師，即不勝涕泣。曾撰寫五百多頁的專書：《印順佛學思想研究》，並於二〇〇〇來台參加印順導師九秩晉五壽慶研討會，發表〈「印順思想」——具有劃時代意義的佛學思想〉，二〇〇二年十二月間，復因思念導師甚殷且久，迺由張新鷹教授陪同，遠從中國大陸來台灣花蓮慈濟功德會禮座，甫見導師，立刻悲欣交集，涕泗縱橫，在場者深為之動容。

本（二〇〇四）年六月三日，郭老因患膽囊癌醫治無效，於北京辭世，享壽八十五歲。遵郭老遺囑，一切從簡，不發訃告，不舉行告別儀式，只有少數親友送他走完最後一程，喪事已於六月五日辦理完畢。

郭老住院期間，時常念誦印公導師，一次，因想念印公而忽然失聲痛哭，家人從未見其如此動情。彌留之際，郭老於恍惚中稱：「印公來了，飛機已經到了，我要坐輪椅去接他！」其對印公道情之深切，有如此者。[2]

——刊於九十三年八月第七十期《弘誓雙月刊》

[2] 以上郭老居士往生情景，摘自張新鷹教授六月七日致昭慧法師函。

獨留情義落江湖

——敬悼李元松老師

盡日尋春不見春，芒鞋踏破嶺頭雲；
歸來笑拈梅花嗅，春到枝頭已十分。[1]

一代佛門英傑李元松老師（出家法號淨嵩），已於二〇〇三年十二月十日（農曆十一月十七日彌陀誕）下午，在眾弟子唸佛聲中，安祥示寂，世壽四十七歲。

元松生於一九五七年五月二十四日，籍貫台北縣石碇鄉，早年即對宗教與哲學深具濃厚興趣。十三歲，隨父母信仰一貫道，熏習中國文化之儒學精華及禪道思想。一九七五年以後，廣泛閱讀現代學術著作。一九七九年自軍中退伍後，開始浸習當代佛學大師印順導師之《妙

1 本禪偈相傳為唐朝無盡藏比丘尼所作。

雲集》系列著作，以此因緣，轉而專攻中觀哲學。

一九八三年，獨自深入止觀，工作之餘，每日打坐，尋伺勘破生死之道。一九八八年三月，走入佛教界，倡導「止觀雙運」與「本地風光」兩門禪法。一九八九年四月，爲從事佛教改革運動，與早期從學弟子一同創立「現代禪」教團，開辦各種禪修課程，指導學人修行，並陸續創辦雜誌與網站，卓有成效。一九九六年七月，創建象山修行人社區，弟子陸續舉家遷入，安居樂業，精進修行，成爲國內第一所具有典範意義之居士群落、都會叢林。著有《經驗主義的現代禪》、《阿含・般若・禪・密・淨土》、《古仙人道》……等十餘部書，言論深受海內外教界與學界之重視。

元松一生俠情噴湧，意興風發，無論對佛教、對師友、對弟子，率皆情深義重，無限付出。基於對佛教愛深責切之心，往往針對法義、制度與修持理念之重大問題，與佛教界進行論辯。然而針對自己過往之所有言行，亦真誠以嚴格檢視之，一旦發現有所差失，立即斷然以今日之我，向昨日之我挑戰。此一光明磊落之禪者胸懷，深得識者之高度敬重。

元松因深徹之禪修體悟，而發爲強烈之自信，頗有「千山獨行」之壯闊氣概，故形成勇健卓絕、孤峰獨拔之學風。然而元松生性謙沖，頗能納諫從善，近年來更以大開大闔之器度，斂其鋒芒，引領現代禪弟子眾等，極力融入佛教傳統文化。先是肯定中國傳統宗派之歷史價值與修道意義，並自署名為「信佛人」，歸依彌陀本願。其次對「人間佛教」之菩薩典範，亦致予高度之推崇焉。迺進於二〇〇一年四月二十六日，歸依於印順導師座下，法名「慧誠」。厥後更與慈濟師友、弘誓學團攜手合作，破妖氛以正氣，挽狂瀾於既倒。大智大勇，功莫能名！

余早在一九八九年後，已在教界初聞元松居士之盛名，雖鮮有晤談因緣，卻早已互為相知相惜之諍友。二〇〇一年四月以後，更與元松暨現代禪諸佛友密切交往，並有相與共事之因緣。自茲承受元松與現代禪對余個人、弘誓學團與關懷生命協會之大力護持。以現代禪無償贊助學團相關單位使用台北會館乙事而言，元松不但熱切促成，更且親自督陣，全面裝璜，必欲令常駐此間以工作兼養息之法師居士，生活環境安穩舒適。尤以筆者棲居之觀音小築，舉凡一草一木，一几一椅，一台燈座，一幅壁畫，一塊木刻，一方小池，無一非出自元松嘔心瀝血之設計、監工與添購。「所費不貲」四字，已不足以道盡個中情誼。凡此恩義，歷歷如在眼前，思之倍深惻怛！

元松與余，雖然一僧一俗，卻常忘其形跡，情同姐弟。元松性情豪邁，每以「師姐」相稱，余雖感覺此一名相易產生「在家女居士」之錯覺，予人驚世駭俗之感，因此頗不能適應，然亦體察元松之心，認為非用此一稱謂，不足以與兩人之道誼相稱，故爾隨緣笑納，而不刻意予以糾正。

元松與余，無論佛學思想抑或行動路線，異質性均極高，迺能求同存異，深交莫逆，是誠佛陀之「緣起」教法有以使然，亦印公恩師「學尚自由，不強人以從己」之典範，令余二人心嚮往之。元松與余皆係修行中人，自是以「道」相互期勉；由於深交莫逆，自是減除疏遠所產生之種種客套。故爾雖求同存異，偶亦不免於共事中，因思想或做法上之意見相左，而產生激烈之爭辯，然皆無損於相知相惜之情義焉。

元松出身寒微，幼少之年，已爲生計而歷盡艱辛；及至青壯，又爲修道而長年苦參淬煉；邁入中年，復爲培養具德之大修行人，以期異時能以建全之團隊，樹正法幢，擊大法鼓，乃將全付心血澆灌於弟子之修持指導與生活教育，每爲教團法務而席不暇暖，終至積勞成疾，體力耗竭，迺於二〇〇三年五月下旬以後，電告於余，謂將暫辭世緣之紛擾，閉關潛修。

十月十六日，元松向教界發公開函，再度以今日之我向昨日之我，作最嚴厲之挑戰，並向諸佛菩薩、護法龍天、十方善知識、善男子、善女人，表達至誠懺悔之情，余拜讀後，爲其日月昭朗之行跡之所震撼，連忙去電中觀書院，欲請禪音法師代爲轉達余之感動心情。元松於關中靜修，久已未接任何電話，是日正巧下樓取藥，聞電話鈴而順手接聽，乍聞余之音聲，連歎「恍如隔世」。元松氣息微弱，聲量極小，生命力似漸形枯萎，十餘分鐘之交談內容，宛若交代若干後事，凡此種種，令余頗有不祥之預感。

元松於公開函中復宣誓云：「至心發願往生彌陀淨土，唯有『南無阿彌陀佛』是我生命中的依靠。」爾後又率領現代禪教團全體弟子，至心歸命三寶於淨宗大德慧淨法師座下，並以大喜大捨之心，立即禮請慧淨法師駐錫中觀書院，領導現代禪教團。期間並反覆垂示弟子：「淨土是眾生最後的依歸，要一心念佛，行有餘力，要弘揚彌陀本願。」

二〇〇三年十二月十日，舊曆十一月十七日，適逢彌陀聖誕之期，下午三時，元松於弟子眾等之唸佛聲中，安詳示寂。信佛人選在彌陀誕投入彌陀願海，誠可謂是願無虛發，求仁得仁！

元松示寂之後，教界與學界師友聞訊，哀悼至深，九八高齡之元松恩師上印下順長老，贈以「淨德昭彰」之輓詞焉。元松於海內外佛教界之追隨者與孺慕者眾，然而弟子謹遵師囑，後事一切從簡，遺體予以火化，弟子眾等於中觀書院隨侍唸佛四十九日。際此追思唸佛期間，弟子眾等屢見種種瑞相，咸信應係元松慈悲，欲令弟子對淨土法門斷疑生信，並轉哀戚之情而為向道之念。

元松嘗言：「是非真假已忘卻，獨留情義落江湖。」自其夙昔光明熾烈之菩薩心行以觀，想必不忍於上生安養之後，長棄五濁眾生於江湖之中。是以祈願元松，早早修至阿惟越致，迴入娑婆，作獅子吼，轉大法輪！

既傾宇宙之全力，活在眼前之一瞬，敢問元松，即今舉揚佛號一句，又作麼生道？

應當發願願往生，客路溪山任彼戀；

自是不歸歸便得，故鄉風月有誰爭？[2]

佛曆二五四七年，歲次癸未十一月廿十日（公元二〇〇三年十二月十四日），昭慧敬撰

（本文〈獨留情義落江湖〉之刪節版，十二月十五日於自由時報「自由廣場」同步刊載）

---

2 民國印光大師題無錫開元寺念佛堂。

生命勇者的最後一程！

——敬悼慧英師父

性廣法師令慈，學團師生所尊敬的慧英師父，已於九十四年九月二十六日凌晨二時四十五分，在慈濟醫院新店分院心蓮病房正念分明，安詳往生，世壽六十九歲，僧臘、戒臘十夏。遺願求生彌勒兜率淨土，矢志學成再來人間，度化有情。

慧英師父俗名曾錦文，與性廣法師母女相依爲命，生性樂觀，勤儉持家。自性廣法師出家之後，雖百般不捨，卻轉而認真學佛，參加佛七、禪七，修持不輟。師出錢出力護持女兒辦道，成爲本院的重要護法，並於民國八十四年三月二十九日於汐止靜修禪院上玄下光長老尼座下披剃出家，同年十二月，於新竹市玄奘大學三壇大戒會上，依止得戒和尚上了下中長老，進受具足戒，成爲戒行莊嚴的比丘尼。

民國八十五年九月，學團擬於觀音鄉大同村購地建築校舍，慧英師父乃發心將其以畢生辛苦之血汗錢，所購置的兩棟房宅捐贈出來，作爲購地的第一筆基金。雖只賣出一棟，另一棟也已交由本院全權處置，擬於九十四年本院二期建設計劃出爐之後，尋求買主，添作二期建設基金。

師雖爲院長之母，卻謙卑自持，勤作寺務。自奉甚儉，卻樂善好施。九十四年三月以後，師覺疼痛不適而求醫進藥，惜未發現其已罹癌。至七月七日，於台大醫院診斷，確認是末期大腸癌。師不願接受手術與化療，乃在法源講寺真理法師之指導與協助下，採用生機療法。法源講寺住持寬謙法師並慈悲提供前任住持覺心長老之療房，請師暫將常住事務萬緣放下，前去療養。

師於療病期間，拒用止痛之藥，一心一意以正念力面對病魔，願以殘生護持三寶。因其性格堅毅，故即使於極痛之時，亦只是微發呻吟，在性廣法師與學團心住、心淳二師之悉心照護與扶持下，時而暫臥還起，減緩疼痛不適之感。對周遭師友之訊問關懷，誠摯感恩。

九月二十一日，師自知已病入膏肓，乃同意作安寧療護，遂在慈濟醫院林碧玉副總執行長協助之下，送往慈濟新店分院心蓮病房。師不再對抗病魔，但求往生彌勒兜率淨土，並矢願再來人間，度化有情。性廣法師知其平日誦念觀世音菩薩聖號，乃建請其一心專念觀音聖號，懇請菩薩慈悲護念，滿遂所求，接引其至兜率內院。

九月二十四日下午，心住法師於看顧師之空檔，至病房外十餘公尺遠之「菩提居」（心蓮病房內所設置之佛堂），虔念《地藏菩薩本願經》，爲師迴向。師雖全不知其所爲，卻在其念畢迴向之同時，向余與性廣法師輕聲說道：「地藏菩薩就在床前。」

晚間，因極不適而欲起身坐在輪椅。心住法師將師從床上抱起，安頓於輪椅上，師坐穩後，竟環抱住心住法師，無限疼惜地撫摸其頭與肩背，良久之後，復將立於左側之性廣法師與立於右側之筆者與張麗雲，亦一起環抱在其枯瘦手臂之中，輕輕撫摸。吾四人淚流滿面，隱約知道師在透露臨別訊息。

九月二十五日凌晨二時，師將性廣法師喚起，平靜地與其訣別，並憶述母女相依爲命之點滴往事。

上午，性廣法師親爲師剃髮更衣，學團師生前來探視，師竟堅持穿上長衫，端坐病床，一一向學團師生握手告別。並強忍病苦，依吾人爲其播放之「南無觀世音菩薩」聖號，一句一句伴隨誦念。

九月二十六日凌晨二時四十五分，師在心蓮病房，於正念分明之中捨報安詳，往生淨域。方外女釋性廣帶領僧信二眾隨侍在側，親視含殮，謹遵佛制與師遺願，助念往生兜率淨土。

謹擇於民國九十四年十月十六日（農曆九月十四日）星期日上午八時，就本院舉行法眷報恩禮讚，九時舉行追思讚頌、公祭法儀，隨即啓龕發引至中壢市立火葬場舉行荼毗禮，迎靈奉安於新竹市法源講寺華藏寶塔。

謹此感恩花蓮靜思精舍證嚴法師、林碧玉副總、慈濟醫院新店分院蔡勝國院長、喬麗華主任秘書，暨賴俊隆醫師、吳維珊護理長、護士吳秀燕、廖宜珍、陳映雪、陳嘉琪、護佐許家芸等心蓮病房中之諸位醫護仁者，對慧英師父之病情極爲關注，並給予極殷重之醫療照護！

謹此感恩花蓮慈善寺達瑩長老尼、照旭長老尼、台中慎齋堂普暉長老尼，不但前來探視慧英師父，爲其備妥往生衣物、鞋襪、被具，並且帶領徒眾爲師辦理移靈、入殮、追思讚頌等一切後事！

謹此感恩陪同慧英師父抵抗病魔，並允將師遺骨舍利入厝法源講寺塔院之中的真理法師、寬謙法師、仁慧法師與法源講寺眾位師父。

謹此感恩三個月來探視慧英師父以及師往生後前來悼唁的所有長輩與師友同道！

南無　當來下生彌勒尊佛！

——刊於九十四年十月第七十七期《弘誓雙月刊》

菩薩躍然活在當前

——側寫林義雄先生

一月十五日，感冒未癒的林義雄先生頂著風雨苦寒，與諸核四公投志工，前往國民黨中央黨部，爲核四公投、立委減半等「誠信立國」之訴求，參與「禁食一二〇」活動，絕食靜坐二十四小時。在此之前，一月十三日，筆者也以核四公投志工的身份，絕食靜坐了一整天。

議題可貴，過程亦然

靜坐一整天已非易事，吾人的心平日習慣動盪，剛一靜坐，不是過於高亢（佛經名爲掉舉），就是過於低沉（因此會有昏沉現象）。初學靜坐時，往往因心緒紛飛，無法安止，腿子又疼痛無比，而讓人感覺痛苦難忍，更何況還加上一整天的空腹呢！這對每一位參與者而言，都是嚴格的生命鍾鍊。

筆者長期投身社運，參與過各種形式的群眾運動。此中，遊行、演講、高喊口號，最能帶動群眾高亢的情緒，也因此被用得最爲頻繁。但作爲一個必須情緒平穩、張揚理性的修道人而言，置身其間總有極大的不適應感，有些時候還甚至會感覺靦腆。

唯獨義雄先生所設計的活動——靜默苦行，靜默端坐，從頭到尾沒有激情，沒有喧嚷；遇事沉著而彬彬有禮的志工們，則隨時護衛著參與者的人身安全，並維持著隊伍行止之間的井然秩序——這種「非武力抗爭」的形式，讓筆者最感投契。有時參與這些活動，反而讓冗務纏身而案牘勞形的筆者，得以暫時放下萬緣，專注地在行止之間觀照身心。所以，每回參與核四公投促進會的苦行或靜坐活動，內心都對義雄先生以及志工朋友提供給筆者這樣良好的「修行」機會，充滿著感恩之情。

台灣社會當然都知道，義雄先生是「核四公投」運動的靈魂人物。結合著環保與民主的雙重信念，他創造了「核四公投」這樣的社運議題。但這不祇是一樁「議題」，更重要的是，他默默主導著一個「公民自覺（自決）運動」。運動的過程不再祇是爲了達成目的，即連「過程」本身，也都充滿著公民自覺（自決）的教育意義。

締造新的台灣文化

他感召著一群人，捨除亢奮的吶喊、激情的動作，而與他一同餐風宿露以苦行、靜坐。

就在這樣「苦其心志，勞其筋骨，餓其體膚，空乏其身」的過程中，「動心忍性，增益其所不能」，培養出了「由自覺而自決」的堪能性。

筆者認爲，未來台灣的社運史上，不但義雄先生所主導的社運「議題」，必將入於青冊，即連他所設計的社運「形式」，都値得鄭重地記載下來。義雄先生是「開風氣之先」的人，他在締造著一種新的台灣文化，透過運動的議題與形式，讓參與者不祇是共同樹立一個願景，共同朝向一個目標，而且就在每一個富有意義的過程之中，鍾練出了堅毅卻又兼具柔軟、理性卻又兼具仁慈、互助合作卻又兼具自由心靈、平等互動而又兼顧秩序與禮儀的國民品格。

他當然知道群眾可能會犯錯，但他不像許多以「政治菁英」自詡的人一般，譏嘲公民自決爲「民粹主義」，將政治定位爲一群被揀選的少數人方能從事的「專業」。因爲他更清楚一點：「一群被揀選的少數人」更容易因共同利益的考量，而犯下背叛人民的嚴重錯誤。全民直接民主落實到操作層面，當然有其困難，代議式的間接民主勢不可廢，那麼，公民自決，就成了「一群被揀選的少數人」犯下嚴重錯誤之時，必不可少的救濟手段。

也因此，他選擇了「人跡較少」的一條路，那就是讓全民由「自覺」而「自決」的啓蒙之路。即使公民自決仍有可能犯下錯誤，他依然反對因噎廢食，將命運託付給任何一種形式的「救世主」。他讓人們在自覺教育的過程中，培養出正確判斷的信心與能力，好減少「公民自決」的錯誤機率。這宛如佛陀的覺性教育，提醒人們「自依止，法依止，莫異依止」，強調人人都可透過正確的訓練途逕（八種「正道」）而「證覺」。

打破「救世主」的迷思

由自覺而自決的全民教育，就先從核四公投的志工做起。義雄先生以身作則，以志工之一員自居。他當然知道，假使借力使力，運用自己的社會聲望，將光環集於一身，這將可更迅速地達到效果；但這樣便宜行事，卻會把他自己推向另類「救世主」的寶座，這會妨礙「由自覺而自決」的教育進程。因此他防微杜漸，拒絕成爲鎂光燈的焦點。只有輪到他當值星官的那一天，才依值星官之職權發言，平日即使麥克風堵到嘴邊，他還是拒不發言。

記者報導核四公投新聞之時，見到這種情況，總是下個註腳說，義雄先生非常「低調」，言下之意，好像他有什麼顧忌，所以不方便說話似的！其實，接近他的人都知道，他一向既無「高調」也無「低調」，他只是個真誠的「如實語者」。他的言論固然字字真切，他的緘默，同樣也是「呈現真實」的無言之教。他以身作則，遵守制度，「做什麼就像什麼」，不是召集人或發言人，就決不喧賓奪主。不因人民對他愛戴，社會對他敬重，而就順水推舟地被定格爲「救世主」。所以，其緘默的可貴處在於民主風範，而不在於「低調」。

如實語的眞情供養

他對任何人說話，都情真意摯。但如果「情」與「真」不可得兼，他會斷然選取「真實」。有一回在宜蘭舉行核四公投苦行，在羅東運動公園休息並分享心得時，一位參與苦行的青年學生發表感言，盛讚「林前主席」（指他是民進黨前任黨主席）的人格偉大，不料義雄先生回應他時，竟然率直告知：「剛才你有一個非常錯誤的示範：你叫我『林前主席』。我們這個社會很奇怪，一大堆『前』，前總統、前院長、前部長什麼的。下台就下台了，哪有什麼『前』不『前』的？」

這就是重視「諸法實相」的義雄先生，筆者不止一次發現，任何人對他的揄揚之詞，他都不會卡在「情面」上而默然接受，一定會將那些「不如實」的部分，率直地加以糾正。你可以說他「不近人情」，但筆者更覺得：這就是他對眾生的真情所在，他將如實的觀照，化約為智慧的直言，作為對人們的真情供養。

怨親平等的菩薩情懷

慈悲、希望、愛，這是義雄先生創辦慈林文教基金會的一貫宗旨，而這也是他對任何人、任何政黨與任何族群的一致表現。有一回參加反核遊行，走到半途，遠遠看到前面地上攤著一大幅國民黨黨旗，寬及整個路面，準備讓遊行群眾踩踏而過。筆者看了正在爲難，因爲筆者一向堅持，不在言行舉止間，讓任何人或任何族群有受到羞辱的感覺。這時，走在一旁的義雄先生也開口了。他率直地要求主辦單位撤掉這面黨旗。過沒多久，傳話的人回來告知：現在已來不及作業了。他聞後神情頗爲凝重，走近之時，他斷然從旁邊繞過，絕不踩踏在旗面上。筆者因此如釋重負，尾隨其後而從旁繞過。

本次爲了公投議題，義雄先生兩度面見國民黨主席連戰先生，連先生呼他爲「老朋友」，他也立刻真誠回報以「老朋友」的情誼，在第二次會面談論公投事宜之時，順便把小孫子的照片也拿去給連先生看。

多少家破人亡的政治受難者，只要講到「國民黨」三個字，就忍不住咬牙切齒。而義雄先生曾經承受過國民黨政權酷烈的身心摧殘，三代骨肉至親的血海深冤，更是讓他刻骨銘心，然而他卻斷然拒絕踩踏國民黨旗，並回報連先生以「老朋友」之真情，這兩個細膩動作的背後，透出的是何等寬厚與仁慈的情懷！

慈林台北會館客廳牆面掛著一幅《大方廣佛華嚴經》「迴向品」的經句，書法勁拔有力：「我應如日普照一切，不求恩報，眾生有惡悉能容受，終不以此而捨誓願，不以一眾生惡故捨一切眾生，但勤修習善根迴向，普令眾生皆得安樂。」

義雄先生讓經典中的菩薩摩訶薩，躍然活在當前。他的「非武力抗爭」，止於理念之爭，「非武力」已預設了「護念生命」的前提，其抗爭依然是爲了「護念生命」。他超越了族群、黨派、性別、階級乃至物種的藩籬，怨親平等地疼惜著每一個生命，每一顆心靈。他不但以「由自覺而自決」的言教，更以「慈悲、希望、愛」的身教，讓我們見證了菩薩道的真實不虛。

九十三年一月十九日凌晨，于尊悔樓

——刊於九十三年一月二十一日《自由時報》「自由廣場」

「典型在夙昔」？

十月九日起，筆者在中國大陸展開了一趟爲期十二天的「學術之旅」——在天津「弘一大師圓寂六十週年學術研討會」上發表論文；拜會上海復旦大學宗教研究所所長王雷泉教授，北京中國社會科學院世界宗教研究所副所長張新鷹教授、社科院佛教研究室前主任楊曾文教授、現任主任方廣錩教授、副主任魏道儒教授，中國人民大學佛教與宗教學理論研究所張風雷與宣方教授，並蒙是諸學界前輩或同道之邀，在上述三個學術單位做了四場學術性的演講，講題有理論層面的，也有實務層面的，涵蓋了佛學研究法、倫理學、戒律學、台灣佛教女性運動與台灣佛教現況等範疇。

這次雖是學術之旅，基於佛弟子「不忍聖教衰」的心腸，最關切的其實還是大陸佛教的發展情形。儘管所見可能過於片面，不足以論斷全局，但還是要以宗教人的情操與知識份子的良知，真誠地將所見所感，向讀者分享如下：

簡繪佛教學者群像

在大陸拜見的幾位學界前輩與同道，筆者此下依先後順序，粗略描繪一下對他們的印象：王雷泉教授坦率直言，而且對佛教有一種「老臣謀國」的忠誠；他深知「中興以人才為本」，所以雖然教務繁重，他仍僕僕風塵地往來於內地各佛學院，向僧眾教授天台學與宗教學。從他與筆者閒談之中，所表達對某位大陸知名文學家「風骨不足」的評價，也可看出他以一介「獨立學者」，對社會現況持有一種敏銳而犀利的批判精神。

張新鷹教授涵蓄內斂，對佛教保持一種作為學界人士所應有的、謹慎而禮貌的態度，但這不代表他對佛教界沒有一份深厚的關切；猶記得筆者在社科院的演講題目是「佛教界的女性運動——理論依據、行動策略與運動實效」，他聽完了具有如此強烈批判意識的演講之後，不但不以為忤，反而語重心長地說：「今日的台灣佛教，或許就是明日的大陸佛教。」事後並來函告知筆者：「佛教作為中國傳統文化的重要組成部分，是我們在現代化進程中必須重視和善用的寶貴精神資源，這就是我們何以如此關心其現狀及發展並願意傾聽臺灣佛教界、學術界有關見解的主要原因。」

同一研究單位中的老前輩楊曾文教授，有一種古之儒者溫柔敦厚的氣質，但基於學術良知，再加上山東人爽直的性格，還是會表達一些自己對佛教界的觀察與評議。他對台灣的「廢除八敬法運動」，就曾於五月六日蒞臨佛教弘誓學院公開演說之時表示：學界人士不便介入教界行事，但有「下判斷」的能力。他並公開撰文，對筆者的「佛門兩性平等」運動給予極高評價，並認爲大勢已因此形成，不可能再逆轉過來。這給了筆者極大的精神鼓舞！

北京中國人民大學宣方教授，可能因爲年紀較輕，在生命中沒有經歷過文革的陰影，所以熱情耿介，對佛教現況，更是直言無諱。據他告知：在漳州有一場佛教界所舉辦的學術研討會，他「哪壺不開提哪壺」，竟於會上力陳「廢除八敬法」之意義。他敘述此事時，對自己所碰到的無禮待遇，顯然也不以爲忤。我笑言：「世道人心就是如此！」在台灣，又何嘗沒有少數比丘尼忙著與筆者的女性運動劃清界線，並向大男人比丘表態輸誠呢？

知識份子的憂患意識

總的來說，這些學者讓我感佩的是：他們顯然有一種作爲中國知識份子強烈的憂患意識，無論是對於他們所研究的中國佛教，還是對於他們所置身其中的中國社會，都有高度的關切與愛護之情。特別是，中國社會無論是在政經局面或在思想文化方面，都已面臨劇烈的變動，相對於此，中國佛教的內部，似乎還極少人意會到：他們站在這個歷史的轉捩點上，應該做些什麼明確的思想改革或制度改革，期以復興教運？這讓護念佛教的學者不能不產生某種程度的焦慮感！但是，由於過往特殊的政治背景中，學界人士對佛教會發出些不友善也不公允的言論，所以至今佛教界倘遇到學界的批評，還是難免會有強烈的「被迫害意識」；而學者們帶著前人犯錯的「原罪意識」，即便是想發出一些善意的批判，話到口邊也只得禮貌地強忍下來。

然而，當局者迷，旁觀者清，一群有宏觀世局之眼光的學者，假使客氣地噤聲了，長遠來看，這會是對佛教有利的局面嗎？僧侶們怕被學者諍言「刺痛」的心理是可以理解的，但是自來忠言難免逆耳，在每一人或每一團體自我修正以成長的過程之中，誰不須要「察納雅言」以付出「被刺痛」的代價？怕痛，恐怕不是什麼好事！

退一步言，即便有些學者的批評是不公道、不如實的，佛教又何妨抱持「有則改之，無則加勉」的心胸來看待它們？即便是針對不實言論而加以反駁，也好過端出「僧事僧決」的帽子，或是譴責「白衣上座」，以十足的階級意識，拿來杜人悠悠之口。即便他們竟把學界諍言，一概當作是敵意之論，也要謹記住「無敵國外患者，國恆亡」的古訓！太過安逸而又欠缺監督的環境，對佛教長遠的前途來說，實在不是什麼好事！

一切歸咎宗教法令？

記得十月十九日在人民大學的那場演講之中，宣方教授回應筆者的演講時，問到筆者本次大陸之行，於所見所聞之中，對中國佛教的看法。筆者基於愛深責切之情，乃不敢隱諱，直抒所見的「片段觀感」云：

我昨晚在北京搭計程車時，司機先生的一席話讓我感觸良深！他說：「我真想參加天主教的彌撒，聽聽神父們講道。到寺廟裡，進門要買門票，進來之後，給你幾隻香，上香之後，叫你丟二十塊進功德箱，也看不見有誰給我們講講道理，這有什麼意思？」這是社會底層人民心聲的一小部分縮影，佛教中人似應重視。

也許這種愛深責切之論，實在是太過直接而毫不修飾，不小心刺到了少數愛教人士的自尊心，當場立刻有人反駁筆者：你不瞭解中國佛教，中國佛教事實上是受限於宗教法令，無法像台灣佛教一般揮灑自如。

筆者當即反問：即便是受限於宗教法令，但請問：在宗教法令所容許的範圍之內，佛教又盡到了全部心力嗎？是的，宗教法令不容許在宗教場所以外的地方傳教，但是在它所容許的寺院範圍之內，為什麼會出現那位司機先生這般的怨言呢？

其次，研究宗教的人都知道：歷來宗教倘真遇到政治迫害，只有更加團結，更加壯大，但佛教呢？中國過往的宗教政策容有過失，但如今對佛教大體來說還沒構成「迫害」，而且頗有善意扶持的傾向，請問：我們還能把教運不振的責任，都一股腦兒怪罪於政治力的干預嗎？

再者，宗教政策容或有所不當，那麼，佛教界正應努力爭取其改善空間。要知道：權利是要靠自己爭取來的，不會是從天上自動掉下來的。

發言者反駁筆者云：「這會有危險！這樣不安全！」

筆者至此忍不住略帶嘲弄地反問道：「是嗎？你們在意的就是不危險而很安全？如果人人如此，那就不要怪罪宗教政策了。」

佛教的慧根何在？

也有人以「衣冠上國面對邊陲之邦」的高姿態告訴筆者：「未來佛教的慧根一定是在中國而不是在台灣。」

筆者心平氣和地答覆他：「我是以『無私無我』的心態來到此地面對大家的。即使是對台灣佛教的負面現象，我也直言不諱。『革命不是請客吃飯』，復興佛教的艱鉅工程，就更不是請客吃飯，講些應酬的門面話，是沒什麼意思的！我對大陸佛教的觀察，容或片面而不夠周全，但我的善意則請萬勿懷疑！即便大陸佛教與台灣佛教有些差異與矛盾，但那也應屬『人民內部的矛盾』，而非『敵我的矛盾』，你毋需用如此防衛的態度來回應我。

「我十分樂意見到大陸佛教比台灣佛教更爲強大而興盛，這不但是佛教之福，也是眾生之福！但是我希望你不要用『宿命論』的方式，作些毫無理據的預言，那是不符合『緣起論』的。我衷心希望你的預言成真！但未來佛教的慧根在不在中國大陸，這要看你們的努力，而不能徒托空言！而且，時不我予！司機先生的話，猶如一記警鐘！我不希望看到那麼一天，中國大陸已有十億人口選擇了放棄佛教，屆時，你的『未來佛教的慧根一定是在中國』之論，要等著應驗也來不及了！」

宗教當局的善意態度

筆者是一個「佛教主體性意識」非常強烈的佛弟子，一向對佛教中人「抱住特定政黨大腿」而錦上添花的作風，都表達著筆者銳利的批判態度。直至如今，對於任何政黨，只要他們對佛教有不友善之舉措，或是其政策有損於社會良善風俗或弱勢眾生，筆者一概是筆下毫不留情的。對台灣政治所抱持的態度尚且如此，更何況是對那「天高皇帝遠」而「管」不到筆者的共產政權呢？

但是，容筆者說一句中國佛教僧伽可能會甚覺「刺耳」的話，在筆者所接觸過的中國大陸宗教當局官員之中，已有越來越多人對佛教發出了強大的善意，並且近期還透過基層培訓的方式，讓地方基層的宗教官員，改變他們過往對宗教的倨傲態度，強調要正面地「幫助宗教解決困難」。

即便是站在「政權利益」的角度以考量宗教，他們也已知道：行事正當而非暴力主義的宗教，對於社會秩序的穩定，良善風俗的維繫，苦難同胞的救護，都是具足穩定性力量的。此所以一些宗教官員，即使身為佛教的「局外人」，對於佛教也難免會有一種「恨鐵不成鋼」的心情。

以本次的天津之行為例，筆者參加的紀念弘一大師研討會，是由民間團體李叔同研究會主辦，並由官方的河北區文化局協辦的，所以筆者此行非常低調，並沒有告知任何宗教當局的官員。但是不料天津市宗教局副局長孫鳳年先生聞知筆者來到，不但主動安排了李仁智局長與他個人對筆者的一場邀宴，更重要的是，他還在天津大悲院安排了一場長達三個小時的座談會，邀請天津市佛教會的領袖寶函長老、王劍非與李可家居士等，以及年輕有為的比丘智如、演龍二位法師、李莉娟居士（弘一大師孫女）到場，並請筆者談談台灣佛教的發展狀況。他不諱言自己於年初參加佛指舍利恭迎團，來到台灣之時，看到了台灣佛教的盛況，頗有感觸，很希望天津佛教界能夠以現有良好的資源而開創新局。

他也告知筆者，對於園林旅遊局管理寺院，純粹當作觀光勝地，他是不以為然的。他正積極爭取盤山幾座寺院的歸屬權，希望它們能改由宗教局管轄，而讓僧人入駐寺中，展開教化工作。即使像孫局長這樣愛護佛教的宗教官員，不能代表所有省份宗教官員的共同態度，但這無論如何總也算是官方對佛教界的一部分「縮影」吧！

獻身甘作萬矢的

天津李叔同研究會會長李載道先生並不是佛教中人，甚至有著濃厚的「官方色彩」，但他更有文化人的氣質。早在他還擔任河北區黨委書記期間，就極力促成弘一大師故居與梁啓超居士故居的修復。前人艱難種樹，如今樹已成蔭。本次梁啓超故居（包括他的書齋「飲冰室」）開放前夕，我們得以在文化局安排之下先行參觀了這兩座古雅樓房，及其中所陳列的梁先生相關文物；明年此時，弘一大師故居亦將修復竣工而開放參觀。為了修復梁先生故居，官方拆遷了九十一家住戶，耗資兩千萬人民幣。顯見他們對於鄉梓之中出現了「國之典範」，有著一種「與有榮焉」的深厚感情。

這是一個缺乏「典範」的時代，只要有「典範」存焉，人們還是會油然生起「心嚮往之」的深情！對「獻身甘作萬矢的，著論求為百世師」的梁啓超先生是如此，對那沉吟「亭亭菊一枝，高標矗勁節，云何色殷紅？殉教應流血」的弘一大師，又何嘗不是如此？

但是，在「風檐展書讀」而孺慕古昔典範之際，這些教外朋友們，難道不會浩然太息：果真是「哲人日已遠」，典型盡「在夙昔」嗎？

站在梁啓超英姿颯爽的銅像之前，筆者不勝欷歔！早在民國初年，他已凜然發出「人權與女權」的讜論；時至今日，中國社會已一步步邁向男女平權之理想，不意中國佛教竟然還將男尊女卑，賦與「聖教量」的正當性，悍然抗拒著改革的力量，無視於社會的鄙夷。倘梁先生活在今日，肯定要爲同樣「獻身甘作萬矢的」的後生小子之筆者，助上一臂之力吧！

九十一年十月二十四日，于尊悔樓

——摘要版刊於九十一年十月二十六日《自由時報》「自由廣場」

——全文刊於九十一年十二月第六〇期《弘誓雙月刊》

十年建樹嘔心瀝血，到如今已綠蔭成片！

——向林蓉芝秘書長致敬

十年前，淨良長老與林蓉芝秘書長號召眾佛寺長老、法師，組成一個全國性的社團法人，從此不受制於教內相互拉扯的力量，大步邁開，爲佛寺護權益，爲佛教爭尊嚴，爲眾生謀福祉。

萬事起頭難，更何況還是在如此保守的時空背景下成立本會的。可想而知，這將遭遇到何等強力的抵制！許多人身攻擊的耳語散布於教界，他們並指控著本會的成立是「破和合僧」。在這麼「低氣壓」的情況之下，淨公長老與林秘書長勇敢地挺下來了，一群有正義感的法師們也不計利害，以「加入本會」的方式，表達了他們對佛教改革的期待。對半生無私奉獻佛教的林秘書長而言，這不啻是最大的支持與肯定！

十年下來，中華佛寺協會在淨公、開公與達公三任理事長與林秘書長的努力之下，果然不負會員的期許與託付，完成了許多過往看來簡直是「不可能」的艱辛任務。

許多佛寺在本會的協助之下，力抗惡法而保住了寺產；許多僧尼因本會出面，而免受辱於地頭強梁；許多陳年無法解決的佛寺共同困難（如寺院章程問題、土地徵收問題、國有財產問題、農地佛寺登記問題、納骨塔違建認定問題等等），都因本會出面向政府力爭，而獲得了當局善意的回應。許多重大到攸關佛教榮辱的護教運動（如護觀音、爭取佛誕放假等等），本會也都站在第一線上傾力支持。而本會在政教關係上拿捏得恰到好處的中道智慧，也使得它歷經兩朝而不卑不亢，屹立不搖。

這中間，我們大家有目共睹：最辛苦的就是林秘書長了。她常是南北奔波，席不暇暖，僕僕風塵地訪視各地的大小佛寺，爲師父們解決了許許多多的重大難題。即使一些佛寺並非本會會員，她也不忍捨棄，盡心服務。所以本會實質上的服務對象，已不祇是會員佛寺，而是全國佛寺了。

這還不說，近年來她還代表教會立場，三不五時北上，參加宗教諮詢會議，與政府官員、各宗教代表，共同會商制訂宗教團體法草案，好讓許多攸關寺產或寺院定位的問題，獲得根本的解決之道，並有確鑿的法源依據。她甚至以其誠摯的態度與思辯、分析、遊說的卓越能力，贏得了官員與各宗教領袖的友誼，請他們體諒佛教的困局，爲照顧佛教寺院而跨刀相助。說實在話，那些與其他宗教無任何利害關係的相關法條（如「納骨塔合法化」規制），若非林秘書長從中說項，是不可能被制訂在「各宗教通則」性質之宗教團體法草案中的。所以她得道多助，幾年下來，爲本會贏得了教界、友教界乃至政界的公信力。有的友教朋友對於佛教出現這等忠貞而卓越的會務幹才，還表達了他們由衷的欣羨之情！

當她傾全力爲佛教衝鋒陷陣之際，遇到的敵人竟然不是外人，而是佛教的某大山頭。他們黑函滿天飛，直接點名批判她以「白衣」介入佛門中事，甚至以子虛烏有的故事，拿來繪聲繪影，意圖醜化她的人格。許多人對筆者何以全力卯上該山頭，甚表不解。因爲該山頭並未得罪筆者。但筆者的邏輯很簡單：他們如此藐視並暗算林秘書長，而無視於她對佛教（當然也包括該山頭在內的佛寺）的重大貢獻，筆者無法坐視不顧林秘書長所受到的委屈。

以上所述，都已是高難度的護法貢獻了，而更難上加難的就是：出於對三寶的愛護之忱，林秘書長面對一些引起社會詬病的佛門事件，也一樣挺身而出，讓傷害降到最低。要知道：筆者護教、護生所引發的爭議性雖大，但一般而言，由於言之成理，媒體報導起來，正當性還是比較大的。然而有些佛門弊案是難以言之成理的，倘爲了愛惜羽毛，林秘書長大可不必出面。但她以一介優婆夷，不忍見師父受苦，佛門受謗，還是儘可能挺身而出，說服媒體與社會，讓他們抱持著「哀矜而勿喜」的心腸來看待這些事情，把佛教所承受的殺傷力降到最低，這比起筆者的所做所爲，其實是更加高難度的。

一轉眼，中華佛寺協會竟已成立了十週年。人的一生有幾個十年？有幾個人能爲了一個心願，十年堅持崗位，歷經辛酸苦辣而屹立不搖？看到林秘書長一生中十年的悠悠歲月，竟是在「全心全力撐持教運」的情況下，匆遽度過的，除了讚歎之外，竟還有強烈「心疼」的感覺！她十年來嘔心瀝血的建樹，到如今已換來諸佛寺的綠蔭成片，想來她也應該了無遺憾吧！

九一年四月三十日　于尊悔樓

——刊於九十一年六月第五十七期《弘誓雙月刊》

四衆齊心的美好見證

個人以無限感恩的心，代表中華佛寺協會向十方大德致謝。首先要深深地感謝林秘書長蓉芝居士。有道是：「法不孤起，仗境方生。」即使有善心人士願意捐獻土地來興建本會館，但是，捐贈因緣，還是源自林秘書長。若非她以無私、堅毅、忠誠奉獻三寶的心，全力投入中華佛寺文教會館的募建工程，豈有可能感動到如此眾多的教界長老、法師、居士，願意共襄盛舉？可以說，如果沒有林秘書長的願力，這座莊嚴宏偉的會館，根本不可能圓滿建成。

據我所知，截至目前爲止：中華佛寺文教會館可說是海峽兩岸全國性佛教會第一座完全由教會本身獨立建設的會館。北京的中國佛教協會，至今尚設在廣濟寺內；台北的中國佛教會，至今會館尚座落在善導寺的土地上，公眾事務難爲，也由此可見一斑。由此吾人可以體念：本會館的落成，是多麼的難能可貴！公眾的事，是每個人的事，但也好像不是每一個人的事，因此鮮見有人視爲己任而毅然一肩承挑，也因此，建築佛教會館比起建築一般寺院，是更艱鉅的工程。

林秘書長將她人生最寶貴的歲月，全副投入到教會志業之中，二十多年來，她爲三寶、爲佛寺、爲眾師父，時常僕僕風塵以往來道途，席不暇暖，甚至不惜開罪權勢。可堪告慰的是，她爲三寶所做的奉獻，已實際展現了可觀的成果。佛寺協會連年被選拔爲全國性績優社團，就是一個例子。

林秘書長饒富平等心，視每一位師父都如同自己的師長，也因此，教界法師自然疼惜她如女兒，如姐妹。當師父們在最艱困時，總有林秘書長的身影出現，與他們共度難關；也因此，當她面對種種明槍暗箭的傾軋、詆毀與打擊之時，佛寺協會的師父們，也總是無所畏懼地站在她的身邊，給予她實質上的支持與精神上的鼓勵。

因此，我們也深深感恩佛寺協會的眾位長老、法師，如果沒有諸位對林秘書長的呵護與期勉，她又豈能獨挑大樑，成就這麼多三寶門中的重要事業呢？諸位長老法師與林秘書長，共同成就了「四眾弟子共同承挑如來家業」的美好見證。

會館雖已落成，但內外各處，還有許多尚未完工的地方。林秘書長爲了張羅建築經費，已經承荷過重的負擔，甚至將自己的房屋所有權狀，都拿到銀行抵押借貸來籌取建築經費了。因此在感恩之餘，敬請大家共襄盛舉，踴躍捐輸，讓這棟宏偉莊嚴的會館，得以順利完成最後階段的工程！

——刊於九十四年一月二十八日第一〇四期《佛教弘誓電子報》

法界出版社出版圖書目錄

編號	法印文庫	作者	定價
1001	成佛之道偈頌科判表	昭慧、性廣法師科判	300
1002	如是我思　第二集	昭慧法師	200
1003	佛教倫理學	昭慧法師	300
1004	四分比丘尼戒經彙編	昭慧法師	非賣品
1005	《中國佛教史略》原典資料彙編《精裝》	悟殷法師	1000
1006	律學今詮《精裝》	昭慧法師	450
1007	印順導師的佛教思想	邱敏捷	350
1008	部派佛教（上編）—實相篇、業果篇《精裝》	悟殷法師	450
1009	人間佛教禪法及其當代實踐《精裝》	性廣法師	450
1010	初期唯識思想—瑜伽行派形成之脈絡《精裝》	昭慧法師	380
1011	千載沉吟—新世紀的佛教女性思維《精裝》	昭慧法師	400
1012	世紀新聲—當代台灣佛教的入世與出世之爭《精裝》	昭慧法師	400
1013	部派佛教（中編）—修證篇《精裝》	悟殷法師	460
1014	活水源頭—印順導師思想論集《精裝》	昭慧法師	360
1015	佛教規範倫理學《精裝》	昭慧法師	360
1016	人菩薩行的歷史足履《精裝》	昭慧法師	480
1017	禪觀修持與人間關懷《精裝》	性廣法師	480
1018	部派佛教系列（下編）—諸部論師的思想與風格㈠《精裝》	悟殷法師	520
編號	燃燈文庫	作者	定價
2001	燃燈與熄燄	昭慧法師	240
2002	我願將身化明月	昭慧法師	200
2003	獨留情義落江湖	昭慧法師	220
2004	留得清白在人間	昭慧法師	240
2005	悲情觀音	昭慧法師	250
2006	願同弱少抗強權	昭慧法師	180
2007	浩蕩赴前程	昭慧法師	250
2008	鳥入青雲倦亦飛	昭慧法師	250
2009	「人間佛教」試煉場	昭慧法師	270
2010	敢向高樓撞晚鐘	昭慧法師	270
3001	留住蓮音	邱敏捷	160

編　號	代　銷　產　品	作　者	定價
0001	如是我思（新版）	昭慧法師	480
0002	大智度論之作者及其翻譯	印順導師述意釋昭慧代撰	150
0004	人間佛教的播種者—印順法師	昭慧法師	150

法界出版社有聲出版品目錄

編　號	名　稱	講　者	卷數	定價	講義
6001	妙雲集教學講座（90 分鐘）	昭慧法師	114	9600	100
6002	聲聞律之理論與實踐	昭慧法師	CD	3000	100
			MP3	1500	100
6003	成佛之道講座(1)基礎佛法	性廣法師	CD	8000	100
			MP3	4000	100
6004	成佛之道講座(2)大乘法義	昭慧法師	CD	7500	100
			MP3	3500	100
6005	唯識學概論	昭慧法師	50	3000	100
6006	經典導讀	性廣法師	80	4800	150
6007	初期唯識思想	昭慧法師	6	360	45
6008	佛教早期思想	性廣法師	6	360	
6009	佛教的社會關懷	昭慧法師	2	220	
6010	阿含導讀	性廣法師	MP3 製作中		
6011	攝大乘論	昭慧法師	50	3000	45
6012	佛法的生活實踐	昭慧法師	MP3 製作中		
6013	出家人的戒律生活－聲聞律之羯磨法	昭慧法師	MP3 製作中		
6014	四分比丘尼戒經	昭慧法師	16	1000	35
6015	四念處禪七開示（90 分鐘）	性廣法師	8	800	
6016	佛法的中道智慧	昭慧法師	8	700	
6017	四分比丘尼戒經述要	昭慧法師	19	1200	
6018	人間佛教禪法－基礎禪觀課程	性廣法師	8	800	
6019	佛教倫理學	昭慧法師	CD	5000	
			MP3	2000	

6020	九三禪七開示錄	性廣法師	CD	1800	
			MP3	800	
6021	禪學理論與實踐	性廣法師	CD	4200	
			MP3	1800	
6022	戒學述要	昭慧法師	CD	1500	
			MP3	400	
6023	九三年比丘尼戒講座	昭慧法師	CD	2800	
			MP3	1500	
6024	部派佛教講座	悟殷法師	CD	4600	
			MP3	2000	
V001	第二屆「人間佛教薪火相傳」研討會 VCD		7	900	
V002	第三屆「人間佛教與當代對話」研討會 VCD		13	1500	
D001	第四屆「印順導師思想之理論與實踐」研討會 DVD		12	1200	

- **郵撥帳號**／15391324　**戶名**／**法界出版社**
- **洽詢電話**：（02）87896108，**傳眞**：（02）87896110
- 寺院、法師九折
- 代銷品恕不打折

國家圖書館出版品預行編目資料

人菩薩行的歷史足履
／釋昭慧著 –初版–

【臺北市】：法界，民 95
510 面 · 21 公分×15 公分
--（法印文庫；16）--
ISBN 957-8550-33-2 （精裝）

1.佛教–論文、講詞等

220.7 95008834

人菩薩行的歷史足履 定價：480 元

作　　者／釋昭慧
發 行 人／釋性廣
美編排版／釋明一、林璧珠、潘鳴珮
校　　對／釋維融、釋傳法、德風
出 版 者／法界出版社有限公司
地　　址／110 台北市莊敬路 289 巷 5 弄 16 號
電　　話／(02) 8789-6108
傳　　眞／(02) 8789-6110
網　　址／http://www.hongshi.org.tw
電子郵件／hong.shi@msa.hinet.net
郵撥帳號／15391324 法界出版社
出版日期／中華民國 95 年 5 月初版
印 製 廠／龍岡彩色印刷股份有限公司
出版執照／行政院新聞局登記證局版北市業字第 272 號

ISBN 957-8550-33-2